ANALECTA BIBLICA

INVESTIGATIONES SCIENTIFICAE IN RES BIBLICAS

—————— 132 ——————

PIERRE DUMOULIN

Professeur à la Faculté de Théologie de Lugano

ENTRE LA MANNE ET L'EUCHARISTIE

Étude de Sg 16,15–17,1a

La Manne dans le livre de la Sagesse,
synthèse de traditions
et préparation au Mystère Eucharistique

EDITRICE PONTIFICIO ISTITUTO BIBLICO – ROMA 1994

IMPRIMI POTEST

Romae, die 2 Februarii 1994

R.P. Klemens Stock, S.J.

Rector Pontificii Instituti Biblici

IMPRIMATUR

✠ Eugenius Corecco

Episcopus Luganensis

Die 11 Februarii 1994

ISBN 88-7653-132-7

© E.P.I.B. – Roma – 1994

Editrice Pontificio Istituto Biblico
Piazza della Pilotta, 35 - 00187 Roma

A Dame Geneviève

AVANT-PROPOS

Le présent ouvrage a fait l'objet d'une thèse de doctorat en Théologie Biblique, défendue en décembre 1990 à l'Université Grégorienne de Rome. Nous tenons à exprimer notre gratitude envers le Père Maurice Gilbert qui en assuma la direction, ainsi qu'envers le Professeur Gian-Luigi Prato qui voulut bien nous faire part de ses observations.

Un remerciement tout spécial au Père Albert Vanhoye pour son aide précieuse.

Roc-Estello, Juillet 1993

PRÉFACE

Depuis une trentaine d'années, l'exégèse de la *Sagesse de Salomon* qu'on trouve dans la Bible grecque s'est considérablement renouvelée. Certes, depuis toujours la première moitié du livre a retenu l'attention des lecteurs, mais la suite et surtout les derniers chapitres demeuraient étranges pour nos mentalités occidentales. Le renouveau débuta par la découverte, aujourd'hui communément acceptée, de la structure littéraire d'ensemble de cet opuscule. Son enracinement dans la tradition biblique était connu et mis en valeur, mais sa parenté avec la tradition juive, dont l'étude fait de nos jours partie des tâches exégétiques, retient désormais l'attention et c'est la tradition juive qui, pour le passage consacré à la manne, semble apporter quelques clés de lecture importantes. Reste que les témoignages des auteurs chrétiens, quand ils citent le texte de Sg, sont précieux pour mesurer son impact sur la pensée chrétienne et même sur la vie de l'Église.

Trois tâches donc se sont imposées à Pierre Dumoulin quand il entreprit l'exégèse du passage où la *Sagesse de Salomon* procède à la relecture de l'épisode de la manne donnée aux Hébreux dans le désert. Le texte en valait la peine, d'autant que bien peu de choses avaient été écrites à son sujet par les générations précédentes. Le résultat de ces enquêtes remplit à présent ce volume que l'exigeante collection *Analecta Biblica* accueille. C'est dire qu'on reconnaît au travail de l'auteur la qualité de s'insérer dans le cadre des recherches actuelles ou d'entrer de plein pied dans les orientations de l'exégèse présente.

En passant par les analyses précises et parfois difficiles, le lecteur découvrira les richesses souvent insoupçonnées d'un texte dont la portée théologique et spirituelle ne lui échappera pas, nous l'espérons.

On remerciera Pierre Dumoulin d'avoir rendu désormais accessible cette réflexion priante d'un juif sage et croyant de notre Bible. Les exégètes et tout théologien lui en sauront gré, comme nous.

Maurice Gilbert, S.J.

ABRÉVIATIONS

JUDAISME ANCIEN
(Mishnah, Tosephtah, Talmudim et autres)

GnR, ExR, NbR, LvR, DtR	Midrash Rabbah (Gn, Ex, Nb, Lv ou Dt)
Tg Yer I, Tg Yer II (TJI, TJII)	Targum de Jérusalem I ou II
Tg Onk (TO)	Targum Onkelos
Tg Neof (TN)	Targum Neofiti
Tg Qo	Targum de Qohélet
AgEst	Aggadat Esther
ARN	Abot de Rabbi Natan
Ber	Berakot
Er	Erubin
Hag	Hagigah
Mekh	Mekhilta
MekhSh	Mekhilta de Rabbi Shimeon ben Yochaï
MekhY	Mekhilta de Rabbi Yshmael (Mekhilta' Wayassa')
Mish	Mishnah
MTeh	Midrash Tehilim
RHSh	Rosh Ha-Shana
Sanh	Sanhedrin
Shab	Shabbat
SifNb	Sifré Nombres
SifZ	Sifré Zuta
TanB	Tanhuma Bubber
Yom	Yoma

PHILON D'ALEXANDRIE

Abrah	De Abrahamo
Ben	De benedictionibus et execrationibus
Cher	De Cherubim
Confus	De confusione linguarum
Cong	De congressu eruditionis gratia
Contempl	De vita contemplativa
Det	Quod deterius potiori insidiari soleat
Fug	De fuga et inventione

Gig	De Gigantibus
Her	Quis rerum divinarum heres sit
Imm	Quod Deus sit immutabilis
Leg All	Legum allegoriae
Mos	De vita Mosis
Mutat	De mutatione nominum
Plant	De plantatione
Quaest Gen	Quaestiones et solutiones in Genesim
Sacr	De sacrificiis Abeli et Caini
Spec	De specialibus legibus

FLAVIUS JOSÈPHE

Ant. (Jud.)	Antiquités judaïques
Bell. Jud.	Les guerres des Juifs

COLLECTIONS ET REVUES

Les abréviations des titres de revues sont celles proposées par *Biblica* et *Analecta Biblica*, Rome.

AB	Anchor Bible. New York.
AnBib	Analecta Biblica. Roma.
AOAT	Alter Orient und Altes Testament. Kevelaer.
ASTI	Annual of Swedish Theological Institute (in Jerusalem). Leiden.
ArFrancHist	Archivium Francescanum Historicum. Firenze.
ANRW	Aufstieg und Niedergang der Römischen Welt.
ATA	Alttestamentliche Abhandlungen. Münster i. W.
BCH	Bulletin de Correspondance Hellénique. Paris.
Bib	Biblica. Roma.
BJ	Bible de Jérusalem. Paris.
BZ	Biblische Zeitschrift. Paderborn.
CBQ	The Catholic Biblical Quarterly. Washington.
CCL	Corpus Christianorum Series Latina.
CCMed	Corpus Christianorum Continuatio Medievalis.
CSEL	Corpus scriptorum ecclesiasticorum latinorum. Wien.
CRAI	Comptes rendus de l'Académie des Inscriptions et Belles Lettres. Paris.
DB	Dictionnaire de la Bible. Paris.
DBS	Supplément au Dictionnaire de la Bible. Paris.
ETL	Ephemerides theologicae lovanienses. Louvain.
FRLANT	Forschungen zur Religion und Literatur des Alten und Neuen Testaments. Göttingen.
GCS	Die Griechischen Christlichen Schriftsteller. Berlin.
Greg	Gregorianum. Roma.

HTR	Harvard Theological Revue. Cambridge, Mass.
HUCA	Hebrew Union College Annual. Cincinnati.
JBL	Journal of Biblical Literature. Philadelphia.
JNWSemL	Journal of North West Semitic Linguages. Leiden.
Mus	Le Muséon. Louvain.
NRT	Nouvelle Revue Théologique. Louvain.
NTS	New Testament Studies. Cambridge.
PG	Patrologia graeca, edidit J.-P. MIGNE.
PL	Patrologia latina, edidit J.-P. MIGNE.
PO	Patrologia orientalis, edidit R. GRAFFIN – J. P. NAU.
RB	Revue Biblique. Paris.
RBen	Revue Bénédictine. Maredsous.
RivB	Rivista Biblica. Brescia.
RSR	Recherches de science religieuse. Paris.
SC	Sources Chrétiennes. Paris.
TM	Texte Massorétique.
VT	Vetus Testamentum. Leiden.
ZAW	Zeitschrift für die Alttestamentliche Wissenschaft. Berlin.
ZNW	Zeitschrift für die Neutestamentliche Wissenschaft und die Kunde der Älteren Kirche. Berlin.

Pour les ouvrages classiques grecs et latins cités en exemples, les abréviations usuelles des dictionnaires cités dans la bibliographie ont été utilisées.

Dans les notes, les éditeurs, traducteurs et commentateurs de Sg ne sont généralement mentionnés que par leur nom.

INTRODUCTION

Le livre de la Sagesse[1] occupe une place originale dans l'histoire de l'humanité et dans l'Écriture Sainte. Héritier de la tradition hébraïque, il fut écrit à Alexandrie par un juif de la diaspora, probablement dans la deuxième moitié du premier siècle avant le Christ[2]. Cette situation humaine, géographique et historique le place au confluent de diverses traditions. L'héritage juif qu'il assume ne l'empêche pas d'être ouvert au dialogue avec la religion et la philosophie grecques dont Alexandrie fut l'un des centres majeurs[3]. Mais son enracinement égyptien influe aussi: à cette époque, et particulièrement à Alexandrie, les cultes égyptiens, très florissants, tendent à se propager vers le monde grec et à s'unir à sa religion en une forme de symbiose qui aboutit souvent à ce que l'on considère aujourd'hui comme du syncrétisme. Grèce, Égypte et Israël ont donc contribué, par leur influence, à la formation de Sg.

La tradition juive domine cependant le livre, surtout dans sa dernière partie où toute l'Histoire Sainte est méditée. A plusieurs siècles de distance, l'auteur de Sg se penche sur les récits relatant les merveilles accomplies par Dieu au temps des «Pères», pour tenter de comprendre son œuvre aujourd'hui et suggérer la réponse que l'homme doit développer pour accomplir la volonté divine. Or, sur le plan chronologique, ce livre est le dernier texte inspiré de l'Ancien Testament. A la veille de l'ultime et totale Révélation, il relit d'autres textes inspirés, comme si l'Esprit voulait aider l'homme à pénétrer en profondeur le message prophétique des actes divins déjà réalisés. Dieu lui-même donne les clefs de sa propre action.

Cette opération merveilleuse se réalise alors que l'Histoire Sainte touche à son terme et que déjà la plénitude des temps approche. A cette époque charnière, la révélation vétéro-testamentaire s'achève: les réalités qui structuraient Israël comme un peuple sacré sont détruites ou décaden-

---

[1] Le *Livre de la Sagesse* sera désigné par Sg. Les références des textes bibliques seront données avec les abréviations françaises courantes utilisées dans la Bible de Jérusalem. Pour les autres textes classiques, voir la table des abréviations.

[2] La datation de Sg a fait l'objet de nombreuses recherches, cf. C. LARCHER, *Le livre de la Sagesse ou La Sagesse de Salomon* (Paris 1983) 131-139. L'opinion la plus répandue situe le texte aux environs des années 30 à 20 av. J.C., cf. M. GILBERT, *Sagesse de Salomon* (*DBS* 14; Paris 1985) 92-93. Récemment, G. SCARPAT, *Libro della Sapienza* (Brescia 1989), I, 24, a défendu une datation tardive, aux environs des années 40 ap. J.C.

[3] L'arrière-fond historique et les influences culturelles dont Sg a bénéficié sont présentés par C. LARCHER, *Etudes sur le livre de la Sagesse* (Paris 1969) 86-236.

tes. Plus de roi depuis la chute de Jérusalem, plus de prophètes depuis longtemps et un sacerdoce en pleine dégénérescence qui ne tardera pas à disparaître[4]. Malgré les fastes du service liturgique dont témoigne Josèphe, ce qui reste des institutions sacrées n'est plus qu'une ombre du culte originel. Alors, tout en contemplant le passé, la Foi se projette vers l'avenir en un foisonnement de textes apocalyptiques. Sg n'échappe pas à ce courant, cependant elle sait aussi relire les merveilles de l'Éternel pour tenter d'interpréter le présent, au-delà des contingences historiques: l'exégèse midrashique de la Bible s'allie à la connaissance de la philosophie et de la rhétorique grecques contemporaines pour transmettre un message spirituel universel qui transcende le temps et les cultures.

Confluent des civilisations, carrefour des générations et des genres littéraires, Sg est, dans la Bible, la dernière marche, le tremplin, sur lequel jaillit la Révélation universelle du Christ. Une étude de théologie biblique ne peut trouver meilleur support pour tenter de percevoir l'appel que la Parole adresse aux hommes de notre temps.

Le message du Christ, en effet, est annoncé par l'Ancien Testament et progressivement interprété dans la vie de l'Église. Annonce prophétique et interprétation postérieure se réalisent sous l'action du même Esprit. Le chrétien d'aujourd'hui peut donc trouver en Sg une clef de lecture pour l'Évangile, d'autant plus que ce livre représente l'humus dans lequel a germé l'Annonce de Jésus-Christ et le patrimoine dont l'Église primitive a hérité. Il en est même un témoin privilégié, puisque l'Esprit a voulu qu'il intègre le trésor de la Révélation.

---

[4] Avec les luttes pour le sacerdoce et l'exécution d'Onias III (2 Mac 4,7-34; Si 50,24 [He]; Dan 9,26), avec l'usurpation du pontificat par Jason puis Ménélas (2 Mac 4) sous Antiochus IV, les nominations d'Alkime (1 Mac 7,9) par Démétrius Ier et de Jonathan par Alexandre Balas (1 Mac 10,20), le sacerdoce est corrompu à son plus haut niveau et la charge religieuse suprême revêt un aspect politique. Au lieu d'être un élément unificateur, elle devient l'une des causes majeures des divisions qui existaient au sein de la communauté juive au temps du Christ (Pharisiens, Saducéens et Esséniens étant les seuls courants dont les témoignages aient subsisté). Hors de Palestine, ces événements portèrent à la création du temple juif de Léontopolis en Égypte (cf. Flavius Josèphe: *Ant. Jud.*, XIII, 62s et *Guerre*, VII, 420s). Après la chute du Temple de Jérusalem et les massacres qui l'accompagnèrent, le culte sacrificiel disparaît complètement (sauf chez les schismatiques samaritains, semble-t-il). A l'heure actuelle, seul l'usage de bénir laisse subsister une trace de l'antique sacerdoce.

Dès la fin du premier siècle, ce sont les rabbins, dans les synagogues, qui vont assurer la direction religieuse et souvent politique du peuple. Les textes du Talmud et de la Mishna en sont un témoignage; m. RHSh IV, 1-4 ou ARN version A, IV, par exemple, illustrent l'abandon du rôle accordé au Temple et au sacerdoce. Les conséquences de ce glissement sont capitales: le judaïsme actuel n'est plus une religion sacerdotale, mais le résultat d'une épuration progressive opérée par les écoles les plus influentes au sein du mouvement pharisien.

A la lumière de la tradition de l'Église, dont l'Écriture ne saurait être dissociée, le rôle prophétique de Sg se laisse entrevoir. Trop longtemps discuté ou refusé pour des considérations d'ordre canonique, peu utilisé dans la liturgie et négligé par les théologiens, surtout en ce qui concerne sa dernière partie (chapitres 11 à 19), ce livre n'a pas assumé la place qui lui revient. Il appartient au bibliste d'inviter le théologien à le prendre aujourd'hui en considération. N'est-ce pas là une mission de la théologie biblique?

Mais il faut se limiter à quelques versets! Au hasard des riches pages de Sg 11–19, quelques-uns sont restés dans l'ombre: Sg 16,15–17,1a n'a, semble-t-il, jamais fait l'objet d'un travail approfondi. Pourtant au cœur de ce texte, dans sa version latine, se trouve le fameux verset chanté en Occident depuis des siècles, à chaque Salut du Saint-Sacrement:

«Panem de cœlo praestitisti eis
Omne delectamentum in se habentem». (Sg 16,20)

La liturgie est à la fois une source et un reflet de la théologie: lorsqu'au terme d'une longue tradition elle donne à un passage biblique une place dans la vie de l'Église, c'est que l'Esprit, agissant aujourd'hui en elle, comme hier dans l'Inspiration, invite à approfondir la Révélation. Il faut donc plonger à travers le temps pour ramener à la surface une pierre précieuse longtemps enfouie, mais que l'Église a jugé digne de figurer dans la parure du mystère eucharistique.

Pour commencer ce travail de chercheur, il est indispensable d'étudier la structure du texte, avec ses limites et le jeu des diverses parties qui le composent. Ceci permet de découvrir la structure de pensée de l'auteur, pour mieux pénétrer la signification et la portée de ses expressions.

Au terme de cette entreprise, plusieurs thèmes de recherche émergeront, car le miracle de la manne possède de multiples «facettes» dont l'éclat particulier révèle le Thaumaturge divin. Ces thèmes sont aussi exploités dans la littérature concernant la nourriture céleste au sein de laquelle Sg s'élabore, et il convient de le mettre en évidence.

Mais, si elle baigne dans un milieu, Sg s'en distingue aussi, et elle tranche, tant par rapport à ses antécédents bibliques que par rapport à la littérature judéo-palestinienne des premiers siècles ou à Philon, représentant majeur de la littérature judéo-alexandrine. Cette spécificité de Sg, l'éclat incomparable de ses «facettes», révèlent sa nature unique de «pierre précieuse» et sa valeur.

Trop proche de l'époque évangélique, Sg n'a pas été directement citée dans le Nouveau Testament. Est-ce à dire que la tradition dont elle témoigne n'a pas influencé l'Église naissante et que des points de contact doivent systématiquement être écartés? Mieux mis en valeur, les reflets de Sg permettent, bien au contraire, de saisir la portée de certains textes postérieurs.

Chez les Pères et les premiers écrivains ecclésiastiques, ces reflets sont souvent méconnus; seuls certains les pressent. Pourtant, si faibles soient-ils demeurés, les feux jetés par Sg 16,15–17,1a n'ont jamais cessé d'illuminer l'Église, jusqu'au jour où l'Esprit a voulu qu'un de ses versets soit inséré dans l'office du Saint-Sacrement..., mais qui sait d'où vient cette antienne? Qui connaît son contexte originel et son histoire?

Une étude des commentaires de Sg 16,15–17,1a et des manuels de théologie consacrés à l'Eucharistie depuis plus de sept siècles montre que bien des richesses de ce texte restent à découvrir, faute de l'avoir pris sérieusement en considération.

Parvenue à son ultime élaboration, la méditation inspirée du prodige de la manne, figure incontournable de l'Eucharistie, n'aurait-elle rien à révéler aux théologiens modernes? Ne serait-elle pas une synthèse de l'attente universelle attisée par l'Esprit qui, aujourd'hui comme avant l'Incarnation du Verbe, ne cesse de susciter en l'homme le désir vrai de rencontrer son Dieu et de partager sa vie? Invitation à retrouver en nous-mêmes l'attente profonde qui habite le cœur de tout homme, ne serait-elle pas un support pour redécouvrir la réponse que le Christ nous offre?

PREMIÈRE PARTIE

Texte et contexte de Sg 16,15–17,1a

CHAPITRE I

SITUATION ET STRUCTURE DE Sg 16,15–17,1

A. STRUCTURE ET GENRE LITTÉRAIRE DU LIVRE DE LA SAGESSE

1. *Structure littéraire et unité*

La structure littéraire de Sg a fait l'objet de nombreuses études ces dernières années[1]. Pourtant personne ne semble avoir étudié de façon détaillée la situation et la structure du texte sur la manne[2].

Cette recherche constitue un préliminaire indispensable à une approche théologique du passage, car certains livres ne peuvent vraiment se comprendre qu'en tenant compte de leur structure littéraire[3]. Celle-ci, voulue consciemment ou non par l'auteur, reflète sa pensée et oriente celle du lecteur. Il n'est donc pas possible d'en faire abstraction dans un travail exégétique.

Cette étude est particulièrement souhaitable lorsqu'il s'agit d'œuvres présentant une certaine unité: l'auteur a pu construire son œuvre, la modeler selon les critères littéraires de son époque et de son milieu.

Sg présente toutes les caractéristiques nécessaires pour être susceptible d'avoir été conçu de façon structurée. Son unité n'est guère plus remi-

---

[1] On peut consulter par exemple: P. W. SKEHAN, «The Text and Structure of the Book of Wisdom», *Traditio* III (1945), 1-12; J. M. REESE, «Plan and Structure in the Book of Wisdom», *CBQ* 27 (1965), 391-399; A. G. WRIGHT, «The Structure of Wisdom 11-19», *CBQ* 27 (1965), 28-34. «The Structure of the Book of Wisdom», *Bib* 48 (1967), 165-184; F. PERRENCHIO, «Struttura e analisi letteraria di Sap 1,1-15 nel quadro del suo contesto letterario immediato», *Salesianum* 38 (1975), 289-325; V. OFFERHAUS, *Komposition und Intention der Sapientia Salomonis* (Bonn 1981); M. GILBERT, *Sagesse de Salomon, DBS* 14 (1985), 58-119.

[2] Même P. BIZZETI, *Il Libro della Sapienza* (Brescia 1984), 93-95, ne donne pas une étude assez approfondie de la structure du chapitre; C. LARCHER, *Le livre de la Sagesse ou la Sagesse de Salomon*, Paris (1983-1985) III, 889-944 réalise une analyse très détaillée du chapitre 16. Sa manière de présenter et de détacher les péricopes suggère implicitement une structure.

[3] A. VANHOYE, *La structure littéraire de l'épître aux Hébreux* (Paris 1975).

se en doute[4]: un jeu savamment orchestré de retours périodiques de thèmes vient la démontrer[5]. L'unicité de l'auteur est admise par beaucoup, tout comme l'élaboration de l'ouvrage dans le milieu judéo-hellénistique d'Alexandrie, hautement cultivé et profondément sensible à l'art rhétorique grec. Le style de l'ouvrage, souvent proche de la poésie[6], dénote une recherche d'expression telle que nous pouvons supposer une finesse identique au niveau de la construction globale des péricopes et, sans doute, de l'ouvrage tout entier. Dès la première lecture, l'ensemble du livre apparaît comme une construction organique[7] et si cette œuvre a pu retenir l'attention des contemporains, si elle a été étudiée, conservée, voire même considérée par de nombreuses communautés comme écriture sacrée, c'est sans doute aussi grâce à sa valeur littéraire indéniable[8].

2. *Plan général du livre*

Le passage de Sg 16 étudié ici s'inscrit dans l'ensemble d'un ouvrage dont le plan n'est pas aisé à définir. La difficulté ne résulte pas d'un fouillis d'idées éparses, mais au contraire d'une trop grande richesse de liens internes au livre. Elle déconcerte nos habitudes modernes et occidentales de penser, plus analytiques et déductives[9].

La plupart des commentateurs divisent Sg en trois grandes parties:

I.   Chapitres 1 à 5 ou 6[10]
II. Chapitres 6 ou 7 à 10 ou 11
III. Chapitre 10 ou 11 à 19

---

[4] Pour l'état actuel de la question, cf. LARCHER, *Le livre*, I, 95-119 ou GILBERT, *Sagesse*, 87-91. Comme défenseurs de l'unité du texte, citons, entre autres, Grimm, Gregg, Cornely, Heinisch, Goodrick, Fichtner, Pfeiffer, Osty, Wright, Beauchamp, Reese, Skehan, Gilbert, Conti, Larcher, Winston.

[5] J. M. REESE, *Hellenistic influence on the Book of Wisdom and its consequences* (AnBib 41; Rome 1970) 391-399. Reese offre un riche panorama des procédés de *flash-back* et de développements d'une même thématique tout au long de Sg (ibid, 123-145).

[6] LARCHER, *Le livre*, 83-91.

[7] A.-M. DUBARLE, *Les Sages d'Israël* (Paris 1946), 187.

[8] E. DHORME, *La Bible de la Pléiade* II (Paris 1959), CLXX-CLXXI: «*L'un des livres les mieux composés et les mieux écrits de la Bible grecque...*»; JÉRÔME, *Introduction à la traduction des livres sapientiaux*, *PL* 28, 1242, affirme: «*Graecam eloquentiam redolet*», et RABAN MAUR renchérit: «*Cujus libri dictio est suavissima et revera nominis sui dignitate resplendens*» (Prologue au *Commentariorum in librum Sapientiae libri tres*, PL 109, 671).

[9] REESE, «Plan and Structure», 391 fait allusion aux seize plans signalés par R. H. PFEIFFER, *History of the New Testament Times* (Londres 1949). Bizzeti a amplement traité dans son chapitre II le problème d'une structure générale de Sg. Pour l'essentiel, il reprend M. GILBERT, *Sagesse*, 57-72, et P. BEAUCHAMP, *De libro Sapientiae Salomonis* (Rome 1963) P.I.B. *pro manuscripto*.

[10] LARCHER, *Le livre*, I, 120-123 divise en I,1–V,23; VI,1–XI,1; XI,2–XIX,22. Parmi les défenseurs récents d'un plan tripartite de ce type citons D. WINSTON, *The Wisdom of Solomon. A New Translation with Introduction and Commentary* (AB XLIII; New-York

Récemment, la structure concentrique des chapitres 1 à 6 a été mise en valeur[11]. Elle permet de reconnaître une division majeure au terme du chapitre 6, alors qu'auparavant bien des auteurs la plaçaient au terme du chapitre 5[12] en raison de l'apostrophe introductrice du v. 6,1. Cette apostrophe n'est cependant qu'une reprise des premiers versets de Sg et le chapitre 6 répond par conséquent aux douze versets de l'introduction. En fait, la transition entre la première et la deuxième partie est si douce qu'elle est quasiment insensible.

Un autre désaccord porte sur la situation du chapitre 10; il est tantôt placé avec les chapitres précédents, tantôt reconnu comme introduction de la dernière partie. Cette différence d'avis est due à la prise en considération de l'un ou l'autre des deux facteurs opposés qui font de ce chapitre une «charnière»[13]:

— Le chapitre 10 amorce une description historique sur l'action de la Sagesse d'Adam à Moïse. Dans ce cadre, une présentation générale de l'Exode est proposée dès 10,15, et elle sera détaillée à partir de 11,2.

1979) qui ne diffère de Larcher qu'en plaçant 11,1 dans la troisième partie plutôt que dans la deuxième. La *Traduction Oecuménique de la Bible (TOB)* place, au contraire, 11,3 dans la deuxième partie. E. Osty, *Bible de Jérusalem* (Paris 1973) (*BJ*), A. Lefèvre – M. Delcor, *Introduction à l'Ancien Testament* (ed. H. Cazelles) (Paris 1973), 717-723, J. A. Soggin, *Introduzione all'Antico Testamento* (Brescia 1979) 559, M. M. Estrade – R. M. Diaz, *Savesia* (Montserrat 1982), comme autrefois A. Crampon, *La Sainte Bible* (Paris 1923) et J. Weber, *La Sainte Bible Pirot-Clamer* VI (Paris 1943), reprennent la division classique: Sg 1-5; 6-9; 10-19. La division en deux parties seulement est défendue par: A. G. Wright, «The Structure of the Book», P. W. Skehan, «The Text and Structure». On peut voir encore Dhorme ou E. da San Marco, *La Sacra Bibbia* (Torino 1961)... Scarpat, lui, établit une seule séparation à la fin du ch. 6.

[11] Bizzeti, 65. Wright, Perrenchio et Gilbert surtout ont mis en valeur cette structure (cf. note 1).

[12] Reese, «Plan and Structure», 392s présente un plan plus complexe qui tient compte de divisions communément admises, mais considérées habituellement comme mineures:
  I: I,1 – VI,11 + VI,17 – 21
  II: VI,12 – VI,16 + VI,22 – X,21
  III: XI,16 – XV,19 IV: XI,1 – 15 + XVI,1 – XIX,22.

[13] Dhorme, *La Bible*, définit le chapitre 10 comme une *transition* (cf. notes aux chap. X et XI, p. 1676 et 1679); M. Gilbert, «L'adresse à Dieu dans l'anamnèse hymnique de l'Exode (Sg 10-19)» dans *El Misterio de la Palabra. Homenaje al prof. L. Alonso Schökel*, (Valencia-Madrid 1983) 207-225, fait noter un autre élément important: l'auteur de la Sagesse s'adresse directement à Dieu, le Seigneur, d'une façon beaucoup plus nette qu'auparavant à partir de Sg 10,20. En outre une sorte d'inclusion est réalisée entre 10,20 et 19,9, où l'auteur s'adresse à Dieu en rappelant le cantique de Moïse (Ex 15). Cet argument vient encore prouver que le chapitre 10 constitue une sorte de transition: il serait difficile de voir en 10,20 une annonce du thème, mais force est de reconnaître sa parenté avec 19,9: «*Ils célébrèrent, Seigneur, ton saint Nom et d'un cœur unanime chantèrent ta main combattante*» (10,20) «*Ceux que protégeait ta main passèrent... en te célébrant, Seigneur, toi leur libérateur*» (19,9). Nous pouvons même penser que, comme Sg 19,8-12 + 17-22 synthétise une bonne partie des oppositions des chapitres 11 à 19, Sg 10,15-21 les anticipe.

— La Sagesse, sujet principal des chapitres 1 à 10, ne disparaît complètement qu'à partir de 11,2[14].

Un autre élément est à prendre en compte: le vocabulaire employé dans ce chapitre 10. Il semblerait, si on le compare à celui du chapitre 16, qu'il confirme plutôt le rattachement du chapitre 10 à la section finale du livre[15].

En bref, l'écrivain sacré a le génie des transitions. Il a voulu présenter, à partir de 11,2, l'action directe de Dieu dans l'histoire de son peuple: l'universalisme, qui pointe dans les premiers chapitres et que l'histoire primitive d'Israël ne dément pas, laisse place à la reconnaissance de Dieu agissant pour Son Peuple; la Sagesse, intermédiaire entre Dieu et les hommes, s'efface devant Dieu lui-même, mais ce glissement de perspective et cette «passation de pouvoirs» sont merveilleusement amenés au cours de tout le chapitre 10; d'abord par le développement historique biblique, qui va de l'universel au particulier, ensuite par l'entrée en jeu du Peuple, au verset 15 et finalement par l'apostrophe à Dieu du v. 20[16]. Trois dimensions fondamentales du «Midrash» de Sg 11–19 sont donc introduites «en douceur»: dimension historique, dimension nationale, attitude fondamentale de prière. Le chapitre 10 constitue, par conséquent, l'introduction de la section finale et présente les caractères de transition que suppose sa position originale.

3. *Genre littéraire*

Le genre épidictique de Sg a été clairement montré[17]. M. Gilbert décrit ce livre comme *«un éloge tel que l'a défini et pratiqué la rhétorique grecque et latine»*[18]. Il souligne cependant que *«les différences principales (avec le genre épidictique) viennent de la portée religieuse de Sagesse»*[19]. En effet, si, pour ce qui est de sa construction littéraire, Sg s'apparente à des œuvres telles que l'*Eloge d'Hélène* d'Isocrate ou au *Quod omnis probus*

---

[14] SKEHAN, «The Text and Structure», 2s, repris par WRIGHT, «The Structure of the Book», 165 et A. SCHMITT, «Struktur, Herkunft und Bedeutung der Beispielreihe in Weish 10», *BZ* 21 (1977), 1-22, s'appuie sur la stichométrie pour diviser le livre. Il dénombre 560 stiques entre 1,1 et 11,1, et 561 entre 11,2 et 19,22. Mais au terme du chap. 9 il atteint le chiffre exact de 500 stiques, cet argument ne fait donc que renforcer le rôle de transition du chap. 10. Le calcul est cependant assez aléatoire (cf. les réserves de GILBERT, *Sagesse*, 88-89 et de BIZZETI, 51).

[15] Les affirmations de WRIGHT sur l'usage du Nombre d'Or en Sg dans «Numerical Patterns in the Book of Wisdom», *CBQ* 29 (1967), 165-184 sont intéressantes, mais elles présentent trop d'éléments discutables pour être acceptées comme base de travail.

[16] GILBERT, «L'adresse», 208-209.

[17] C'est le but de la thèse de BIZZETI (chap. IV, 155-175).

[18] GILBERT, *Sagesse*, 84.

[19] Ibid., 86.

liber est de Philon, voire même, par certains aspects, au *De Clementia* de Sénèque, sa portée religieuse en fait un livre à part. La dernière partie, celle qui nous intéresse, est plus une prière de louange qu'une série d'exemples ou de témoignages telle que la rhétorique antique la demande[20].

4. *Situation du chapitre 16*

Il est devenu courant désormais de désigner les chapitres 11 à 19 comme une *syncrisis*, c'est-à-dire une présentation antithétique d'Israël et de l'Égypte par rapport à l'œuvre de Dieu dans le *cosmos*[21]. Cette partie de Sg est, en outre, écrite dans un style midrashique apparenté aux écrits judaïques de son époque. Ainsi l'auteur allie certains éléments de la rhétorique grecque à une manière typiquement juive de présenter l'Histoire du Peuple élu, comme le fait Philon dans le *De Vita Mosis*, par exemple, ou comme le feront plus tard l'auteur de la Lettre aux Hébreux et Paul dans certains passages[22].

Au cours de cette *syncrisis*, sept tableaux sont successivement dépeints[23]. La punition que Dieu inflige à l'Égypte et sa bienveillante sollicitude envers Israël y sont sans cesse mis en contraste. Cependant, entre Sg 11,15 et 15,19, l'auteur laisse momentanément de côté cette opposition pour développer ce que les commentateurs ont coutume d'appeler deux *digressions*[24].

---

[20] GILBERT, «L'adresse», 224-225.

[21] BIZZETI, 23 cite Beauchamp pour définir la *syncrisis*: «*amplification abrégée conduite à l'aide de la comparaison*». Beauchamp souligne que cette *syncrisis* ne met pas seulement en jeu Israël et l'Égypte, mais aussi le cosmos: «*Le cosmos est le tertium quid*», «*le lieu réel de la comparaison*», ibid., 28; M. GILBERT, *La philanthropie de Dieu, exégèse de Sg 11,15–12,27* (notes de cours) (Rome 1976), 1, définit ainsi la *syncrisis*: «*Genre littéraire grec qui consiste à mettre deux réalités en parallèle pour en faire ressortir les similitudes et les différences (cf. Reese: Hellenistic influence)*»; F. FOCKE est le premier auteur à avoir parlé de *syncrisis* à propos du livre de la Sagesse, in *Die Entstehung der Weisheit Salomos. Ein Beitrag zur Geschichte des jüdischen Hellenismus* (FRLANT, *n.s., V*) (Göttingen 1913), 12.

[22] En particulier He 11 et 1 Co 10,1-11; Ga 3,6–4,31.

[23] Cf. GILBERT, *La philanthropie*, 1 ou *Sagesse*, 72-74. Tel est le plan retenu par les traductions récentes de la Bible, *TOB, BJ*, Montserrat...

[24] LARCHER, par exemple, dans *Le livre*, I, 105, parle tantôt de «*développements*», tantôt de «*mises au point*», il va même jusqu'à supposer «*l'insertion d'éléments composés ensuite par l'auteur lui-même*». M. GILBERT, *La critique des dieux dans le livre de la Sagesse (Sg 13–15)*, AnBib 43 (Rome 1973), XVIII-XIX, a mis en relief l'unité des chapitres 13 à 15, certes, mais aussi *leur raison d'être*, et donc leur parfaite insertion dans l'ensemble de la *syncrisis*. Le terme *digression*, employé généralement à propos des deux unités allant de 11,15 à 15,19, ne peut donc être compris comme une divagation momentanée de l'auteur sans rapport immédiat avec le sujet traité. Ces passages sont au contraire le cœur de toute la *syncrisis* puisqu'ils constituent la double motivation théologique de toutes les antithèses: le châtiment des idolâtres et la manifestation du Dieu véritable.

Le chapitre 16 constitue donc la reprise de l'opposition entre le sort de l'Égypte et celui d'Israël à propos des Plaies d'Égypte et des miracles de la traversée du désert, en conformité avec Sg 11,1-14. Au cours du chapitre 16, il est courant de discerner la seconde, la troisième et la quatrième des sept antithèses de Sg 11-19[25]. Trois antithèses sur sept sont présentées en moins de quatre-vingts stiques, alors que les trois dernières s'étendent sur trois chapitres d'une longueur avoisinant soixante-dix stiques chacun. Cette seule constatation laisse entrevoir l'importance du chapitre et permet de supposer que Sg 16 constitue un condensé théologique particulièrement riche.

Si l'on considère, en outre, que le livre se termine par un retour sur deux des trois antithèses abordées dans ce chapitre (cf 19,18-21)[26], on est en droit de penser qu'il est particulièrement important pour l'ensemble du livre, qu'il en est même l'un des sommets. A ce titre, il mérite une étude approfondie.

5. *Le prodige de la manne dans la syncrisis*

La syncrisis est divisée en cinq ou sept diptyques, selon les divisions opérées ou non par les commentateurs en 16,5 et 18,5. Quelle que soit la structure choisie, l'opposition grêle-manne de Sg 16,15ss occupe toujours la position centrale, celle du troisième ou du quatrième diptyque selon les cas. Le contraste entre les eaux d'en bas (source et fleuve) en Sg 11 et celles d'en haut (pluies et averses) en Sg 16, puis le retour aux eaux de la mer en Sg 19 (annoncées en Sg 10,18), renforcent cette position centrale et éminente du diptyque manne-grêle.

A l'époque de Sg, toutes les traditions concernant l'Exode[27] unissent dans une même relecture les prodiges de l'eau du rocher, des cailles et de la manne. Ces trois moyens par lesquels Dieu a procuré à son peuple de quoi se restaurer sont présentés dans un ordre variable, mais ne sont jamais séparés. En Sg le schéma de base est: l'EAU (11,4-14); 2 digressions (11,15 à 15,19); les CAILLES (16,1-4); les SERPENTS (16,5-14); la MANNE (16,15-29). Le prodige de l'eau est présenté comme signe avant-coureur, séparé des deux autres par les digressions. De son côté, la

---

[25] Certains auteurs considèrent 16,5-12 comme une *digression* (encore une!). Ainsi Wright, «The Structure of Wisdom 11–19», 182s, affirme: *«It should not be interpreted as another diptych because it does not illustrate 11,5. Rather it is a digression...»*. La structure que Wright propose (ibid., 31s), ne retient que cinq diptyques (11,6-14; 15,18–16,4; 16,15-29; 17,1–18,4; 15,5–19), c'est substantiellement celle que donnait déjà J. Weber en 1943 *(La Sainte Bible Pirot-Clamer)*.

[26] P. Beauchamp: «La cosmologie religieuse de Philon et la lecture de l'Exode par le livre de la Sagesse: le thème de la Manne», dans *Philon d'Alexandrie. Colloques nationaux du Centre National de la Recherche Scientifique* (Paris 1967), 207-219.

[27] Cf. Ps 105,40-41; Ps 78,15-31; *Yoma* 75ab; Philon, *De vita Mosis* I, 200-210, etc...

manne vient couronner et parfaire la série des trois épisodes. Qu'en est-il des serpents? Cette section est considérée comme une petite digression par certains défenseurs de la structure à cinq antithèses. C'est là négliger l'évolution de la tradition biblique sur l'Exode. Sg, en effet, manifeste ici sa liberté et son originalité par rapport au milieu dans lequel elle est écrite: elle ne fait pas une lecture allégorique des événements, comme ses contemporains, mais elle retourne directement aux sources de la tradition pour en élaborer une sorte de synopse. Cette attitude apparaît clairement dans l'ordre même des diptyques.

Ex présente les cailles et la manne, puis l'eau du rocher, mais ne parle pas des serpents. Nb raconte d'abord le miracle des cailles, qui suppose l'existence de la manne (Nb 11,4ss), puis l'épisode des serpents qui sous-entend lui aussi le don quotidien de la manne (Nb 21). Le murmure contre la manne est à l'origine des deux prodiges, mais la manne n'est jamais présentée comme un miracle. Quant au don de l'eau, il vient se situer entre les prodiges des cailles et des serpents (Nb 20,1ss). Dt ne mentionne pas la tradition des cailles, mais il réunit en 8,15ss les serpents, l'eau et la manne. Une conclusion s'impose: chacun des trois textes de la Torah passe sous silence l'un des prodiges. Sg les mentionne tous les quatre, elle a donc réalisé une synthèse. L'eau, qui est mentionnée par tous les écrits, est mise en exergue, comme Nb 20 y invite, en plaçant les eaux de Mériba juste avant l'épisode des serpents, et comme l'Exode le permet, en racontant un premier miracle de l'eau, à Mara, au début de la traversée du désert. De plus, comme la manne est sous-jacente aux prodiges des cailles et des serpents en Nb, qu'elle encadre la péricope de Dt 8 (vv. 3 et 16) et celle d'Ex 16 (vv. 4 et 35), elle doit être considérée comme un miracle continu et non ponctuel, à la différence des autres. L'auteur de Sg a donc jugé opportun de le placer au cœur de sa syncrisis et de s'y arrêter plus longuement que sur les prodiges précédents. Somme toute, la présentation des quatre prodiges est une compilation harmonieuse de l'ensemble des textes du Pentateuque.

Ce désir de synthèse ressort encore dans les trois derniers diptyques où la colonne de feu, propre à Ex (Ex 13,21ss), est suivie par l'intervention d'Aaron pour sauver le peuple de la mort, propre à Nb (Nb 17,11s), puis par le Passage de la Mer Rouge, que Nb ne raconte pas. L'ordre de ces trois prodiges est difficilement compréhensible et l'opposition entre le prodige et la plaie est nettement moins sensible, car l'accent porte surtout sur la plaie. En fait, c'est une succession de plaies, plus que de prodiges, qui conduit au Passage de la Mer. Et les prodiges s'ordonnent en fonction des plaies: par rapport au récit d'Ex, l'ordre se trouve presque inversé. Mais sans doute ne faut-il pas chercher là une concordance chronologique: les diptyques sont au service d'un dessein théologique plus qu'historique. Le passage de la Mer ne constitue pas, en Sg, un point de départ ou d'arrivée, mais une récapitulation de tout l'Exode, modèle suprême de la Sagesse divine qui sauve. Ainsi il est possible d'envisager toute la syncrisis comme une construction concentrique où culmine le prodige de la manne, puisque les six premiers chapitres de Sg présentaient déjà une telle structure.

Un chemin merveilleux ... Ils célébrèrent ... Ils chantèrent (10,17-20)
    1. EAU du rocher
        2. CAILLES: désir et expérience du *châtiment.*
            3. SERPENTS: rappel de la *Loi*, guérison.
                4. MANNE (EAU): nourriture céleste, *douceur.*
            5. LUMIÈRE incorruptible de la *Loi.*
        6. Prière d'AARON: expérience de la *Colère.*
    7. EAU de la Mer.
Un voyage merveilleux... Ils te célébraient (19,5-9)

Le lien entre le premier et le dernier prodige est évident; en revanche, entre la deuxième et la troisième antithèses d'une part, la cinquième et la sixième de l'autre, le jeu de relations est complexe. D'un côté, un mouvement concentrique est donné par le rappel de la Loi en 3 et 5, le rappel du châtiment et de la colère en 2 et 6. Mais d'un autre côté les antithèses 2 et 5 font ressortir que l'on est puni par où l'on pèche et que Dieu donne à son peuple les conditions indispensables au voyage, alors qu'en 3 et 6, face à la menace de mort, la prière permet à la Parole de manifester sa puissance et d'apporter la guérison.

Les liens entre les différentes antithèses de la syncrisis sont donc complexes et les hypothèses sur leurs rapports réciproques sont discutables; une réalité est cependant indéniable: la centralité du prodige de la manne. Il couronne la triple tradition sur la nourriture envoyée par Dieu dans le désert et synthétise toute l'action merveilleuse de Dieu envers son peuple.

La manne, don de nourriture en réponse à la prière, n'est pas seulement un rappel de la Loi, elle fait goûter la douceur qui s'oppose à la colère. Dépassant la terreur du châtiment, elle est le signe suprême de l'amour de Dieu pour les justes.

B. STRUCTURE LITTERAIRE DU CHAPITRE 16

Un certain nombre d'indices permettent d'analyser la structure littéraire d'un texte[28]: annonce du sujet, mots crochets, genre, termes caractéristiques, inclusions. Pour traiter de façon plus minutieuse un passage court, il convient de tenir compte aussi des éléments de grammaire et de

---

[28] VANHOYE, *La structure*, 37.

style: jeu des prépositions et des conjonctions, récurrence de mêmes structures grammaticales, parfois même rythme d'un passage ou assonances etc. [29]. Ces constatations purement littéraires permettent de découvrir comment l'auteur entraîne ses lecteurs dans l'évolution des thèmes qu'il traite.

1. *Limites de la péricope à étudier*

La difficulté à diviser Sg de façon nette, en péricopes, a été maintes fois remarquée [30]. Avec un art consommé, l'auteur passe presque insensiblement d'un sujet à l'autre, semble revenir en arrière à certains moments, enchevêtre à plaisir les thèmes, comme un tisserand prépare une toile solide.

A l'intérieur du chapitre 16, différentes unités se détachent, mais il convient d'étudier d'abord la structure d'ensemble des trois antithèses qui le composent, pour percevoir certaines constantes qui traversent le chapitre et mieux comprendre les versets concernant la manne. Il n'est pas question d'envisager le chapitre 16 comme un tout parfaitement compact et indivisible; ce serait exagérer la portée de la division par chapitres qui, somme toute, n'est qu'une convention. Il faut plutôt envisager Sg 16 comme une série de paragraphes ou de strophes.

a) *Limite initiale*

Remarquons tout d'abord que ce chapitre 16 débute par le thème du châtiment au moyen des animaux. Ce thème a déjà été longuement développé dans la péricope 11,15–12,27 [31] en un diptyque basé sur les deux voies traditionnelles de manifestation de la Sagesse divine, les voies de Justice et de Miséricorde [32].

---

[29] LARCHER, *Études sur le livre de la Sagesse* (EB; Paris 1969), 182-187, relève les liens entre Sg et la poésie, puis la rhétorique, grecques. Il affirme (p. 183): «il (l'auteur de Sg) connaît celle-ci (la poésie), il s'applique même à en imiter le style et le rythme...» (p. 183) et «il s'emploie à tenir ses auditeurs (ou ses lecteurs) sous le charme, par le balancement harmonieux des mots et des phrases, ou par une série d'images» (p. 185).

[30] REESE, «Plan and Structure», 391.

[31] Ce passage a été étudié en détail par M. GILBERT dans *La philanthropie* et dans «Les raisons de la modération divine (Sg 11,21–12,2)» dans *Mélanges bibliques et orientaux en l'honneur de M. Henri Cazelles*, AOAT CCXII (1981), 149-162.

[32] Sg 11,15–12,27 met en relief les deux voies traditionnelles de Justice et de Miséricorde, les deux colonnes portantes de la vraie Sagesse. Elles viennent de Dieu et conduisent à Dieu. Ce binôme est fondamental dans la Prière de Salomon (Sg 9,1-3), en Pr 21,21: «*Qui poursuit justice et miséricorde trouvera la vie*» ou Bar 5,9: «*la miséricorde et la justice viennent de Lui*», et encore Ps 5,8-9, Ps 25,9-10, Ps 26,1-3 etc... Que ce principe soit sous-jacent à toutes les antithèses est manifesté par quelques «émergences» plus nettes en 11,9; 16,1-3 et 16,10. Le thème est encore rappelé explicitement en 15,1-3. Tout Sg 11,15–12,27 est structuré par ce binôme qui est une clef de lecture majeure de la syncrisis

A la fin du chapitre 15, revenant sur la zoolâtrie, l'auteur semble reprendre son thème là où il l'avait laissé, comme si les chapitres 13, 14 et 15 — qui constituent un tout — n'avaient été qu'un aparté, une «*digression*»[33]. La plupart des commentateurs, cependant, se basant sur l'enchaînement des sept antithèses Égypte-Israël, font démarrer les «*digressions*» dès la fin de la première antithèse, en 11,15[34]. Cette manière de procéder présente l'avantage de mettre en évidence le «*septénaire*» des antithèses, mais ne rend pas justice à l'unité d'ensemble des chapitres 11 à 19: elle ne tient compte ni du lien étroit existant entre 11,25–12,27 et 16,1–14[35], ni de l'importance des chapitres 11,15 à 15,19 comme élément indispensable à la compréhension du «*septénaire*» lui-même. En effet, la manifestation de la Sagesse divine en Justice et Miséricorde, ainsi que la

---

et de toute la Révélation, parce qu'elle est, pour l'homme, la seule manière de comprendre l'agir divin. L'acte unique de Dieu est perçu de façon double par l'homme («*Dieu a parlé une fois, deux fois j'ai entendu cela: que le pouvoir est à Dieu, et à toi Seigneur la miséricorde, car tu rends à chacun selon ses œuvres*» Ps 62(61),12). Conformément à ce principe Sg 11,15–12,27 se présente ainsi:

* I   a 11,15-16:   (ÉGYPTE) Le culte des animaux
         et le châtiment par les animaux
    b 11,17–11,20: La modération divine.
    c 12,21–12,1: La raison de cette modération:
         la Toute–Puissance divine source de sa MISÉRICORDE
         (ἐλεεῖς δὲ πάντας ὅτι πάντα δύνασαι Sg 11,23)
    d 12,2:   . Principe éducatif de l'action divine.

* II a 12,3-8:   (CANAAN) Le culte impie
         et son châtiment par les animaux
    b 12,9-11:   La modération divine
    c 12,12-18:   La raison de cette modération:
         la Toute–Puissance divine, source de sa JUSTICE
         (ἡ γὰρ ἰσχύς σου δικαιοσύνης ἀρχή Sg 12,16)
    d 12,19:   Principe éducatif de l'action divine.

* SYNTHÈSE 12,20-22: La leçon pour les fils:
         Justice et Miséricorde de Dieu
         sont des modèles pour les justes.
    12,23-27: La connaissance et le châtiment final.

[33] La place des trois chapitres n'est pas fortuite, et il ne s'agit en rien d'une «digression», comme le remarque GILBERT, *La critique*, XVIII-XIX: «*Ces chapitres... ne sont pas placés au hasard, dans le livre de la Sagesse, et il importe d'observer que leur raison d'être est de montrer le degré d'aberration que constitue le culte des animaux*».

[34] W. F. MOULTON, *The Literary Study of the Bible*, Londres (1896), va même jusqu'à considérer que Sg 11,16–16,1 présente une structure concentrique, ce qui revient à faire de ces deux «digressions» une seule unité indépendante. GILBERT critique cette idée, *La critique*, 246s. La structure proposée par WRIGHT, «The Structure of Wisdom 11–19», 31, réunit dans une seule sous-partie 11,15–16,14. Wright souligne ainsi le lien existant entre 11,15-16, 12,22-27 et 15,18–16,4 que le thème des animaux rapproche effectivement, mais il néglige la rupture de 16,1 et ne donne pas leur juste place aux «digressions».

[35] GILBERT, *La philanthropie*, 3 ou *La critique*, 231s.

vanité de l'idolâtrie humaine constituent le double fondement, objectif et subjectif, qui motive l'action divine dans l'histoire d'Israël; sans cette clef théologique, le septénaire des antithèses devient une hymne absurde à l'injustice!

Les versets 15,18-19 introduisent à nouveau le thème des animaux, en parlant de la zoolâtrie. Ils constituent un trait d'union littéraire indispensable entre les chapitres 15 et 16: τὰ ζῷα (les animaux, les *vivants*) en 15,18 anticipe ὁμοίων et κνωδάλων (les *mêmes êtres* et les *bêtes sauvages*) en 16,1, ainsi que tous les animaux dont il sera question en 16,1-14 et jusqu'en 16,18. Ils ne réalisent pas cependant un véritable retour au sujet initial[36]: ils reprennent, c'est vrai, certains éléments des chapitres 11 et 12, mais restent partie intégrante des chapitres 13 à 15 présentant progressivement la dégénérescence des cultes païens[37]: culte des forces de la nature (13,1-9), puis des idoles fabriquées (13,10–15,13) et enfin, la pire des abominations: le culte des animaux vils (15,14-19)[38].

Le véritable retour au thème ne se fait qu'au début du chapitre 16: Sg 11,15–12,27 s'intéressait au jugement de Dieu selon un double principe, celui de la rétribution adaptée tout d'abord[39]: celui qui pèche par les animaux sera puni par les animaux (11,16: *afin qu'ils sachent qu'on est châtié par où l'on pèche*), et celui de la Justice-Miséricorde du Dieu Tout-Puissant: (11,11: *ce par quoi avaient été châtiés leurs ennemis devint un bienfait pour eux dans leurs difficultés*)[40]. Il n'y a pas trace de cela dans les chapitres 13 à 15, pas plus en 15,18-19 qu'ailleurs.

D'autre part, si l'on observe attentivement le vocabulaire, aucun lien précis ne relie 15,18-19 au chapitre 16, tandis que le καὶ du verset 18 coordonne logiquement ces versets avec ce qui précède. Les verbes principaux σέβονται (ils adorent: 18a) et ἐπιποθῆσαι (désirer: 19a) reprennent le verset 15,17b: τῶν σεβασμάτων αὐτοῦ et 15,6: οἱ ποθοῦντες καὶ

---

[36] Avec Winston, Reese, Skehan, Gilbert, Bizzeti, ... contre Wright, «The Structure of Wisdom 11–19», 31 et «The Structure of the Book», 182 (cette particularité de Wright se trouve déjà chez Cantacuzène, Holmes, Vilchez, Lesêtre, Fillion, Weber).

[37] Gilbert, *La critique*, 255s.

[38] Ibid., 253.

[39] Ce principe diffère de la loi du Talion: il n'est pas une disposition juridique et n'exige pas une égalité de conséquences, mais de moyens employés. Il a cependant en commun avec la loi du Talion que la punition est éducative et se réalise dans le monde présent. Cf. M. Gilbert, «On est puni par où l'on pèche» (Sg 11,16), FS Delcor, AOAT CCXV (1985).

[40] Wright, «The Structure of Wisdom 11–19», 30, par la structure qu'il propose, met en évidence l'importance du premier principe, mais minimise le second. Les deux sont indissociables, bien qu'ils ne soient pas toujours exprimés simultanément. Wright critique à juste titre une structure basée uniquement sur les sept diptyques Égypte-Israël, mais on ne saurait nier totalement leur importance. Reese, «Plan and Structure», 397, s'attache surtout à l'ambivalence de l'action de Dieu envers Israël et l'Égypte, dont il relève sept mentions, réparties dans chacune des oppositions.

οἱ σεβόμενοι. De plus, le motif d'adoration et de désir des animaux est semblable à celui des idoles: c'est la vue (ὄψις), signalée en 15,5 et 15,19a[41].

En fait, les v. 18-19 du chapitre 15 se situent dans la ligne de ce qui était annoncé au début du chapitre 13, dont ils reprennent le vocabulaire[42]: à la base du péché d'idolâtrie, le charme de la beauté y était évoqué (13,3a.c, 13,5: καλλονή; 15,19: καλά) et, en intime corrélation avec lui, l'importance de la vue (τῶν ὁρωμένων en 13,1 prépare ὄψις en 15,5 et 15,19). En filigrane se profile un rappel du récit de la Création par la mention du Dieu Créateur et Bénissant (13,1-5 et 15,19). Le texte de 15,18-19 constitue donc une sorte d'inclusion avec le début du chapitre 13. Il présente le comble de l'impiété, dénoncée dans les chapitres 13 à 15, puisque les «excuses» que l'auteur accordait au culte philosophique de la nature sont ici niées.

Contrairement au καί de Sg 15,18, la particule διὰ τοῦτο, *c'est pourquoi* ou *voici pourquoi*, de Sg 16,1 ne coordonne pas, mais introduit un nouveau développement. Ce procédé littéraire, utilisé aussi en 16,25 et 17,2, permet à l'auteur de rebondir et d'aborder un nouveau sujet ou de revenir sur un sujet, momentanément mis de côté, dont il s'était éloigné en recherchant les causes ou l'interprétation. Le sens originel de la préposition διὰ donne l'idée de séparation. Avec l'accusatif elle se traduit *à travers* ou *au moyen de* ou *à cause de*. Deux interprétations sont alors possibles: si τοῦτο fait référence à ce qui précède, l'expression invite à un retour à ce qui avait été exposé plus haut pour le relire à la lumière des nouvelles explications reçues et poursuivre plus avant l'exposition ou la compréhension du thème initial. Si, au contraire, τοῦτο se réfère à ce qui va suivre, chose tout à fait possible en grec, διὰ τοῦτο opère une césure dans le texte: la préposition est placée en asyndète et introduit un nouveau développement. Malgré l'éloignement du ἵνα (en 16,3), on pourrait alors traduire 16,1-3: «*Voici pourquoi ils ont été châtiés...: afin que, malgré leur désir...*», et de même 17,1b: «*Voici pourquoi des âmes sans instruction se sont égarées: ...*». En ce qui concerne notre texte, les deux solutions ne sont peut-être pas exclusives l'une de l'autre[43].

---

[41] Cf. GILBERT, *La critique*, 228. Il souligne le parallélisme entre 15,15a et 18a, «*indice principal d'unité de la péricope*».

[42] Ibid., 230s, Gilbert montre le rapport de 15,17a avec 13,10.18, puis de 15,18 avec 13,1.10.

[43] Gilbert justifie le choix de faire démarrer une nouvelle section en 16,1 — que partagent la plupart des commentateurs —, malgré διὰ τοῦτο qui est généralement consécutif, en faisant appel à la valeur anticipatrice de οὗτος: διὰ τοῦτο ne ferait pas référence à ce qui précède (comme l'indique la locution française *c'est pourquoi*), mais pourrait être relié au ἵνα du v. 3; le verset 16,1 serait ainsi placé en asyndète (*La critique*, 127). Cette observation doit être élargie: même sans la relier à une conjonction comme ἵνα ou ὅτι, l'expression διὰ τοῦτο, placée en tête de chapitre, peut anticiper un développement successif, si

Le lien du chapitre 16 avec la *«première digression»* de Sg 11,15–12,27 est particulièrement manifeste si l'on compare le vocabulaire de 16,1 à celui des deux péricopes extrêmes de cette *digression*: 11,15-16 et 12,23-27[44]:

16,1	11,15-16	12,23-27
δι' ὁμοίων	δι' ὧν... διὰ τούτων	διὰ τῶν ἰδίων (23)
ἐκολάσθησαν (cf. 2a)	κολάζεται	κολαζόμενοι (27b)
ἀξίως	(ἀδικίας)	ἀξίαν κρίσιν θεοῦ (26b)
		(ἀδίκως) (23a)
πλήθους	πλῆθος	* * *
κνωδάλων	κνώδαλα	ζῴοις τῶν αἰσχρῶν (24b)
ἐβασανίσθησαν	ἐκδίκησιν	ἐβασάνισας (23b)
ἐπαπεσταλμένων 3b)	ἐπαπέστειλας	ἐπῆλθεν (27d)

Cette similitude de vocabulaire entre Sg 16,1 et Sg 11,15-16 ou Sg 12,23-27 souligne le changement de thème très net par rapport à Sg 13–15 et le retour à celui de Sg 11–12: la critique de l'idolâtrie laisse place au châtiment par ce qui fut l'objet de la faute, une thématique totalement évincée des chapitres 13 à 15.

Ainsi le chapitre 16 introduit le «châtiment suprême» annoncé en 12,27 comme conséquence de l'obstination dans le refus de reconnaître le Dieu unique, dont la puissance a été rendue manifeste dès les premières plaies. Dans ce cadre, on comprend l'importance des chapitres 13 à 15: par cette apparente «digression», l'auteur *«s'attache à montrer pourquoi leur faute en matière de culte peut être appelée une vie de folie et*

---

l'on admet la valeur anticipatrice de οὗτος. L'expression ne devrait donc plus être rendue par *c'est pourquoi*, qui a une nuance consécutive, mais par *voici pourquoi* plus démonstratif, renvoyant non à ce qui précède, mais à ce qui suit (dans le sens de *«je vais vous montrer pourquoi»*). Ainsi le chapitre 16 (ou tout au moins les péricopes 16,3-14), constituerait un récit dont la cause a été exprimée en 16,1-2. De la même manière, le chapitre 17 serait annoncé par le verset 17,1b. Les deux manières de concevoir διὰ τοῦτο (démonstrative ou consécutive renvoyant à la thèse initiale) ne se contredisent pas, bien au contraire: grâce à ce διὰ τοῦτο, l'auteur de Sg revient en arrière et reprend un principe énoncé bien des versets plus haut, il en offre un exemple qui justifie l'application du principe, application qu'il décrit ensuite. La reprise de διὰ τοῦτο en 17,1b, fait aussi appel à un principe fondamental, celui de la méconnaissance de Dieu comme cause de tout châtiment (11,15; 12,23; 13,1 etc...) car ce sont les *âmes sans instruction* qui se sont égarées, or tout le chapitre 17 motive justement la plaie des ténèbres par l'ignorance des Égyptiens qui ont *gardé enfermés tes Fils, par qui devait être donnée au monde l'incorruptible lumière de la Loi (18,4)*. L'expression διὰ τοῦτο a donc une valeur singulière: grâce à elle, l'auteur introduit une démonstration dont il donne déjà la conclusion en évoquant un principe établi précédemment; il justifie l'action de Dieu avant même de la manifester. En fait, il montre que les antithèses sont une manifestation des principes, établis par Dieu, qui régissent l'humanité.

[44] GILBERT, *La philanthropie*, 3.

d'injustice qui méritait bien les premières plaies» et «*justifie ce processus de châtiment*»[45].

Il y a mieux encore: le verset 16,2 reprend un autre grand thème annoncé dans la première antithèse et abandonné par la suite, celui de la double action de Dieu par un même instrument: à la punition de l'Égypte correspond le salut du Peuple Saint, par le jeu des mêmes éléments naturels. Là encore, le parallélisme de vocabulaire entre 11,4-14 et 16,2 est saisissant, surtout si l'on ne prend en considération que les versets extrêmes de la péricope:

16,2	11,5-6	11,13
δι᾽ ὁμοίων (16,1)	δι᾽ ὧν	διὰ τῶν ἰδίων
ἀνθ᾽ ἧς	ἀντί	
κολάσεως	ἐκολάσθησαν	κολάσεων
εὐεργετήσας	εὐεργετήθησαν	εὐεργετημένους
τὸν λαόν σου	αὐτοί (*)	αὐτούς (*)

(*) Reprend λαὸν ὅσιον de 10,15 et les expressions synonymes présentes entre 10,15 et 11,3.

A ces observations, il faut encore ajouter le jeu similaire des pronoms αὐτοί et ἐκεῖνοι en 11,4-14 et 16,1-4.

Toutes ces constatations permettent d'affirmer que Sg 16,1-2 reprend et condense l'enseignement donné en 11,4-16 et 12,23-27 et auquel aucune allusion n'est faite pendant les trois chapitres de la «*critique des dieux*» (13 à 15). Il est en revanche repris tout au long de Sg 16–19 qui en est l'illustration. Il est vrai que dans ces chapitres le thème du «*châtiment par où l'on a péché*» (Sg 11,15-16 et 12,23-27) est moins mis en valeur que celui de l'ambivalence de l'action divine. Il est néanmoins évoqué clairement en 17,2; 18,4 et 18,5.

16,1-2 semble donc signaler le début d'une nouvelle section du livre, étroitement liée aux chapitres 11 et 12, mais nettement distincte des chapitres 13 à 15, une section qui continue la première antithèse concernant l'eau du rocher (Sg 11,4-14), selon des principes exposés en Sg 11,15-16 et 12,23-27.

b) *Limite finale*

Pour délimiter la péricope à étudier dans cette analyse de la structure des trois antithèses du chapitre 16, il faut définir une division finale. Elle sera moins nette que la limite initiale, car les antithèses Égypte-Israël s'enchaînent jusqu'au chapitre 19, progressant toujours sur les deux rails que

---

[45] Ibid., 34 et *La critique*, XVIII.

constituent les principes condensés en 16,1 et 2, de telle façon que Sg 16-19 présente une forte cohésion.

Cependant, à deux reprises, en 16,25 et 17,1, l'expression διὰ τοῦτο, par laquelle débute le chapitre 16, est répétée. En 16,25 ces termes sont suivis de καὶ τότε, l'expression devient alors «*c'est pourquoi alors aussi*», formule très nuancée: s'il est vrai que les versets 16,25-29 peuvent être distingués de la péricope précédente, ils lui restent intimement liés, comme l'indique καὶ τότε et comme le vocabulaire et la thématique de ces versets le manifestent.

Par contre, le διὰ τοῦτο de 17,1b intervient juste après une exclamation brève qui rompt le rythme ample des versets précédents, formés de longues phrases explicatives: «*En fait, tes jugements sont grands et inexplicables*». Ce cri de louange constitue la conclusion de tout le chapitre 16, il reprend à la lettre une expression chère à Ex 6,6 et 7,4 (LXX: ἐν κρίσει μεγάλῃ) où κρίσις désigne les hauts faits de Dieu. Il se justifie bien dans le contexte des versets 16,27-29, centrés sur l'action de grâces. Le lien de 17,1a avec le chapitre 16 est souligné par la conjonction γὰρ, et cette manière de conclure une péricope n'est pas sans rappeler la finale du livre en 19,22: «*En fait, de toutes les manières, Seigneur, tu as magnifié ton peuple et tu l'as glorifié...*». De plus 17,1a peut très bien se comprendre comme une exclamation d'admiration après les merveilles paradoxales décrites en 16,16-29. On peut y voir aussi une reprise de l'affirmation de 16,15: «*Il est impossible d'échapper à ta main*», expression tirée elle aussi d'Ex 6,1 et 7,5. La louange des «*jugements*» divins se présente comme la conclusion logique d'un ensemble de prodiges manifestant la punition et la rétribution divines, aucun des chapitres successifs n'accentuant autant que Sg 16 le contraste entre justice et miséricorde, conséquences du jugement de Dieu.

De cette façon, la section qui suit Sg 16,1–17,1a commence, en 17,1b, de manière identique à Sg 16,1a. Il est frappant de constater que tous les commentateurs séparent le verset 17,1a de Sg 16,1-29 sans tenir compte de cet élément et sans justifier leur choix[46]; car si le διὰ τοῦτο de Sg 16,1a peut constituer le point de départ d'une nouvelle péricope, pourquoi aurait-il un sens différent en Sg 17,1b?

Quant au changement de vocabulaire après 17,1a, il n'est pas utile de l'analyser ici en détail, tant il est évident qu'il s'agit d'une nouvelle section concernant la plaie des ténèbres.

---

[46] BIZZETI, 95, par exemple, ne se soucie pas de ce problème. La présence d'un γὰρ au début de 17,1a devrait pourtant poser question et suggérer un lien possible entre 16,29 et 17,1, sans tenir compte de la numérotation des chapitres et des versets.

2. Les divisions internes de Sg 16,1–17,1a[47]

a. 16,1-4b: Les grenouilles et les cailles (Animaux issus de l'eau)[48]

L'unité de ces 12 premiers stiques est fortement soulignée par le jeu des pronoms ἐκεῖνοι et αὐτοί ainsi que par l'inclusion ἐβασανίσθησαν - ἐβασανίζοντο (vv. 1b et 4b).

v. 1: *Les Égyptiens* . Principe de base de la péricope: la punition par l'objet du péché. (2 stiques)

v. 2: *Ton Peuple* . lié au v. 1 par la reprise de κολάσεως et par l'opposition ἀνθ᾽ ἧς. (3 stiques)

v. 3abc: *Ceux-ci* . reprend, par jeu d'opposition le vocabulaire du v. 2: ἐπιθυμοῦντες/ἐπιθυμίαν ὀρέξεως/ὄρεξιν, τροφήν (2c/3a). (3 stiques)

v. 3de: *Ceux-là* . s'oppose à 3abc par le jeu entre ἐκεῖνοι μέν et αὐτοί δέ, mais reprend le vocabulaire du v. 2: ξένην γεῦσιν/ξένης γεύσεως.

v. 4: *Ceux-ci et Ceux là* . synthèse du passage, reprend le vocabulaire de 3d (ἐνδεεῖς/ἔνδειαν) et 3a (εἰδέχθειαν/ἐχθροί) et fait inclusion avec le verset 1 (ἐβασανίζοντο).

L'unité du passage est donc certaine, la construction parfaitement harmonieuse:

Égypte (2 stiques)
        Israël (3 stiques)
Égypte (3 stiques)
        Israël (2 stiques)
    SYNTHÈSE (2 stiques)
    (TOTAL: 12 stiques)

b. 16,5a-14c: Les serpents et les insectes (Les animaux brûlants)[49]

Au début du verset 16,5a καὶ γὰρ a pour fonction de relier entre eux deux passages, mais, de ce fait, il marque aussi une division mineure. Des

---

[47] WRIGHT, «The Structure of the Book», 182, propose: 15,18–16,1; 16,2-4; 5–15; 16–22; 23–26; 27–29. Et GILBERT, *Sagesse*, 72ss: 16,1-4; 5–7; 8; 9; 10–12; 13–14; 15–19; 20–23; 24–29. Quant à Reese, «Plan and Structure», 398: 16,1-4; 5–15; 16,16–17,1. BIZZETI reprend pratiquement Gilbert.

[48] Deux prodiges animaliers évoquant l'eau sont présentés, l'un tiré d'Ex 7,26ss et l'autre de Nb 11,1ss. Le caractère aquatique des grenouilles est rappelé en 19,10: c'est le Fleuve qui les a vomies. Quant aux cailles, 19,12 souligne qu'elles sont montées de la Mer elle-même, conformément à Nb 11,31: ἀπὸ τῆς θαλάσσης (LXX), ce qui constitue «un nouveau mode de naissance pour les oiseaux», un prodige dans le prodige.

[49] Après l'eau, ce sont deux prodiges animaliers évoquant le feu qui sont utilisés, l'un tiré d'Ex 8,16ss et 10,1ss et l'autre de Nb 21,4ss. SKEHAN, «The Text and Structure», 12,

bestioles du v. 1, nous passons maintenant aux *bêtes aux morsures fatales*
(cf. 11,17-20). Tout le passage de 16,5-14 est caractérisé par une abondance de γὰρ (7 fois en 10 versets) et il est possible de délimiter la péricope
par certaines inclusions: ἐπῆλθεν θυμὸς (5a) appelle ἐξελθὸν πνεῦμα
(14b)[50], ajoutons à cela l'idée de mort exprimée dans les trois verbes de
5b (διεφθείροντο), 9a (ἀπέκτεινεν) et 14a (ἀποκτέννει).

Mais la construction des versets 16,5-14 se découvre surtout dans le
parallélisme (synthétique ou antithétique) entre les vv. 5-9 et 10-14. Ce
parallélisme découle de l'opposition exprimée en 16,9 et 16,10 par l'expression οὓς μὲν... τοὺς δὲ. Elle ne se limite pas aux deux versets, mais
porte sur tout le passage, mettant en valeur deux strophes de douze stiques[51] au parallélisme surprenant, verset par verset.

---

rappelle le lien étymologique existant dans le monde sémitique entre chaleur, poison et colère à propos de θυμὸς (16,5). Les serpents sont appelés «Seraphim» en Nb 21 et Dt 8,15,
ce qui signifie «brûlants». Le lien entre les sauterelles et le feu, est aussi une donnée de la
tradition hébraïque (Jl 2,3-5 et Ap 9,1-12). Les sauterelles d'Ex 10 sont d'ailleurs portées
par le vent du *désert* et chassées par celui qui monte de la *mer*. Quant aux taons, leur pi-
qûre est aussi brûlante. On peut noter au passage le jeu d'assonances en hébreu entre sauterelles et taons (ʾrb et ʿrb que traduisent en grec ἀκρίδων καὶ μυιῶν), c'est-à-dire, si l'on
considère la racine des mots, «*la multitude et le mélange*»!

[50] REESE, «Plan and Structure», 398, repris par WRIGHT, «The Structure of the
Book», 182.

[51] Les éditions critiques ne concordent pas sur la division de Sg 16,11. Rahlfs,
Ziegler, Vigouroux, Barclay, Swete, sur la base du Codex B divisent en 4 stiques:

εἰς γὰρ ὑπόμνησιν τῶν λογίων σου ἐνεκεντρίζοντο
καὶ ὀξέως διεσῴζοντο
ἵνα μὴ εἰς βαθεῖαν ἐμπεσόντες λήθην
ἀπερίσπαστοι γένωνται τῆς σῆς εὐεργεσίας.

Plusieurs éditions, comme celle de Van Hess, Loch et Tischendorf ne divisent pas le
texte en stiques, mais le ponctuent en accord avec cette division.

Fritzsche et Deane, sur la base de l'Alexandrinus divisent en trois stiques, réunissant
les deux stiques centraux du codex B.

Cette disposition respecte mieux la proportion des stiques (le v. 11b du Codex B est
trop petit), et, semble-t-il, la logique: la souffrance infligée est justifiée par le rappel des
paroles en 11a (emploi de εἰς), la guérison par le risque de l'oubli en 11b (μὴ εἰς). 11c offre alors une conclusion portant sur les deux premiers stiques: ce sont ces deux actions divines qui permettent finalement aux hommes d'être attentifs à la bienfaisance divine. Ainsi
se trouve souligné le chiasme de 11ab:

11a: *Vers le rappel de tes paroles*
               ils étaient aiguillonnés
11b: *et aussitôt ils étaient guéris*
        afin que ne tombant pas vers un profond oubli
11c: *ils deviennent attentifs sans relâche à ta bienfaisance.*

	5a-6b			10a-11c	
αὐτοῖς		(5a)	υἱούς σου		(10a)
ἐπῆλθεν θυμὸς		(5a)	ἀντιπαρῆλθεν ἔλεος		(10b)
διεφθείροντο		(5b)	ἰάσατο		(10a)
ὄφεων σκολιῶν		(5b)	δράκοντων ἰοβόλων		(10a)
δήγμασιν		(5b)	ὀδόντες		(10a)
ὀργή		(5c)	ἔλεος		(10b)
εἰς ἀνάμνησιν ἐντολῆς			εἰς γὰρ ὑπόμνησιν		
νόμου σου		(6b)	τῶν λογίων σου		(11a)
σωτηρίας		(6b)	διεσῴζοντο		(11b)
εἰς νουθεσίαν		(6a)	μὴ εἰς βαθεῖαν λήθην		(11b)

7ab	12ab
ὁ γὰρ ἐπιστραφείς	καὶ γὰρ οὔτε βοτάνη
οὐ διὰ τὸ θεωρούμενον ἐσῴζετο	οὔτε μάλαγμα ἐθεράπευσεν αὐτούς
ἀλλὰ διὰ σὲ	ἀλλὰ ὁ σός, Κύριε, λόγος
τὸν πάντων Σωτῆρα	ὁ πάντας ἰώμενος

(Le parallélisme de structure, de vocabulaire et de contenu théologique de ces deux phrases saute aux yeux).

	8-9			13-14	
σύ		(8b)	σύ		(13a)
ὁ ῥυόμενος ἐκ			κατάγεις εἰς ... καὶ ἀνάγεις		(13b)
παντὸς κακοῦ		(8b)	κακίᾳ αὐτοῦ		(14a)
οὕς		(9a)	ἄνθρωπος		(14a)
ἀπέκτεινεν		(9a)	ἀποκτέννει		(14a)
οὐχ εὑρέθη		(9b)	οὐκ ἀναστρέφει		(14b)
τῇ ψυχῇ		(9b)	ψυχήν		(14c)

La première strophe ainsi obtenue (vv. 5 à 9) est mise en valeur par l'inclusion que constitue la reprise de δήγματα en 5b et 9a. Aucune inclusion ne délimite la seconde strophe, mais l'unité-opposition des deux strophes (5a-9c et 10a-14c) est marquée par le lien οὓς μὲν... τοὺς δέ en 9a et 10a. Comme toujours en Sg, le passage d'une strophe à l'autre est donc très subtil, car le parallélisme antithétique entre les vv. 9 et 10, loin de briser l'unité propre de chaque strophe, souligne leur réciprocité[52].

---

[52] L'opposition entre les v. 9 et 10 est soulignée par l'aspect composite de la construction dû à l'accent mis sur Israël au v. 10: *ceux-ci (οὓς μέν)* (v. 9)... *ceux-là, tes fils (τοὺς δὲ υἱούς σου)* (v. 10), elle est encore renforcée par l'ajout de *οὐδέ: pas même*. Le lien μὲν... δέ entre les vv. 9 et 10 oblige à considérer les deux strophes comme inséparables mais leur parallélisme autorise aussi à établir une division mineure entre 9 et 10. Privilégier l'opposition entre les deux versets seulement conduirait à une structure centrée sur les versets 9 et 10, moins probante que celle adoptée ici.

La structure des deux strophes de 12 stiques présente une grande harmonie:

5-6 : 5 stiques	10-11 : 5 stiques
l'épreuve, rappel pour Israël	*l'épreuve, rappel pour Israël*
7 : 2 stiques	12 : 2 stiques
Toi, le véritable Sauveur	*Ta Parole, le véritable Médecin*
8-9 : 5 stiques	13-14 : 5 stiques
Dieu libérateur	*Dieu maître de la vie et la mort*
impuissance des Egyptiens	*impuissance humaine*

Le lien de ces deux strophes avec les douze stiques précédents est marqué par les reprises de κολάζω et ἄξιος (9c/1-2) en ce qui concerne les «ennemis» et par εὐεργεσίας (11c/2a) en ce qui concerne Israël, désigné par des termes similaires: τοὺς υἱούς σου (10a) et τὸν λαόν σου (2a).

c. *Le verset 15*

Le verset 15, affirmation concise et catégorique, placée juste au cœur de Sg 16, précédée et suivie de 14 versets[53], peut être envisagé soit comme une conclusion des versets précédents[54], soit comme le titre du passage suivant[55]. Il exprime, en fait, une maxime de portée universelle et n'appartient de façon précise ni à l'un ni à l'autre des passages. D'un côté, en effet, χεῖρα reprend παραλημφθεῖναι du verset 14: ce que l'Hadès a pris ne peut pas être libéré, car *il est impossible d'échapper à ta main* (ce lien du v. 15 avec les versets précédents est souligné par la quatrième reprise en quatre stiques de la particule δέ), d'un autre côté, ce mot annonce βραχίονος du verset 16: ne pouvant échapper à la *main* de Dieu, celui qui refuse de le reconnaître est frappé par son *bras*. Quant à φυγεῖν, il peut être interprété à la lumière de ἀναστρέφει et ἀναλύει (14bc) comme de ἀρνούμενοι (16a). Enfin ἀδύνατον évoque ἐξουσίαν (13a) autant que ἰσχύι (16b) ou δυνάμεως (23b). Le v. 15 ne peut donc être incorporé de façon exclusive dans aucune des deux strophes dont il assure le lien[56].

d. *16,16-23: La grêle et la manne dans le feu (eau et feu réunis)*

La structure de ce passage est aisée à cerner. Un premier indice saute aux yeux: ἀνθ᾽ ὧν (v. 20a) signale une division par opposition. Cette divi-

---

[53] Bizzeti, 93.

[54] Wright (cf. note 1) et P. Heinisch, *Das Buch der Weisheit* (Exegetisches Handbuch zum Alten Testament, XXIV) (Münster 1912), 307.

[55] Bizzeti, 93 s'oppose à Wright sans aucun argument. Weber, Gilbert, Larcher, font aussi du v. 15 l'introduction de la péricope suivante.

[56] Jn 10,28-29, dans un sens tout à fait différent, emploie la même image que ce verset: «*Moi, je leur donne la vie éternelle, et elles ne périront jamais. Mon Père, qui me les a données est plus grand que tout et personne ne peut rien arracher de la main de mon Père*».

sion est confirmée par un changement de thème: en 16a-19b, la grêle est au centre des préoccupations alors qu'en 20a-23b, c'est la «nourriture». Il en résulte un diptyque, encadré par deux inclusions: εἰδέναι... ἀσεβεῖς en 16a et ἀσεβεῖς... εἰδῶσιν en 18bc; τροφήν en 20a et τραφῶσιν en 23a. L'unité d'ensemble est assurée par la reprise des vocables de pluie et de tempête en 16c et 22cd, et par la mention répétée du feu en 16d, 17b, 22a et 22c. C'est la similitude avec la pluie qui permet la comparaison entre la grêle et la manne, mais ce sont les effets opposés du FEU qui permettent leur opposition[57].

α) *versets 16-17b et 20-21*

Les correspondances entre les deux sections sont faibles: deux prodiges différents sont présentés et le seul lien apparent qui semble les réunir, dans un premier temps, c'est qu'ils sont tous deux envoyés du ciel par Dieu. Ils sont décrits chacun de leur côté en six stiques, mais 16-17b serait plus facilement divisible en trois paires de stiques, alors que 20-21 est constitué de deux tercets.

Nous pouvons cependant souligner une reprise de vocabulaire significative: ἰσχύοντα (20c) renvoie à ἰσχύι (16b). En outre, des oppositions comme ἀσεβεῖς (16a) et τὸν λαόν σου (20a) ou ἐμαστιγώθησαν (16b) et ἐνεφάνιζεν γλυκύτητα (21a) confirment que les deux passages présentent des prodiges antithétiques manifestant chacun la «*force*» de Dieu.

β) *En 17c-19b et 22a-23b*, aucun lien ne réunit les deux affirmations initiales (17c et 22a), mais un remarquable parallélisme de structure grammaticale peut être observé[58]:

1. Affirmation de base:

L'univers est le champion   *Neige et grêle supportaient*
des justes   *le Feu sans se fondre*

2. *Double explication:*

ποτὲ μὲν...ἵνα...εἰδῶσιν ὅτι... (18)   ἵνα γνῶσιν ὅτι... (22)
ποτὲ δὲ...ἵνα... (19)   τοῦτο πάλιν δ' ἵνα... (23)

(Dans les deux cas, les verbes sont à la 3e personne plurielle du subjonctif aoriste mais, au v. 23, le verbe principal suit l'explication alors qu'il la précède en 18, 19 et 22).

---

[57] REESE, «Plan and structure», 398. Wright s'oppose à Reese, et voit l'unité de l'antithèse assurée par la provenance céleste de la manne, comme celle de la grêle et du feu envoyés par Dieu. Mais il n'y a pas lieu d'opposer les deux arguments: ils entrent successivement en jeu dans la comparaison: ce qui est envoyé du ciel par Dieu manifeste sa provenance dans sa réaction par rapport au feu. Donc ce qui permet la comparaison des deux éléments, c'est leur origine céleste, mais c'est par rapport à l'action du feu qu'il y a opposition entre eux; en cela Wright est incomplet.

[58] BIZZETI, 94.

Ce parallélisme de structure entre 17c-19 et 22-23 est renforcé par un parallélisme de vocabulaire[59]:

φλόξ (18a) φλέγει (19a)	φλεγόμενον (φλεγον: S) (22c)
δύναμιν (19a)	δυνάμεως (23b)
δικαίων (17c) ἀδίκου (19b)	δίκαιοι (23a)
καταφθείρῃ ου διαφθείρῃ (19b)	κατέφθειρε (22c)[60]
ἀδίκου γῆς γενήματα (19b)	τοὺς τῶν ἐχθρῶν καρπούς (22b)

En résumé, donc, Sg 16,16-23 est constitué de deux séries parallèles de 12 stiques (16-19 et 20-23).

e. *Le verset 24*

Le v. 24 étend à toute la Création ce qui a été dit de la manne et de la grêle et en indique la cause première. Il rappelle le principe exposé en 16,2: l'ambivalence de l'action de Dieu à travers la Création, principe déjà exposé en 5,17-23: «*l'univers ira au combat avec lui contre les insensés*» (20b) et affirmé brièvement en 16,17c: «*L'univers combat pour les justes*». En 5,22, la grêle et l'eau étaient déjà des signes de ce combat divin. Sg 16,24 présente donc un principe cher à l'auteur et d'une portée plus générale que les phénomènes décrits en Sg 16,16-23. Le vocabulaire du verset renvoie d'ailleurs à l'ensemble du chapitre 16: κόλασιν (cf. le verbe κολασθῆναι v. 1, 2, 9) εὐεργεσίαν (cf. v. 2, 11) ἀδίκων (cf. v. 17, 19, 23); ὑπηρετοῦσα annonce 25b et reprend 21b; κτίσις rappelle κόσμος de 17c.

D'un autre côté, ce verset introduit l'idée de prière et de confiance développée par la suite: πεποιθότων annonce δεομένων du verset suivant.

En reprenant le thème de la première strophe (16,1-4) après les deux exemples d'oppositions développés sous forme de diptyque (16,5-14 et 16,16-23), le verset 24 se présente comme une conclusion de la série des cinq strophes de douze stiques. Ce thème du verset 24 sera rappelé avec insistance dans les dernières lignes du livre en 19,6 et 18.

f. *16,25-29: l'enseignement conclusif*

En 16,25, l'écrivain sacré rebondit, au moyen de l'expression διὰ τοῦτο «*voici pourquoi*», selon une technique déjà signalée. Ceci indique que les versets 25 à 29 sont fortement séparés du développement précédent, mais la coupure est mitigée par l'ajout de καὶ et de τότε. καὶ va avec διὰ τοῦτο[61] et se traduit par «*aussi*». L'auteur entend donc parler d'un aspect

---

[59] Ibid., 93s.

[60] En 16,19b, certains codex (S et A + *O*-V *L b c*...) intensifient encore le parallélisme en lisant καταφθείρῃ au lieu de διαφθείρῃ (B + 1, a, e...).

[61] Plutôt qu'avec τότε, cf. Zorell, 641, IIb.

complémentaire: il s'agit de tirer un enseignement des vertus de la manne qu'il n'a fait qu'exposer jusqu'à présent. τότε, «*alors, sur ce point précisément*», signale que le point de départ de l'enseignement suivant est à rechercher dans les versets précédents, contrairement au διὰ τοῦτο de 16,1.

L'expression dans son ensemble, un peu lourde, annonce un développement nouveau, d'un autre niveau: ce que l'auteur a dit de la manne jusqu'à présent ne lui suffit pas, il veut aller plus loin dans la compréhension spirituelle du prodige: «*Voici aussi pourquoi, à ce propos...*». L'expression souligne l'importance de Sg 16,25-29 et suggère que ces versets sortent du cadre antithétique des chapitres 16–19. Ceci est confirmé, en 19,21, puisque Sg se termine justement par un rappel de ce texte, avant le cri final d'action de grâces.

La structure du passage est assez claire:

Le verset 25 condense en trois stiques la description faite de façon parallèle en 16,20 et 21. μεταλλευομένη-ὑπηρέτει reprend ὑπηρετῶν-μετεκιρνᾶτο de 21b, mais il convient de noter aussi le parallélisme d'idées entre:

20c: *en harmonie avec tout* goût *(= désir du goût)*.
21c: *il se changeait en ce que chacun* voulait.
25c: *selon le désir de ceux qui* demandaient.

Ajoutons encore que l'expression étonnante de 25b: τῇ παντοτρόφῳ σου δωρεᾷ synthétise bien 20a: τροφὴν ἐψώμισας et 20c: πᾶσαν ἡδονὴν ἰσχύοντα.

La structure grammaticale du verset 26 reprend celle des versets 18b et 19b et celle de 22b et 23a, conjuguée avec celle des versets 7 et 12. En effet, deux formes grammaticales caractéristiques sont reprises:

ἵνα + aor. subj. + ὅτι (vv. 18b, 22b) (sans ὅτι en 19b et 23a)
οὐ....ἀλλά + 2ème personne sing. (vv. 7, 12)

Le lien n'est pas seulement grammatical: la *parole* dont il est question (ἀλλὰ τὸ ῥῆμά σου) rappelle nécessairement celle du v. 12 (ἀλλὰ ὁ σός, Κύριε, λόγος) et la formule de connaissance, «*afin qu'ils apprennent*», ἵνα μάθωσιν ὅτι, renvoie à ἵνα εἰδῶσιν ὅτι (18bc) et ἵνα γνῶσιν ὅτι (22b); elle annonce aussi 28a: ὅπως γνωστὸν ᾖ ὅτι.

Le vocabulaire du v. 26 récapitule aussi d'autres termes répartis dans les deux diptyques précédents, en 16,5-14 et 16,16-23: ἄνθρωπον est utilisé en 14a et donne une portée universelle à tout ce qui a été dit des Égyptiens ou d'Israël; τὸ ῥῆμά σου reprend toutes les expressions relatives à la Parole de Dieu qui abondent dans le premier diptyque: ἐντολῆς νόμου σου (6b), τῶν λογίων σου (11a) et ὁ σός, Κύριε, λόγος (12b); οἱ υἱοί σου renvoie à τοὺς υἱούς σου (10a), τὸν λαόν σου (20a) et τέκνα (21a); αἱ γενέσεις τῶν καρπῶν reprend γῆς γενήματα (19b) et καρπούς (22b); divers mots de la famille de τρέφουσιν sont employés en 20a, 23a et 2c, 3a.

Mais le v. 26 est surtout lié au v. 25 dont il constitue l'explication théologique. Sans reprendre exactement les mêmes mots, il interprète le prodige qui vient d'être décrit: τὸ ῥῆμά σου interprète τῇ σου δωρεᾷ; πιστεύοντας approfondit δεομένων. Enfin τρέφουσιν renvoie à παντοτρόφῳ δωρεᾷ. Avec le verset suivant, la coupure est, en revanche, assez nette.

Le verset 27, en effet, met en jeu un autre aspect de la manne: il ne s'agit plus de sa variété de goûts, mais de sa résistance aux éléments. L'auteur présente ce que l'on pourrait appeler le paradoxe du paradoxe:
au v. 17 était présenté le paradoxe du feu allié à l'eau,
au v. 22, celui, inverse, de la manne résistant dans le feu,
au v. 27, celui, à nouveau inversé, de l'effet du Soleil sur la manne, contraire à l'inefficacité du feu.

En toute logique, le v. 27 reprend donc le vocabulaire des v. 17-19 et 22-23 (comme le v. 25 reprenait celui de 20-21): τὸ γὰρ ὑπὸ πυρὸς μὴ φθειρόμενον (27a) est l'inverse de κατέφθειρε πῦρ φλεγόμενον (22b) et de ὑπὲρ τὴν πυρὸς δύναμιν φλέγει ἵνα ... διαφθείρῃ (19ab), de même ἐτήκετο (27b) est l'inverse de οὐκ ἐτήκετο (22a).

Les versets 28 et 29 développent un enseignement dérivé du prodige décrit au v. 27, comme le v. 26 développait le v. 25. La formule d'introduction du v. 28a diffère de celle de 26a: ἵνα μάθωσιν laisse place à ὅπως γνωστὸν ᾖ ὅτι, proche de 22b: ἵνα γνῶσιν ὅτι. Mais l'enseignement qui résulte du dernier prodige est d'un type complètement nouveau par rapport aux précédents, simples constatations (vv. 18-19 et 22-23) ou déductions théologiques (v. 26). Il peut être moral et religieux, si l'on accentue la portée de δεῖ: «Il faut», mais il est surtout spirituel. En fait, l'auteur ne constate plus seulement une réalité, il en indique le sens profond, jusque dans ses conséquences pour la vie intérieure de l'homme, non seulement en ce qui concerne l'état d'action de grâces, mais aussi le temps où elle doit être vécue: avant le lever du soleil. Cette précision fait de l'action de grâces le premier devoir de l'homme, le fondement de la vie intérieure.

Le lien des deux derniers versets avec le v. 27 est évident: les termes principaux de l'image interprétée sont repris: ἥλιος (28a) et ἀ-χαρίστου (29a). Enfin il convient de remarquer la superbe construction qui clôture la péricope: un jeu d'assonances entre ἀχαρίστου et ἄχρηστον vient encadrer le distique et un beau chiasme lui donne sa tonalité poétique.

ἀχαρίστου γὰρ ἐλπίς
  ὡς χειμέριος πάχνη
    ταχήσεται
       καὶ
    ῥυήσεται
  ὡς ὕδωρ
ἄχρηστον.

La précision de cette construction est significative pour la structure géné-rale du texte, car les auteurs classiques accordent une grande importance aux sentences conclusives[62].

g. *Le verset 17,1a: un cri de louange*

Nettement séparé de la péricope précédente, le v. 17,1a peut cepen-dant être considéré comme un cri final de louange et d'admiration. Outre l'emploi de διὰ τοῦτο en 17,1b, plusieurs indices viennent confirmer ce choix[63]:

— L'apostrophe à Dieu que manifeste le pronom personnel σύ et la conjugaison des verbes à la 2ème personne constitue l'une des caractéristi-ques du chapitre 16, or elle est utilisée en Sg 17,1a.
— Les *jugements* (κρίσεις) de Dieu évoquent le verset 16,18c (θεοῦ *κρίσει* ἐλαύνονται). Ce terme est peu fréquent en Sg (12 emplois) et 17,1 est la dernière mention du mot et de ceux de sa famille: la précédente remonte à 12,18-22 et celle du nom à 12,25-26. Le terme évoque aussi l'opposition entre la *punition* (16,1a, 9c, 24b) et les *bienfaits* divins (16,2a, 11c, 24c), entre les justes et les impies, affirmée tout au long du chapitre 16. Enfin l'inclusion entre 17,2b et 17,5 (νυκτός - νύκτα)[64], qui signale les limites de la péricope suivante, laisse de côté 17,1a.

L'expression «*grands jugements*» (μεγάλαι κρίσεις) correspond à la traduction que la LXX donne des «*mišpaṭîm gᵉdolîm*» employés fréquem-ment en Ex (6,6; 7,4, ...) pour désigner les plaies et les prodiges accomplis par Dieu lors de l'Exode. Cette hypothèse est confirmée par le fait que, sur 9 emplois du mot κρίσις, seul celui-ci est au pluriel. En outre, même au singulier, il ne désigne que la sagesse de Salomon ou les prodiges de

---

[62] Cf. Winston, 16. Ciceron, *Orator*, LXI, 210-211. Aristote, *Rhétorique*, 1420b.
[63] Cf. supra, 15. Larcher, *Le livre*, III, 1093, à propos du v. 19,22 rappelle «*la coutu-me selon laquelle, dès l'époque tannaïque, on terminait un discours homélitique par des paro-les de consolation ou de réconfort... On bénissait Dieu également...*». Mais il ne considère pas 17,1a comme relié à la péricope précédente (ibid., 946) alors que Grimm, Deane et Cornely le lient fortement à 16,29. Ce n'est pourtant pas tant au verset 29 seul qu'il faut relier 17,1a qu'à l'ensemble du chapitre 16 qu'il clôture.
[64] Bizzeti, 96.

Dieu. L'auteur s'émerveille devant l'action de Dieu et confesse son incapacité à la narrer et à l'explorer de façon satisfaisante (δυσδιήγητοι est
un *hapax* dans la LXX, traduit en latin par *inenarabilia verba tua*). Après
avoir raconté trois prodiges, il semble «reprendre son souffle» avant de
continuer. Voilà pourquoi ce verset peut-être considéré plus comme une
conclusion que comme une introduction.

3. *Unité du chapitre 16*

La recherche des limites de la péricope a déjà justifié d'une certaine
façon l'étude du chapitre 16 dans son ensemble. Au niveau du vocabulaire, l'importance accordée à la nourriture et au goût dans la première et la
dernière parties du texte (retour fréquent de τροφή, γεῦσις et leurs dérivés: vv. 2 et 3, 20 et 23, 25 et 26 pour désigner deux nourritures différentes *préparées* par Dieu: ἡτοίμασας, v. 2 et ἕτοιμον, v. 20), ainsi que la
manifestation progressive de ce Dieu Sauveur (7b) dont la parole *guérit*
(12b) et *protège* (26c), renforcent l'unité du chapitre.

La récurrence d'un même schéma d'exposition des différentes antithèses, avec un balancement entre la description des merveilles et l'enseignement qui en découle, et la position centrale du verset 15 manifestent
déjà l'unité du texte, mais il faut surtout remarquer dans tout le chapitre
une structure très précise au service d'une progression dans l'enchaînement des thèmes.

Sur le plan thématique, deux données structurent l'ensemble du chapitre: le rapport Eau-Feu (qui n'est pas explicite dans les quinze premiers
versets) et la remontée vers les causes dans l'ordre de la création:

1. LES ANIMAUX.
   — 2ᵉ antithèse: 1-4   *Les grenouilles (issues du fleuve)*
                         Les cailles (issues de la mer)   *EAU*
   — 3ᵉ antithèse: 5-14 *Les serpents (animaux brûlants)*
                         Les sauterelles   *FEU*
                   15. *LA MAIN DE DIEU*

2. LES ÉLÉMENTS.
   — 4ᵉ antithèse: 16-23 *La manne et la grêle*   *EAU + FEU*
                         Ambivalence des éléments
             24. *LA CRÉATION AU.SERVICE DE DIEU*

3. LE CRÉATEUR.
   — Enseignement théologique et spirituel:
       25-26: *La Parole conserve ceux qui croient.*
       27-29: *L'action de grâces de l'homme*
             17,1. *CRI D'ACTION DE GRÂCES*

Cette progression explique pourquoi, dans la suite de cet ouvrage, seuls les versets de 16,15 à 17,1 sont étudiés en détail[65]: ils sont centrés sur le prodige de la manne, signe qui condense les prodiges précédents, puisque les vv. 16-23 réunissent l'action des deux éléments du cosmos évoqués en 1-14 par les différentes sortes d'animaux et que le v. 26 reprend l'enseignement des vv. 7 et 12. La manne est le signe suprême qui permet à l'homme de remonter de la Création au Principe Créateur.

Un seul élément semble n'être pas repris en 16-29: la «punition par où l'on pèche», thème important dans les v. 1 à 4. Mais ce n'est là qu'une apparence, car le thème est partout sous-jacent: le péché des Égyptiens consiste en ce qu'*ils refusaient de Te reconnaître (16a)*, et les prodiges qui sont développés par la suite visent essentiellement à la reconnaissance de Dieu qui culmine dans l'action de grâces. Les verbes de connaissance, en 18c, 21a, 26a, 28a ponctuent cette découverte progressive de Dieu et du culte qui lui est dû[66]: ceux qui ont péché en ne reconnaissant pas le Donateur de tout bien et en rendant un culte aux créatures (cf. chapitres 13 à 15) sont punis par la création elle-même et privés des créatures nécessaires à leur subsistance, alors que le Peuple de Dieu les reçoit en abondance.

Au terme de cette recherche, un fait surprenant apparaît: le chapitre 16 est constitué de 6 strophes de 12 stiques chacune, bien délimitées. La deuxième et la troisième, puis la quatrième et la cinquième de ces strophes sont inséparables. Trois versets isolés sont ajoutés. Ils assurent la cohésion de l'ensemble et ne constituent ni des titres, ni des conclusions, mais plutôt des maximes d'ordre général dont la valeur est indépendante du contexte dans lequel elles sont placées. Cette structure se présente ainsi:

(2e antithèse) LES ANIMAUX ET LA NOURRITURE *(12 stiques)*
(EAU)

1ab: Égypte *grenouilles*
 2abc: Israël *cailles*
3abc: Égypte *but de l'envoi*
 3cd: Israël *but de l'envoi*
4ab: Synthèse et cause.

---

[65] La première partie du chapitre est étudiée par H. Maneschg, *Die Erzählung von der ehernen Schlange (Num 21,4-9) in der Auslegung der frühen jüdischen Literatur. Eine traditiongeschichtliche Studie*, Europäische Hochschulschriften, XXII,157 (Francfort-Berne 1981), 101-191.

[66] Cf. M. Gilbert, «La connaissance de Dieu selon le livre de la Sagesse», dans *La notion biblique de Dieu, le Dieu de la Bible et le Dieu des philosophes* (éd. J. Coppens), (Leuven-Gembloux 1976), 191-210 et Reese, *Hellenistic influence*, 141.

(3ᵉ antithèse) LES ANIMAUX ET LA VIE (2 × 12 stiques)
(FEU)

Serpents et sauterelles:		*Serpents et Hadès:*
Salut et mort		*Guérison et mort*
5-6: 5st	Les serpents comme rappel	10-11: 5st
7: 2st	Dieu seul Sauveur	12: 2st
8-9: 5st	La mort de l'homme	13-14: 5st

v. 15: «Il est impossible, en fait, d'échapper à ta main».

(4ᵉ antithèse) LES ÉLÉMENTS ET LA NOURRITURE (2 × 12 stiques)
(EAU ET FEU)

Grêle et Feu		*Manne et Feu*
16-17b: 6st	Description du prodige	20-21: 6st
17c-19: 6st	Les parodoxes du signe envoyé	22-23: 6st

v. 24: La création au service du Créateur pour la rétribution des hommes.

La MANNE, NOURRITURE et ENSEIGNEMENT (12 stiques)

25: 3st la manne et le prodige des goûts, polyvalence
26: 3st Enseignement théologique: la Parole et la Foi

27: 2st la manne, le feu et le soleil, réactions paradoxales
28-29: 4st Enseignement spirituel et religieux: l'action de grâces,
      reprend les thèmes du Feu et de l'Eau.

v. 17: «En fait, tes jugements sont grands et inexplicables».

4. *Confirmation de la structure proposée*

La structure littéraire découverte trouve un écho surprenant dans l'étude poétique, rythmique et métrique du texte. Une confirmation inattendue est offerte par les travaux de L. Mariès[67]:

> *«L'auteur* (de la Sagesse) *est dans la ligne des prophètes hébreux. A la manière des prophètes il a bâti son livre en strophes (...) Une strophe hébraïque est mesurée par le nombre de vers. Dans le genre monostrophique, toutes les strophes doivent avoir le même nombre de vers. Dans le genre antistrophique, l'antistrophe doit avoir le même nombre de vers que la strophe avec laquelle elle fait couple (...)».*
>
> *«En hébreu, les séries ternaires, ou triades, si l'on veut: strophe/antistrophe/strophe intermédiaire, peuvent être et sont le plus souvent différentes. Cette strophique hébraïque ne concerne que l'archi-*

---

[67] L. MARIÈS, «Rythmes quantitatifs dans le livre de la Sagesse», *CRAI* (1935), 104-117. Les manuscrits inédits de Mariès, communiqués par le P. des Places, structurent Sg 16 d'une façon identique à la nôtre.

tecture ou l'architectonie du poème. Les mesures de la strophique n'in-
téressent que les proportions...».

Il existe même parfois des «coupes» entre les strophes *«que l'on pour-*
rait peut-être appeler «laisse» de la strophe ou de l'antistrophe»...

Tout ce que la structure comportait de surprenant se trouve ici justifié et la comparaison avec la parodos des *Perses* d'Eschyle que porte Mariès prouve une fois de plus que l'auteur de la Sg a su allier judaïsme et
hellénisme, jusque dans la composition poétique.

Ainsi se distingue une composition par groupes de strophes qui en-
globe, sans les passer sous silence, les trois «antithèses»:

1. STROPHE INTRODUCTRICE A (1 à 4)
(2e antithèse: grenouilles-cailles)

2. STROPHE Iᵃ (5 à 9)   *3. STROPHE IIᵃ (10 à 14)*
(3e antithèse: insectes-serpents)

coupe centrale: v. 15

4. STROPHE Iᵇ (13 à 19)   *5. STROPHE IIᵇ (20 à 23)*
(4e antithèse: grêle-manne)
coupe secondaire: v. 24

6. STROPHE CONCLUSIVE B (25 à 29)
(enseignement spirituel)
coupe finale: 17,1

Finalement voici la structure du texte que nous proposons, sur la base de la traduction d'Osty et de la *TOB*, avec quelques rectifications:

STROPHE INTRODUCTRICE A

1. *Voici pourquoi* ils ont été châtiés justement par des êtres semblables
et torturés par une multitude de bestioles,
   2. tandis que, au lieu de ce châtiment, accordant en bienfait à ton peuple,
    en réponse au désir de l'appétit, un aliment au goût exotique,
    comme nourriture, tu as préparé des cailles.

3. C'était pour que *ceux-là*, qui désiraient une nourriture,
à cause de l'aspect repoussant de ce qui leur était envoyé,
se détournent même de l'appétit naturel,
   3d. tandis que *ceux-ci*, après avoir un peu connu la disette,
    reçoivent même en partage un aliment au goût exotique.

4. Il fallait, en effet, que sur *ceux-là*, les oppresseurs, s'abattît une
                             irrémédiable disette
et qu'à *ceux-ci* soit seulement montré comment leurs ennemis
                                 étaient torturés.

STROPHE I a

5. En effet, lorsque s'abattit sur eux la fureur terrible des bêtes
   et qu'ils périssaient sous les morsures de tortueux serpents,
   ta colère ne dura pas jusqu'au bout.
6. C'est par avertissement qu'ils furent inquiétés durant peu de temps,
   ayant un signe de salut pour le rappel du commandement de ta Loi.

    7. En effet, celui qui se retournait était sauvé, non par ce qu'il regardait,
       mais par Toi, le Sauveur de tous.

        8. Et en cela tu prouvais à nos ennemis
             que toi, tu es le libérateur de tout mal.
           9. Eux, des morsures de sauterelles et de mouches les tuèrent
             et on ne trouva pas de remède pour leur âme,
             car ils étaient dignes d'être châtiés par elles.

STROPHE II a

10. *Par contre*, tes fils, même les dents des serpents venimeux ne purent les vaincre,
    car ta miséricorde s'y opposa et les guérit.
11. C'est pour le rappel de tes paroles qu'ils étaient aiguillonnés
    et aussitôt sauvés, afin que, sans tomber dans un profond oubli,
    ils deviennent attentifs sans relâche à la bienfaisance.

    12. Et en effet, ce n'est ni de l'herbe ni une pommade qui les soigna,
        mais ta parole, Seigneur, qui guérit tout.

        13. Car Toi, tu as pouvoir sur la vie et sur la mort
              et tu fais descendre aux portes de l'Hadès et tu fais remonter.
            14. L'homme, par sa malice, tue;
              il ne fait pas revenir l'esprit qui est sorti
              et ne libère pas l'âme qui a été prise.

Coupure centrale: 15. Il est impossible d'échapper à ta main.

STROPHE I b

16. Les impies qui refusaient de te connaître,
    dans la force de ton bras, furent fustigés,
    par des pluies insolites, grêle, averses inexorables, poursuivis
    et, par le feu, consumés.
17. Voici, en effet, le paradoxe: dans l'eau qui éteint tout,
    le feu gagnait en énergie.

        L'univers, en effet, est le champion des justes.

18. Tantôt, en effet, la flamme s'apaisait,
    pour ne pas consumer les animaux envoyés contre les impies,
    mais pour qu'eux, à cette vue, reconnaissent qu'ils étaient
                    poursuivis par le jugement de Dieu.

19. Tantôt, même au milieu de l'eau, elle brûle avec plus de force que le feu,
afin de détruire les récoltes d'une terre injuste.

STROPHE II b

20. *Au contraire*, c'est une nourriture d'anges que tu as donnée à ton peuple
et un pain préparé que, du ciel, tu leur as fourni sans travail,
    ayant la capacité de toute saveur et adapté à tous les goûts.

21. Oui, ta substance manifestait ta douceur envers (tes) enfants
et, s'accommodant (aussi) au goût de celui qui le prenait,
    il (*le pain*) se changeait en ce que chacun décidait.

            22. Neige et glace supportaient le feu et ne fondaient pas.

Afin qu'on sache que ce sont les récoltes des ennemis
que détruisait un feu brûlant dans la grêle
et dans la pluie flamboyant.
23. Celui-ci, par contre, afin que les justes mangent,
délaissait même sa propre force.

        Coupure secondaire:
        24. Car la création obéissant à Toi, Celui qui a fait (*l'Œuvrier*),
            se tend pour le châtiment contre les injustes
            et se détend pour le bienfait envers ceux qui se confient en Toi.

STROPHE CONCLUSIVE B

25. Voilà aussi pourquoi alors, en se changeant en tout,
elle servait ton don nourricier universel,
    selon ce que désiraient ceux qui demandaient.

    26. Afin qu'apprennent tes fils que tu as aimés, Seigneur,
        que ce ne sont pas les productions de fruits qui nourrissent l'homme,
        mais que ta Parole fait subsister ceux qui croient en Toi.

27. En effet, ce qui n'était pas détruit par le feu,
simplement réchauffé par un bref rayon de soleil, fondait.

    28. Afin qu'il soit su qu'il faut devancer le soleil pour ton action de grâces
        et au lever de la lumière, te rencontrer.

    29. Car l'espoir de l'ingrat, comme le givre hivernal, fondra
        et il s'écoulera comme une eau inutile.

Coupure finale: 17,1. Oui, tes jugements sont grands et difficiles à décrire !

C. LES LIENS DE 16,15–17,1
AVEC L'ENSEMBLE DU LIVRE DE LA SAGESSE[68]

L'harmonie de la péricope sur la manne avec le reste du chapitre 16 a déjà été mise en évidence par la structure thématique. Le rappel des «*animaux envoyés*» en 18b renforcerait encore, s'il était besoin, une vision unitaire de Sg 16,1–17,1.

Mais cette quatrième antithèse du septénaire n'est pas seulement liée à la deuxième et à la troisième, elle s'inscrit, de façon plus large, dans l'ensemble de la syncrisis (Sg 11 à 19).

Tout d'abord parce qu'il s'agit d'une des antithèses Égypte-Israël et qu'elle est caractérisée, comme les autres, par le contraste entre la punition des Égyptiens et les bienfaits accordés à Israël sur la base de prodiges similaires. Elle illustre ainsi le principe énoncé en 11,13: «*cela même qui les châtiait était un bienfait pour les autres*». Le but des prodiges décrits est identique à celui des autres: conduire à «*reconnaître le Seigneur*» (11,14b; 13,27c; 16,8; 16,16; 16,18; 18,13). Et si le principe du châtiment «*par où l'on pèche*» est moins mis en valeur que dans la 2ème, 3ème, 5ème et 6ème antithèse, la même «*main de Dieu*» qu'en 11,7 et 19,8 est cependant à l'œuvre, d'un côté pour châtier «*les ennemis de ton Peuple*» (16,4; 16,8; 18,7; 18,10), ces *impies* (11,9; 16,16; 16,18; 17,2; 19,1), et de l'autre pour réaliser l'action bienveillante de Dieu en faveur de ses *enfants* (16,21; 19,8), de *son peuple* (10,15; 12,19; 15,14; 16,20; 18,7, 18,13; 19,5.8.22).

A l'intérieur de ces chapitres, la quatrième antithèse occupe une place bien particulière, non seulement parce qu'elle est centrale, mais aussi parce qu'elle est évoquée en clôture du livre (19,20-21). Elle est donc le prodige suprême par lequel Dieu a *magnifié, glorifié* et *assisté son Peuple* (19,22)[69]. L'auteur de Sg reprend d'ailleurs, dans les derniers versets du chapitre 19, presque tous les éléments du chapitre 16, et uniquement ceux-là:

Le v. 19,18: «*Les éléments étaient différemment accordés entre eux comme, sur la harpe, les cordes modifient la nature du rythme tout en conservant le même son...*» est une reprise de 16,24[70]: «*Car la création obéissant à toi, l'Œuvrier, se tend pour le châtiment contre les injustes, et se détend pour le bienfait envers ceux qui se confient en Toi*». La même image de la création,

---

[68] J. M. REESE, *Hellenistic influence*, en part. pp. 122 à 145 met en lumière les rapports entre Sg 1–9 et 10–19. Il présente deux preuves différentes de l'unité de Sg: les «flashback», «*short repetition of a significant word or group of words or distinctive idea in two different parts of Wis*», et les grands «thèmes» qui parcourent Sg.

[69] P. BEAUCHAMP, «Le salut corporel des justes et la conclusion du livre de la Sagesse», *Bib* 45 (1964), 491-526.

[70] LARCHER, *Le livre*, 1082ss; WINSTON, *The Wisdom*, 300; OSTY, (*BJ*), note *e* au v. 16,24 et note *f* au v. 19,18.

instrument à cordes dans les mains de Dieu, est employée dans les deux textes. Cette image est courante dans la philosophie grecque[71]. Et son application à l'histoire du Peuple Saint, en Sg 19,19-21, rappelle l'ensemble du chapitre 16: Sg 19,19 résume la plaie des grenouilles (cf. 19,10) et peut-être même celle des cailles, montées de la mer (cf. 19,12): «*Les êtres de terre ferme devenaient aquatiques, ceux qui nagent se déplaçaient sur terre*».

De même, Sg 19,20, parlant de l'action conjuguée du Feu et de l'Eau suit la description de 16,17-19: «*Le feu renforçait dans l'eau sa propre vertu et l'eau oubliait son pouvoir d'éteindre*»; quant au v. 21ab, il reprend 16,18: «*En revanche les flammes ne consumaient pas les chairs d'animaux fragiles qui s'y aventuraient*».

Le v. 21c, quant à lui, résume 16,20-29, en y ajoutant une dimension: la manne y est qualifiée d'ἀμβροσίας τροφῆς, *nourriture divine* ou *nourriture d'immortalité*[72]: «*(les flammes) ne faisaient pas fondre l'aliment ambrosiaque, semblable à la glace et si facile à fondre*».

Enfin l'exclamation finale de Sg 19,22 évoque celle de 17,1a. Toutes deux clôturent, par une sentence brève, une série de phrases longues. C'est une sorte de cri d'admiration adressé à Dieu à la deuxième personne et lié au reste du texte par un γάρ que l'on peut traduire, avec Osty, «*oui*» ou «*de fait*». Les deux exclamations conclusives ont en commun le sujet d'admiration de l'auteur: la grandeur de l'œuvre divine: μεγάλαι (17,1) et ἐμεγάλυνας (19,22).

Ainsi, le même vocabulaire, les mêmes expressions, la même conception du rapport des éléments dans l'univers, repris à la fin du livre, soulignent l'importance du chapitre 16, et particulièrement des v. 15 à 29, pour l'ensemble de l'œuvre.

---

[71] Ibid. on peut aussi voir D. Winston, «The Book of Wisdom's Theory of Cosmogony» dans *History of Religions XI* (1971s.), 185-202 et A. J. Festugière, *La révélation de l'Hermès Trismégiste II, Le Dieu cosmique*, en part. 250s. Le *De Musica* de Plutarque, citant Aristote, montre cette harmonie musicale du cosmos (Festugière, 251): «*L'harmonie est céleste, et sa nature est divine, toute belle et merveilleuse... l'harmonie consonne dans sa totalité et avec chacune de ses parties... En outre les sens qui prennent naissance dans les corps en vertu de l'harmonie... manifestent l'harmonie du ciel, grâce au son et à la lumière*». L'*Hymne à Zeus* de Cléanthe présente Celui qui règle par sa Loi cette harmonie, et déjà pour Aristoxène, réfuté par Platon (Phédon 86), l'âme humaine était l'*harmonie* du corps, comme Dieu est harmonie du cosmos: «*L'harmonie, dirait-on, est chose invisible, incorporelle, absolument belle, divine enfin, dans la lyre accordée; quant à la lyre elle-même et à ses cordes, ce sont des corps et des choses qui ont de la corporéité, des choses terreuses, apparentées à la nature mortelle...*». Il faut noter aussi l'importance attribuée à l'éducation musicale dans le premier livre des *Lois* de Platon.

[72] Cf. infra chap. VI. Sur le sens exact à donner à ce terme, cf. Beauchamp, «*Le salut corporel*», 509, note 2.

Cette péricope est aussi étroitement liée aux deux «digressions» des chapitres 11 à 15. Elle n'est pas seulement unie à la première par la reprise du thème des animaux, comme tout le chapitre 16, mais surtout par l'insistance sur ce qui motive la punition des Égyptiens, ce refus de «*reconnaître le vrai Dieu*». Des phrases comme: «*Tu nous instruis quand tu châties nos ennemis avec mesure*» (12,22a)[73] ou «*En voyant, ils reconnurent comme vrai Dieu Celui qu'autrefois ils refusaient de connaître*» (12,27c) utilisent les mêmes expressions que Sg 16,16: «*Les impies qui refusaient de Te connaître furent châtiés par la force de ton bras*». Les deux passages affirment que les Égyptiens sont *poursuivis* (16,16c; 11,20b) par le *jugement de Dieu* (12,25-26; 16,18b.17,1a) et que c'est la *force du bras*, ou *de la main de Dieu* qui se déploie (11,17.21; 16,15-16; 18,16.18) contre les *injustes* (12,12; 16,19...), les *impies* (12,9; 16,16.18) ou les *ennemis* (12,20-22; 16,22) mais en faveur des *justes* (12,9.19; 16,17), *Enfants de Dieu* (12,7.20; 16,21) et *ses Fils* (12,19; 16,26).

Quant à la deuxième «digression», la «critique des dieux», elle anticipe aussi certaines expressions de Sg 16,15–17,1, puisqu'elle justifie tous les châtiments envoyés par Dieu: l'idolâtrie y est présentée comme «*l'ignorance de Dieu*» (13,1), elle peut donc se durcir en refus de «*connaître Dieu*» (16,16). Et si «*le châtiment réservé aux pécheurs poursuit toujours la transgression des injustes*» (14,31), c'est bien parce que «*la création se tend à fond pour le châtiment des injustes*» (16,24; cf. 18b). Les «*œuvres de l'Artisan (Τεχνίτης), feu, vent, air rapide... eau impétueuse...*» (13,1-2) ne peuvent être adorées, puisque «*la création est au service du Créateur (τῷ Ποιήσαντι)*» (16,24; cf. 16,17–19). Quant à *l'espoir de l'ingrat* (16,29), il est *inutile*, comme *l'espoir de l'idolâtre* (15,6.10).

Dans ces deux digressions, l'aspect négatif de l'intervention divine est préparé. Le châtiment est justifié par ses causes spirituelles: les principes de l'agir divin (1ère digression) et l'aberration des cultes païens (*critique des dieux*).

La rétribution des justes, elle, avait été annoncée bien avant, dans les premiers chapitres du livre, particulièrement dans le chapitre 5[74] qui exalte le combat eschatologique et la revanche des *Fils de Dieu* (v. 5, cf. 16,10.26), des *justes* (5,1.15; 16,17), alors que les *impies, les ennemis, sont consumés par le jugement* (ces termes de 5,13 et 17 sont repris intégralement en 16,18 et 22). *Leur espoir est comme l'écume*, dit Sg 5,14, annonçant Sg 16,29. «*Les justes ont leur récompense*» (5,15) reçue «*de la main du Seigneur*» (5,16) et «*son bras les protège*» (5,16); ces mêmes expressions

---

[73] Pour la critique textuelle de ce verset, A. VANHOYE, «Mesure ou démesure en Sg XII,22?» *RecSR*, 50 (1962), 530-537 et le complément de M. GILBERT, «La conjecture μετριοτητι en Sg 12,22a» *Bib* 57 (1976), 550-553.

[74] REESE, *Hellenistic influence*, 135s.

sont employées, en revers, pour décrire la condamnation des impies, en 16,15-16. Et le parallélisme ne s'arrête pas là: *le Seigneur arme la création pour repousser ses ennemis* (5,17; cf. 16,24) et *le jugement* est son casque (5,18; 16,18), *sa colère* (5,20; 16,5) est une épée, et *l'univers combat avec lui contre les insensés* (5,20; 16,17c); même *la grêle* (5,22; 16,21) est lancée et *l'iniquité dévaste la terre entière* (5,23; 16,19).

Une telle abondance de vocabulaire emprunté à Sg 5 montre que Sg 16,15–17,1a se réfère davantage à la première partie du livre (chapitres 1 à 6) qu'à la deuxième (Sg 7-10). Les *impies*, les *ennemis*, et les *justes*, en effet, ne sont pas nommés entre les chapitres 6 et 10, pas plus que la *force de Dieu*, alors que ce sont des thèmes courants dans la première partie.

D'autres éléments fondamentaux de cette péricope n'entrent en jeu que dans la dernière partie de Sg (chapitres 11 à 19): *l'eau et le feu* (première mention en 11,4 et 10,6), les *animaux* (nommés en passant en 7,20 mais mis en jeu fréquemment à partir de 11,15 seulement). Les notions de *Peuple de Dieu* et d'*enfants de Dieu* ne sont introduites que par la prière de Salomon, au chapitre 9 (9,7.12); de même l'apostrophe directe à Dieu: «*Seigneur!*», ne commence à être un motif usuel qu'à partir de 10,20, si l'on excepte le début de la prière de Salomon (9,1).

Cependant, malgré tous les rapprochements signalés jusqu'ici, rien ne prépare vraiment le prodige de la manne en tant que tel: il n'est jamais question de *Pain*, ou de *nourriture* (sauf accidentellement en 13,12). Cet aspect de la vie humaine n'entre en jeu qu'en 16,2, avec l'épisode des cailles, nourriture *préparée par Dieu* (comme l'était la Terre Sainte, en 9,8). Seul l'emploi de γογγυσμός en Sg 1,10-11 pourrait évoquer les «murmures» dont parle l'Exode[75].

Ainsi, il apparaît finalement que la péricope sur la manne, bien intégrée à la *syncrisis* de la troisième partie de Sg, reste liée aux deux «digressions» des chapitres 11,15 à 15,19 qui justifient la condamnation des impies. Elle a pareillement recours à l'enseignement développé dans la première partie, surtout dans le chapitre 5, sur le jugement eschatologique dont Sg 16,15–17,1 est une anticipation[76].

Cette péricope utilise moins les données de la deuxième partie du livre, même si, à l'image du chapitre 9, elle constitue davantage une prière qu'une description[77], une sorte d'hymne à Dieu pour sa Sagesse, manifestée dans l'histoire, sans que jamais cette Sagesse soit nommée.

Bien inséré donc dans le reste du livre, le passage sur la manne contient pourtant une révélation, un enseignement, totalement nouveaux:

---

[75] Cf. R. Le Déaut, «Une aggadah targumique et les 'murmures de Jean 6'», *Bib* 51 (1970), 80-83.

[76] P. Beauchamp, «Le salut corporel», 492 et 498ss.

[77] Gilbert, *Sagesse*, 86 et «L'adresse à Dieu», 224s.

à l'aube du christianisme, cet aliment divin est présenté comme le signe suprême par lequel Dieu s'est révélé dans l'histoire du Peuple Saint.

Voilà pourquoi, plus que tout autre passage, il mérite l'attention de *Ceux qui cherchent Dieu en simplicité de cœur* (Sg 1,1); c'est à eux que le livre s'adresse. La manne n'est-elle pas le meilleur gage que *Dieu se révèle à ceux qui ne lui refusent pas leur Foi* (1,2), puisqu'*elle révèle ta douceur envers tes enfants* (16,21)?

CONCLUSION

LES VERTUS DE LA MANNE, SOURCES D'ENSEIGNEMENT

I. LA STRUCTURE LITTÉRAIRE AU SERVICE DE LA THÉMATIQUE

Une observation attentive de la structure du chapitre 16 met en évidence certains thèmes majeurs correspondant à des vertus de la manne. Ils apparaissent clairement si l'on considère les différents niveaux de la structure: celle de l'ensemble du chapitre et celle des strophes, prises individuellement.

A. *Structure d'ensemble du chapitre, thèmes principaux*

1. LA CRÉATION

Une réelle progression des péricopes à l'intérieur du chapitre a été signalée: ANIMAUX – ÉLÉMENTS COSMIQUES – CRÉATEUR, dans l'ordre de la création, mais aussi 1) EAU, 2) FEU, 3) EAU + FEU, 4) SOLEIL, dans l'ordre des éléments constitutifs de l'univers. Cette progression indique la place spéciale qu'occupe la manne dans la création: située au-dessus des éléments cosmiques, au service du Créateur, elle est d'origine céleste. Mais, si elle est une *SUBSTANCE* supérieure aux éléments cosmiques Feu et Eau, elle n'en demeure pas moins soumise au rayonnement solaire sous l'effet duquel elle se liquéfie.

2. LA NOURRITURE

Le thème de la Nourriture qui permet la vie fait inclusion à tout le chapitre 16. Partant de la vie ordinaire, la subsistance, l'auteur conduit jusqu'à la vie spirituelle. A chaque niveau correspond une nourriture adaptée: ce sont d'abord les cailles, puis la manne et enfin la Parole, car Dieu pourvoit à toute faim de l'homme...

3. *Le vrai culte*

Dans le même temps l'auteur passe du culte injuste au culte d'action de grâces. A la fin du chapitre 15, la «critique des dieux» se termine par une condamnation de la zoolâtrie, point de départ de la deuxième antithèse (16,1-4). A la fin du chapitre 16, dans la dernière strophe, le vrai culte à rendre est présenté: celui de l'action de grâces dès l'aurore. La manifestation de ce culte est, elle aussi, préparée par étapes: la deuxième strophe présente la *conversion* (*celui qui se retournait était sauvé: v. 7*). Dans la troisième strophe, Dieu opère la *guérison* (*ta Parole, Seigneur, qui guérit tout, v. 12*). Le verset 24 invite à la *confiance* (*pour le bienfait de ceux qui s'appuient sur Toi*). Enfin la sixième et dernière strophe présente d'abord la prière de *demande* (*ceux qui demandaient: v. 25*) puis l'acte de *foi* (*ceux qui croient: v. 26*) et enfin l'*action de grâces* (*devancer le soleil pour ton action de grâce: v. 28a*) qui est *rencontre de Dieu*[78] (*te rencontrer avant que se lève la lumière: v. 28b*). Bref, un véritable itinéraire de vie spirituelle est proposé!

4. *La connaissance de Dieu et de sa volonté*

La manifestation du vrai culte est le fruit de la découverte de Dieu puisque la connaissance de Dieu constitue l'un des points fondamentaux de l'unité du chapitre 16[79]. En fait, de strophe en strophe, Dieu se révèle et révèle à l'homme sa volonté.

— Après avoir comblé Israël, Dieu punit les idolâtres pour enseigner son peuple (*v. 4*) (Str. 1).
— Dieu, Sauveur et libérateur de tout mal (*v. 7-8*), rappelle les commandements de la Loi (*v. 6*) (Str. 2).

---

[78] Le sens ordinaire de ἐντυγχάνω, comme celui de τυγχάνω, véhicule une idée de rencontre, «*rencontrer, avoir une entrevue, un entretien, avoir des relations intimes avec*» (cf. Bailly 690 et 1972-73). Il peut, dans certains cas, se traduire par «*intercéder auprès, solliciter*». L'emploi du verbe en Sg 8,21 évoque avant tout une *rencontre* entre le Pseudo-Salomon et le Seigneur, plus qu'une prière d'intercession: ἐνέτυχον τῷ κυρίῳ καὶ ἐδεήθην αὐτοῦ: *Je me mis en présence du Seigneur et je le priai.*

[79] Gilbert, «La connaissance», 208, affirme: «*Dans ces chapitres 16–19, le thème de la connaissance n'intervient plus guère*». Heureusement, son paragraphe suivant modifie considérablement ce point de vue! Nous avons essayé de montrer que l'opposition entre ignorance et connaissance est le fondement des antithèses, la justification théologique de l'action divine, sans laquelle l'auteur de Sg ferait de Dieu un juge inique. Chacune des antithèses justifie l'action de Dieu par le problème de la connaissance ou non-connaissance de Dieu, comme les deux digressions en avaient fait leur argument principal. Gilbert met admirablement en lumière ce dernier point, mais il ne mentionne comme évocations du thème de la connaissance dans les antithèses que Sg 16,8; 16,18; 16,21; 16,26-28 et 17,1-2. Cependant chacune des antithèses y fait allusion: 18,4 justifie la plaie des ténèbres par le fait que les Égyptiens ont «*gardé enfermés tes fils par qui devait être donnée au monde l'incorruptible lumière de la Loi*», 18,13, pour la plaie des nouveau-nés:

Ainsi, alors qu'en 16,4 Dieu montre *à son peuple* comment sont châtiés les *ennemis*, en 16,8 il convainc *les ennemis* grâce au salut des *Israélites*. Cette double connaissance se poursuit:

— Dieu, Guérisseur, maître de la vie et de la mort (*v. 12-13*), invite au mémorial de ses paroles (*v. 11*) (Str. 3).

— Dieu se révèle Seigneur de l'univers, Juge tout-puissant envers les impies, (Str. 4) (cf. 16,18: qu'ils *comprennent*).

— Dieu est Seigneur de l'univers, Père doux pour ses enfants (Str. 5) (cf. 16,21: *tu montrais*, et 16,22: *qu'ils sachent*).

— La sixième strophe ne révèle plus Dieu lui-même, mais elle dégage les conséquences, pour la vie de l'homme, de la révélation de Dieu par ses prodiges: *Tes fils l'apprendraient... Ta Parole fait subsister ceux qui croient en Toi* (*v. 26*). La *Parole* est ici le principe même des *commandements* et des *paroles de Dieu* dont il était question aux v. 6 et 11, elle est la source de tout enseignement. Dans les derniers versets, Dieu enseigne encore (*Que l'on sache*, v. 28) un mode de connaissance supérieur, celui de *l'action de grâces* et de la «rencontre».

B. *Les différentes strophes: précision des thèmes*

Il convient de préciser sous quel angle les trois dernières strophes, concernant la manne, abordent les grands thèmes du chapitre.

Versets 16 à 23: la manne dans la création

— L'opposition entre grêle et manne est permise par l'Origine divine («*force de ton bras*» 16,16) ou céleste (16,20) des deux éléments placés en comparaison et par leur mise en relation avec le feu pour un résultat opposé: *Afin de détruire* (*v. 19*) ou *Pour que les justes mangent* (*v. 23*). Cette origine céleste ainsi que son aspect positif fondent la supériorité de la manne.

Versets 25 à 29: la manne comme enseignement

En reprenant à un niveau spirituel la compréhension du double prodige des goûts et de la résistance au feu, la dernière section présente la

---

«*ils confessèrent que ce peuple était fils de Dieu*» et 18,19: «*afin qu'ils ne périssent pas sans savoir pourquoi ils subissaient le mal*»; seul le Passage de la Mer Rouge ne fait pas allusion à ce thème. On peut encore souligner Sg 16,16 qui justifie la plaie de la grêle: «*les impies qui refusaient de te connaître furent fustigés par la force de ton bras*». Gilbert souligne bien que dans Sg 16 «*l'événement est un signe*» (ibid., 208), or le signe-symbole n'est-il pas justement le seul moyen possible de connaissance de Dieu, selon l'expression fameuse de Clément d'Alexandrie: «*on ne peut parler de Dieu qu'en symboles*»? Dans ce cas, la manne est bien la plus haute manifestation de Dieu décelée par Sg.

manne comme source d'enseignement sur la Parole et la prière (action de grâces et rencontre de Dieu).

Le prodige des goûts permet d'interpréter le don de la manne comme un signe de la Parole: «*afin qu'ils apprennent... que ta Parole fait subsister ceux qui croient en toi*» (*v. 26*).
Le prodige de la non-résistance aux rayons du soleil permet de le contempler comme un enseignement sur la prière: «*Pour qu'on sache qu'il faut devancer le soleil pour te rendre grâces et te rencontrer...*» (*v. 28*).

C. *La synthèse de Sg 19,21: une nouvelle dimension du prodige*

Le verset 19,21 tire du prodige de la manne une vertu qui n'est pas exprimée dans le chapitre 16, mais qui est sous-jacente: la manne, qui ne peut être détruite par le feu, est nourriture d'immortalité. C'est en fait la conclusion logique de l'ensemble de Sg 16: dans la première moitié du chapitre, la première strophe présente la *nourriture merveilleuse* qui comble *l'appétit ordinaire*, la deuxième le *Dieu Sauveur de tous*, la troisième *ta Parole qui guérit tout* et le Dieu qui *fait descendre à l'Hadès et en ramène*. Puis dans la deuxième moitié, la première strophe manifeste *le jugement de Dieu*, la deuxième sa *nourriture d'Anges*, enfin la troisième présente la vraie nourriture, la seule *qui fait subsister ceux qui croient en toi*, la manne, qui est la *Parole* reçue dans l'*action de grâces*[80]. La manne, donc, plus que toute créature, est la manifestation suprême de Dieu, le chemin offert pour découvrir sa volonté et lui rendre un juste culte, elle conduit à la vie et peut à ce titre être appelée «*Nourriture ambrosiaque*».

Ainsi les textes de Sg sur la manne font émerger cinq thèmes fondamentaux:

1. La manne comme nourriture vitale.
2. La manne comme créature supérieure d'origine céleste.
3. La manne, figure de la Parole (*source de connaissance de Dieu et de sa Volonté*).
4. La manne, enseignement sur la prière (*demande, action de grâces, rencontre de Dieu*).
5. La manne, nourriture d'immortalité.

---

[80] Il est regrettable que M. J. LAGRANGE dans «Le livre de la Sagesse, sa doctrine des fins dernières» *RB*, n.s. IV (1907), 85-104 et R. SCHUTZ, *Les idées eschatologiques du livre de la Sagesse*, Paris (1935), ne se soient quasiment intéressés qu'aux neuf premiers chapitres de Sg, sans cueillir le message des chapitres 16 et 19. BEAUCHAMP, «Le salut», a réparé cet oubli pour Sg 19,21, mais on ne saurait oublier que ce verset est lié à tout le chapitre 16 dont il est le couronnement, Sg 19,18-21 reprenant l'ensemble du chapitre 16.

II. Progression métaphysique
dans la compréhension des prodiges

Quatre des principaux thèmes sont présentés au travers des deux prodiges de la manne: multiplicité des goûts et résistance au feu. Ces prodiges, sensibles physiquement, peuvent n'être pas compris, étant considérés seulement à un niveau matériel. Ils peuvent aussi devenir l'objet d'une réflexion rationnelle ou induire à une compréhension spirituelle. Pour chaque prodige, l'auteur de Sg expose ces deux niveaux d'interprétation, rationnel ou spirituel, et c'est ainsi que se dégagent les quatre grands thèmes d'enseignement à partir des deux miracles.

Le prodige sensible des goûts, pris au niveau rationnel, fait réfléchir sur le Créateur qui soutient la vie par la nourriture (1er thème). Pris sur le plan spirituel, il indique la nourriture de l'âme, qui est d'accomplir la Volonté de Dieu en demeurant fidèle à la Parole de connaissance (3ème thème).

Le prodige sensible de la résistance au feu, pris au niveau rationnel, fait considérer l'ordre de la création (2ème thème). Prix sur le plan spirituel, à la lumière de la non-résistance aux rayons du soleil, il enseigne le chemin de la vraie prière qui est action de grâces et rencontre de Dieu (4ème thème).

Quant au cinquième thème, celui de la manne comme nourriture d'immortalité, il est une résultante de tous les autres, une synthèse qui porte au summum l'interprétation spirituelle des deux prodiges: si la manne fait découvrir la volonté de Dieu et le fait rencontrer dans l'action de grâces, c'est qu'elle introduit l'homme à la Vie Divine. Parce qu'elle vient de Dieu et qu'elle y conduit, la manne peut illuminer toutes les dimensions de la vie humaine, spirituelle, rationnelle et corporelle.

Toutes les vertus de la manne ont été signalées tour à tour par l'un ou l'autre des commentateurs (la structure de Holkot, par exemple, les fait émerger pour la plupart), un rapide survol des études des siècles passés met cela en évidence, mais il convient d'unifier cette présentation des multiples facettes du prodige. Une étude approfondie de la structure permet de remarquer qu'elles ne sont pas présentées par hasard dans le chapitre, mais exposées et interprétées dans le dessein bien déterminé et structuré de proposer aux lecteurs une voie intégrale de salut.

DEUXIÈME PARTIE

Les traditions sur la manne et la manne en Sg 16,15–17,1

Chapitre II

LES TÉMOINS DES TRADITIONS

Au cours des vingt dernières années, trois ouvrages ont présenté la tradition de la manne et ses origines de façon spécifique et approfondie: ceux de Borgen, Malina et Maiberger[1]. Aucun de ces travaux n'a donné à Sg la place qui lui revient dans le développement de cette tradition. Sg, dernier écrit de l'Ancien Testament, n'est-il pas cependant l'héritier de tout le patrimoine du Peuple Saint, le témoin privilégié et inspiré de la façon dont, au seuil de l'ère chrétienne, ce trésor était gardé et contemplé?

Cette mise à l'écart est diversement justifiée: pour certains, Sg n'est pas un écrit «palestinien»[2]. Mais l'écart entre le judaïsme alexandrin et celui de Palestine est-il réellement si net[3]? Ce critère de discrimination est, certes, en accord avec les réticences à admettre Sg dans le canon des Écritures, mais le livre est un témoin du judaïsme à une époque si ancienne qu'aucun écrit palestinien ne peut prétendre l'égaler. Pour d'autres auteurs, Sg est rejeté parmi les apocryphes ou les pseudépigraphes[4] et reste un écrit d'importance secondaire[5]. Négligence regrettable! Sg a été longtemps attribuée à Philon, et ses liens avec Jean 6 sont assez frappants pour justifier une étude approfondie. Seul Maiberger consacre une dizaine de pages à Sg 16,2.3.20-29 et 19,11.12.21, mais il ne met pas en valeur le rôle spécifique de Sg; il le présente comme un témoin parmi d'autres. Pourtant Sg occupe une place extraordinaire dans la tradition. Pour mieux la reconnaître, voyons d'abord quels sont les différents témoins.

---

[1] P. Borgen, *Bread from Heaven* (Leiden 1965); B. J. Malina, *The Palestinian Manna Tradition* (Leiden 1968); P. Maiberger, *Das Manna; eine literarische, etymologische und naturkundliche Untersuchung* (Wiesbaden 1983).

[2] Malina, 1.

[3] Cf. Lagrange, *Le Judaïsme*, 537-542. Larcher, *Études*, 85-112 et surtout Borgen, *Bread*, 1-3.

[4] Borgen, *Bread*, 210.

[5] Il n'apparaît qu'à la p. 17.

A. Les traditions de l'Ancien Testament

1. *Exode 16*

Le miracle de la manne a été lu et relu par Israël au cours de son histoire: bien avant Sg, la Bible en porte témoignage. Ex 16, marqué lui-même par les traces de plusieurs relectures[6], contient sans doute la plus ancienne narration du phénomène, la plus longue aussi, puisque 36 versets sont consacrés aux deux prodiges «jumeaux» de la manne et des cailles. Deux traditions au moins se mêlent, un ou deux récits anciens[7] ayant été harmonisés et interprétés par la relecture sacerdotale à l'époque de l'Exil. Ceci confirme l'ancienneté du récit primitif. Les prescriptions relatives au Sabbat, vraisemblablement plus récentes, sont facilement délimitables et n'entachent pas la narration du prodige. Le texte de Sg ne fait d'ailleurs aucun cas de cette utilisation juridique et religieuse. L'absence de manne le jour du Sabbat (Ex 16,22-30)[8] tient pourtant une grande place, au seuil de l'ère chrétienne, dans les textes rabbiniques et chez Philon. Mais Sg reste libre à l'égard de cette tradition d'origine sacerdotale. La référence à la manne conservée dans l'Arche (Ex 16,32-34), inspirée vraisemblablement, elle aussi, par le mouvement sacerdotal, n'a pas davantage d'écho en Sg, sans doute parce qu'à son époque, l'Arche disparue n'avait plus de rôle à jouer, pas même dans la perspective eschatologique, selon une prophétie de Jérémie 3,16[9].

Le problème des sources d'Ex 16 a peu d'importance pour la compréhension de Sg 16: il est certain qu'au premier siècle av. J.C., le texte du Pentateuque était depuis longtemps fixé, lu dans les assemblées liturgiques et ainsi connu par l'auteur de Sg. Il est donc étonnant de constater avec quelle liberté ce dernier a utilisé les données du texte sacré, n'hésitant pas à ajouter des éléments aggadiques — comme la légende de la multiplicité des goûts — et à retrancher les passages où le légalisme se fait trop fortement sentir. Retrouvant ainsi l'essentiel de la tradition originelle, Sg fait la part entre l'«événement» lui-même et l'interprétation ou l'utilisation qui en dérivent.

L'auteur de Sg a même laissé de côté des éléments originels du récit, comme l'interdiction de ramasser la manne pour le lendemain, encore que

---

[6] Malina, 1-20, J. Coppens, «Les traditions relatives à la manne dans Ex 16», *Estudios Ecclesiasticos 34* (1960), 473-489.

[7] Par ex. B.J. p. 120 note c.

[8] Cf. *Mekhilta' Wayassa' (MekhY)* 5.6. Philon, *De Vita Mosis II*, 263-269. Cette péricope d'Ex est la plus importante du récit appelé par Coppens et Malina «*Moïse et eux*». Elle constitue en fait un Midrash halakique sur l'origine des lois du Sabbat.

[9] *«En ces jours-là, oracle du Seigneur, on ne dira plus: Arche de l'Alliance du Seigneur, on n'y pensera plus, on ne s'en souviendra plus, on ne s'en préoccupera plus, on n'en construira plus d'autre: en ce temps-là on appellera Jérusalem 'Trône du Seigneur'».*

la référence à la Parole de Dieu, qui «*conserve ceux qui croient en toi*», et le rappel de la récolte, «*devançant le soleil*», laissent entendre une quotidienne confiance en Dieu et une attention divine aux besoins des croyants renouvelée «*au jour le jour*». Tel est d'ailleurs le motif profond du commandement divin selon Ex 16,4: «*afin que je puisse les éprouver pour savoir s'ils marchent selon ma loi ou non*»[10].

Sg semble laisser de côté la juste répartition de la manne «*selon le manger de chacun*» (Ex 16,18), quelle que soit la récolte effectuée, mais cet élément est sous-entendu dans «*selon le désir de ceux qui demandaient*» (Sg 16,25c). Car ce verset peut s'appliquer tant à la qualité gustative qu'à la quantité du don, et sans doute comprend-il les deux aspects.

Ex 16, que nous pouvons considérer comme le plus ancien récit du prodige de la manne est donc utilisé très librement par Sg, qui n'hésite pas à ajouter des éléments de la tradition orale, circulant dans le milieu juif de son époque, comme le prodige des goûts et la résistance au feu, éléments clefs dans l'exposition de Sg, mais rattachés de façon très lointaine à la tradition biblique.

2. *Nombres 11,6-9 et 21,5-6*

La tradition dont Nb 11,6-9 rend témoignage diffère de cette d'Ex 16: la manne y est donnée, non plus avant, mais après l'arrivé au Sinaï et le miracle des cailles est mis davantage en valeur que celui de la manne. Pour ce qui est de l'ancienneté de la péricope, les auteurs divergent[11], mais il est clair que, comme pour tout le reste du Pentateuque, Nb constituait déjà une entité fixée à l'époque de Sg.

«*Maintenant nous dépérissons, privés de tout, nos yeux ne voient plus que de la manne. La manne ressemblait à de la graine de coriandre et elle avait l'aspect du bdélium. Le peuple s'égaillait pour la récolter; puis on la broyait à la meule ou on l'écrasait au pilon; enfin on la faisait cuire dans un pot pour en faire des galettes. Elle avait le goût d'un gâteau à l'huile. Quand la rosée tombait sur le camp, la manne y tombait aussi*» (Nb 11,6-9).

«*Pourquoi nous avez-vous fait monter d'Égypte pour mourir dans ce désert? Car il n'y a ni pain ni eau; nous sommes excédés de cette nourriture de famine*» (Nb 21,5)[12].

Il est difficile de séparer ou d'opposer le premier texte à Ex 16, mais les divergences sont évidentes. L'ordre des deux prodiges inséparables, la manne et les cailles, est inversé par rapport à Ex et l'orientation du récit

---

[10] Ce passage est considéré par Malina comme une glose.

[11] MALINA, 21.

[12] Les traductions des textes bibliques de ce chapitre sont généralement tirées de la *BJ*.

est totalement différente. En Ex 16 Dieu répond à un besoin du peuple et se manifeste ainsi aux Israélites, les cailles ne constituant que le premier signe de cette providence divine, le premier plat du repas offert par Dieu. En Nb 11, en revanche, les cailles viennent s'ajouter au don quotidien de la manne, fournie déjà depuis plusieurs jours. Ce qui justifie l'envoi de la nourriture en Ex 16, c'est la peur de mourir de faim, un besoin vital; ce qui la motive en Nb 11, c'est le caprice d'un «*ramassis de gens mêlés au peuple*» (Nb 11,4). Les cailles ne constituent plus un don, mais une punition qui manifeste «*la colère du Seigneur*», à tel point que le lieu même du prodige est appelé «*Sépulcres de la convoitise*» (Nb 11,33-35) et que les Israélites, comme précédemment les Égyptiens, sont «*frappés d'une très grande plaie*».

En Nb 21,5[13], la manne est à nouveau considérée de façon négative par le peuple. La tradition de Nb et celle d'Ex s'opposent radicalement dans leur manière d'apprécier le don de Dieu. «*Le pain que le Seigneur vous a donné à manger*» (Ex 16,15) devient en Nb «*ce pain de famine*», et la provenance céleste du don n'est plus affirmée aussi clairement qu'en Ex 16,4.

Sg, présentant d'abord le prodige des cailles (Sg 16,1-4) puis celui de la manne (Sg 16,15–17,1) comme des «*bienfaits*»[14], se situe davantage dans la ligne d'Ex que dans celle de Nb. Même s'il est possible d'imaginer une allusion à l'aspect punitif des cailles en Sg 16,4, elles sont surtout présentées comme une «*nourriture merveilleuse*» (Sg 16,3) donnée à «*ton peuple*». Cette manière de considérer le temps du désert sous un jour uniquement positif n'est pas sans rappeler la vision d'Osée sur cette période[15].

3. *Deutéronome 8,3-16*

Dt 8 présente le temps du désert comme une épreuve de fidélité pour le peuple. Nous sommes loin de l'image idéale d'Ex 16, Jr 2,1-3 ou Os 2,16ss, mais bien loin aussi de la conception de Nb 14,11-35 où le désert est un temps de punition. Dans la compréhension théologique du Dt, la manne n'est ni une merveille de Dieu, ni une «*nourriture de famine*»

---

[13] L'origine de ce v. est aussi contestée (MALINA, 22-23). M. NOTH, «Num 21 als Glied der 'Hexateuch'-Erzählung», *ZAW* 58 (1940-1941) 178, considère ce v. comme un «corps étranger» au reste du texte. Pour ce qui est du rapport entre Sg 16 et Nb 21, H. MANESCHG, «Gott, Erzieher, Retter und Heiland seines Volkes. Zur Reinterpretation von Num 21,4-9 in Weish 16,5-14», *BZ* 28 (1984), 214-229.

[14] Sg 16,2 et 16,24: εὐεργετήσας et εὐεργεσίαν. Le même mot est encore repris en Sg 16,11.

[15] Osée 2,7.10.11.24. Osée insiste beaucoup sur l'origine divine du «*froment, vin nouveau et huile fraîche*». Après avoir «*conduit au désert*» son «*épouse infidèle*», «*comme aux jours où elle montait du pays d'Egypte*», le Seigneur affirme «*je répondrai aux cieux et les cieux répondront à la terre, la terre répondra au froment...*»; sans vouloir forcer le texte d'Osée, une allusion à la manne n'est pas exclue.

dont les Israélites doivent se contenter. Dépassant la simple constatation matérielle du prodige, Dt 8 synthétise les deux traditions: au service de la pédagogie divine, la manne est à la fois don de Dieu et nourriture humiliante.

«Il t'a humilié, il t'a fait sentir la faim, il t'a donné à manger la manne que ni toi ni tes pères n'aviez connue, pour te montrer que l'homme ne vit pas seulement de pain, mais de tout ce qui sort de la bouche du Seigneur» (Dt 8,3).

«Lui qui, dans le désert t'a donné à manger la manne, inconnue de tes pères, afin de t'humilier et de t'éprouver pour que ton avenir soit heureux» (Dt 8,16).

Ces versets rappellent autant l'aspect inconnu et l'origine divine de la manne présentés par Ex que ses côtés peu attrayants dénoncés par Nb. Mais au-delà de la description d'un prodige, c'est à la compréhension d'un *SIGNE* qu'invite Dt. A la différence de Sg cependant, il ne s'attache à aucun détail concernant le don de la manne; seul le prodige en lui-même, globalement considéré, retient son attention. La compréhension aggadique de la manne n'en est encore qu'à ses débuts; cette façon de commenter les prodiges de Dieu se développera au cours des siècles au point de devenir parfois un pur allégorisme, en particulier chez Philon[16]. Une telle tendance pointe de façon subtile dans la traduction grecque des LXX où Dt 8,3 devient:

«Non de pain seulement vivra l'homme, mais de toute PAROLE *qui sort de la bouche du Seigneur vivra l'homme».*

4. *Josué 5,12*[17]

«En ce jour (T.M.: le lendemain)
a) *elle cessa, la manne,*
lorsqu'ils dévorèrent du produit de la terre.

b) *Et elle ne fut plus, pour les fils d'Israël, la manne,*
ils recueillirent (des produits) de la terre de Canaan
en cette année».

---

[16] G. von Rad, *Théologie de l'Ancien Testament*, Genève (1962), 247-248 commente ce glissement progressif: *«L'histoire sert de vêtement à une vérité dont Israël fait l'expérience dans ses relations avec Yahwé... Ce procédé de transposition de l'ancien récit miraculeux en enseignement spirituel a fait un pas de plus dans l'interprétation deutéronomique de l'histoire de la manne... Si, chez P, il s'agit toujours d'une nourriture réelle pour le corps et si le sens spirituel qui s'y cache est encore inexprimé, dans Dt 8,3 le fait est complètement spiritualisé».*

[17] Cf. A. George, «Les récits de Gilgal en Josué (V, 2-15)», *Mémorial J. Chaine*, (Lyon 1950), 169-186 et R. Le Déaut, «Première Pâque en Terre Promise», *Assemblées du Seigneur* 17,52-57.

La péricope Jos 5,10-12 est indépendante du reste du chapitre, comme le notent plusieurs commentateurs[18], et il semble clair que ce texte est une réponse à Ex 16,35: *«Les Israélites mangèrent de la manne jusqu'à ce qu'ils arrivent en terre habitée, ils mangèrent la manne jusqu'à ce qu'ils arrivent aux confins de la terre de Canaan».*

Tout comme Sg 16,26, Jos 5,12 établit une opposition complète entre la manne et les produits de la terre. Cet antagonisme est fortement souligné par le parallélisme entre a) et b).

5. *Les Psaumes*[19]

Deux psaumes parlent de la manne de façon explicite: Ps 78(77), 23-25 et Ps 105,40, mais il est possible d'adjoindre à ces textes d'autres allusions. Les psalmistes, en effet, relisent et méditent souvent l'histoire d'Israël pour découvrir à travers elle l'action de Dieu. Cette méditation imprègne des psaumes qui, à première vue, ne sont que des hymnes à la louange du Dieu Créateur. Au-delà du créé, Israël n'oublie jamais que l'acte créateur se renouvelle sans cesse dans l'histoire, signe constamment offert de la tendresse de Dieu pour les hommes. Cette providence inlassable s'est manifestée de façon unique dans le don de la manne. Aussi des allusions au prodige se dessinent-elles ailleurs que dans les claires relectures des miracles de l'Exode par les deux psaumes[20].

> *«Aux nuées d'en haut il commanda,*
> *il ouvrit les battants des cieux;*
> *pour les nourrir il fit pleuvoir la manne,*
> *il leur donna le froment des cieux;*
> *du pain des forts l'homme se nourrit,*
> *il leur envoya des vivres à satiété».*
>
> (Ps 78(77),23-25)[21]

> *«Ils demandèrent, il fit passer des cailles,*
> *du pain des cieux il les rassasia;*

---

[18] R. DE VAUX, *Les Institutions de l'Ancien Testament* (Paris 1960), II, 393. MALINA, 27.

[19] Pour l'usage des Psaumes en Sg, cf. LARCHER, *Etudes*, 95 et P. W. SKEHAN, «Borrowings from the Psalms in the Book of Wisdom», *CBQ* 10 (1948), 384-397.

Pour l'étude des Psaumes, cf. principalement G. F. RAVASI, *Il libro dei Salmi*, (3 vol.), (Bologne 1984); L. JACQUET, *Les Psaumes et le cœur de l'homme*, (3 vol.), (Gembloux 1977-1979).

[20] Borgen, Malina et Maiberger ne font pas référence à d'autres psaumes.

[21] La datation du Ps est difficile, l'hypothèse d'une origine deutéronomiste est la plus vraisemblable. Cf. C. WESTERMANN, *The praise of God in the Psalms* (Richmond 1965), 141.

il ouvrit le rocher, les eaux jaillirent,
dans un lieu sec, elles coulaient comme un fleuve».
(Ps 105(104),40-41)[22]

L'ordre des prodiges diffère dans les deux psaumes. Le Ps 78 présente successivement Eau-Manne-Cailles, le Ps 105 Cailles-Manne-Eau, ce qui correspond à l'ordre de l'Exode, tandis que Nb suppose la manne déjà présente en Nb 11, ce qui donne Manne-Cailles-Eau. L'ordre de Sg ne correspond à aucun de ces textes: c'est Eau-Cailles-Manne, car le miracle de l'eau (Sg 11,4-14) est présenté en tête des prodiges, puisqu'il est en opposition avec la première plaie, celle du Nil changé en sang. Indépendamment de ces différences d'ordre, il est clair que les trois miracles sont petit à petit devenus indissociables dans la tradition.

Une réminiscence du prodige de la manne est décelable dans les Ps 81(80), 107(106), 111(110), 145(144) et 147.

> *«C'est moi le Seigneur ton Dieu*
> *qui t'ai fait monter de la Terre d'Égypte,*
> *ouvre large ta bouche, moi je l'emplirai (...)*
> *Ah! si mon peuple m'écoutait (...)*
> *Je le nourrirais de la fleur du froment,*
> *je le rassasierais avec le miel du rocher».*
> (Ps 81(80),11.14.17)[23]

La nostalgie des merveilles du désert, après l'établissement en Terre Promise, offre la certitude qu'aujourd'hui encore Dieu peut réaliser des merveilles semblables à celle de la manne, qui devient ainsi le modèle de l'action bienveillante de Dieu envers «*son peuple*».

> *«Ils erraient dans le désert, dans les solitudes (...)*
> *Il rassasia l'âme avide,*
> *l'âme affamée, il la combla de biens».* (Ps 107(106),4.9)

---

[22] Le Ps 105 est sûrement postérieur à la composition finale du Pentateuque, comme le laisse penser sa lecture de l'Exode. Il est donc postexilique et par conséquent postérieur au Ps 78. Il constitue un hymne liturgique, une anamnèse de l'Exode peut-être utilisée dans la liturgie du second Temple, et rédigée dans une période antérieure à 1 Ch 16 qui semble le citer. Cf. RAVASI, *Il libro*, vol. III, 137, H. J. KRAUS, *Psalmen II* (Neukirchen 1961), 719 et R. J. CLIFFORD, «Style and purpose in Psalm 105», *Bib* 60 (1970), 420-427.
Il convient de lire «*ils demandèrent*», avec les Vss et non «*il demanda*» (TM) (haplographie). MALINA, 36 (n.) lit le pluriel mais le réfère à Moïse et Aaron plutôt qu'au peuple, contrairement à la majorité des commentateurs.
[23] P. BEAUCHAMP, *Psaumes nuit et jour*, Paris (1969), 144: «*On ne force pas du tout le sens du Ps 81,11-17 si l'on donne pour l'essentiel cette équivalence. Dieu dit: "désire seulement et je suis là, avec cette nourriture qui me signifie". On peut parler si l'on veut d'un sens spirituel, à condition de commencer à ce spirituel qui est présent, sans aucune magie, à toute parole humaine*». Beauchamp n'a pas établi le lien entre ces vv. et Sg 16,20-21.

Ici c'est l'action de Dieu dans toute détresse humaine qui est présentée, son *amour* envers les *rachetés*. L'exemple des hommes égarés dans le désert, pris parmi d'autres, n'est certes pas étranger à l'expérience d'Israël pendant l'Exode.

> *«Il laisse un mémorial de ses merveilles,*
> *le Seigneur est tendresse et pitié.*
> *Il donne à qui le craint la nourriture,*
> *il se souvient de son alliance pour toujours».* (Ps 111(110),4.5)

Dans ce psaume alphabétique, le mémorial liturgique invite à une relecture des événements passés et les merveilles de l'Exode, réactualisées par la liturgie, éclairent la vie du peuple installé en Terre Promise.

> *«Je me répète le récit de tes merveilles (...)*
> *Tous ont les yeux sur toi, ils espèrent;*
> *tu leur donnes la nourriture en son temps;*
> *toi, tu ouvres la main, tu rassasies tout vivant à plaisir.*
> *Le désir de ceux qui le craignent, il le fait,*
> *il entend leur cri et les sauve...».* (Ps 145(144),5.15-19)

L'œuvre de Dieu est présentée comme une série de prouesses que les âges se racontent (v. 4) et le don de *la nourriture en son temps, selon le désir de ceux qui le craignent*, évoque le don de la manne tel que Sg le décrit, même si ce texte, comme le précédent et le suivant, est avant tout une louange au Créateur provident.

> *«Il assure ton sol dans la paix,*
> *de la graisse du froment te rassasie.*
> *Il envoie son verbe sur la terre,*
> *rapide court sa parole (...)*
> *Il dispense la neige comme laine,*
> *répand le givre comme cendre».* (Ps 147(146-147),14-15)

Dans ce dernier texte, aucune allusion à la manne ne se distingue clairement, mais le rapprochement entre la *graisse du froment*, la *parole* et le *givre* rappelle étrangement celui que fait Sg entre *pain, parole* et *glace* à propos de la manne.

6. *Néhémie 9,15-20*[24]

> *«Du ciel tu leur fournis du pain pour leur faim,*
> *du roc tu fis jaillir l'eau pour leur soif (...)*

---

[24] J. M. MYERS, *Nehemia (AB14)*, (New-York 1965), 165-170. MALINA, 36ss. M. GILBERT, «La place de la Loi dans la prière de Nehémie 9», *De la Torah au Messie*. Etudes d'exégèse et d'herméneutique bibliques offertes à H. Cazelles (ed. M. Carrez) (Paris 1981), 307-316.

Tu n'as pas retenu ta manne loin de leur bouche
et tu leur as fourni l'eau pour leur soif.
Quarante ans tu en pris soin au désert:
ils ne manquèrent de rien,
ni leurs habits ne s'usèrent, ni leurs pieds ne s'enflèrent».

La longue prière de Ne 9, lors d'une cérémonie expiatoire, raconte les merveilles de l'Exode dans un ordre qui semble correspondre à celui d'Ex[25], excepté en ce qui concerne la loi du sabbat, car, chez Ne, ce précepte précède le don de la manne au lieu d'en découler. En outre Ne ne mentionne même pas le prodige des cailles. Divers indices permettent de penser que cette prière est un texte ancien introduit là au cours de la rédaction de Ne[26]. La présentation des merveilles est très proche de Dt 8, les derniers vers cités sont une évidente réminiscence de Dt 8,4 et la double répétition du prodige en Ne 9,15 et 9,20 évoque la reprise de Dt 8,3 et Dt 8,16. L'ensemble du texte est bâti sur une théologie deutéronomiste de l'histoire dont le schéma circulaire (bienfait – oubli de Dieu – punition – cri vers Dieu – Dieu entend – salut envoyé)[27] est sensible. Mais l'accent sur la tendresse de Dieu est ici nettement appuyé[28]. En cela ce texte dépasse Dt, profondément imprégné de l'amour de Dieu pour son peuple, mais n'insistant pas autant sur la *tendresse de Dieu*. Ne 9 se place davantage dans la lignée de certains Psaumes qui répètent: *«le Seigneur est tendresse et pitié»*[29]. Dans cette relecture de la tradition, la manne n'est plus seulement une merveille (Ex 16) ou une nourriture de misère (Nb 11) ni même une épreuve (Dt 8), elle devient l'un des signes révélateurs du *Dieu des pardons, plein de pitié et de tendresse, lent à la colère et riche en bonté* (9,17). Cette nouvelle manière d'envisager la manne prépare la notion de *douceur de Dieu* dont parle Sg 16,21.

B. LES TRADITIONS DE LA MANNE DANS LE JUDAISME ANCIEN[30]

En marge des écrits bibliques, le judaïsme ancien n'a cessé de lire et de relire l'histoire du peuple d'Israël, produisant une floraison d'écrits où

---

[25] Pour la relation entre Ne 9 et les traditions de Ex 16, voir MALINA, 39: Ne 9,5-37 pourrait constituer «*le point de départ*» du récit de «*Moïse et eux*» d'Ex 16.

[26] J. MORGENSTERN, «The Chanukkah Festival and the calendar of Ancient Israël», *HUCA* 20 (1947), 20. GILBERT, «*La prière*», 315.

[27] Ce schéma artificiel sur lequel est bâti Jg saute aux yeux du lecteur, cf. SOGGIN, *Introduzione*, 255ss; D. GUNN, «Narrative pattern and oral tradition in Judges and Samuel», *VT 24* (1974), 286-317. G. VON RAD, 266s et 284-289.

[28] Cette «*tendresse*» (οἰκτιρμός; *raḥamim*) est nommée six fois en 15 versets (9,17.19.27.28.31). L'insistance sur ce mot, qui n'est pas employé ailleurs dans Ne peut contribuer à l'hypothèse d'une formation indépendante de cette prière.

[29] Ps 86,15; 103,8; 111,4; 116,5; 145,8.

[30] Cf. L. GINZBERG, *The Legends of the Jews*, (Philadelphia 1909-1938).

réapparaît çà et là le thème de la manne. Ces textes, témoins de traditions anciennes, ont continué à vivre au cours des siècles et il n'est pas toujours aisé de distinguer ce qui remonte à l'époque de Sg de ce qui a été ajouté par la suite. Ce sont souvent des traditions orales, des midrashim circulant en Palestine dans les premiers siècles de notre ère, qui ont été progressivement cristallisés et leur origine se perd dans des généalogies de rabbins. Par souci de commodité, on distingue les Targumim, le Talmud, les autres écrits rabbiniques qui n'ont pas été incorporés au Talmud (midrashim, sifré...) et les textes appelés «apocryphes de l'intertestament». Les écrits découverts à Qumrân ne font guère mention, semble-t-il, de la manne.

1. *Les Targumim*[31]

Le Targum palestinien[32], dans sa double recension (*Targum Neofiti* et *Targum de Jérusalem I*), est sans doute le plus ancien targum du Pentateuque[33]; certains fragments du *Tg. Yer. I* pourraient être antérieurs au premier siècle de notre ère[34], même si sa rédaction finale est très tardive, postérieure au septième siècle[35]; quant au *Tg. Neof.*, on y puise avec assurance aux sources d'une tradition pré-chrétienne, dans laquelle des modifications ont été introduites[36]. Même si elle doit être maniée avec discernement, la référence au Targum de Palestine est donc inévitable pour évaluer l'importance de Sg, car ces écrits font référence aux traditions circulant dans le milieu juif au premier siècle av. J.C.

Le *Targum Onkelos*, probablement d'origine palestinienne, lui aussi[37], a été adopté et modifié par les docteurs de Babylone; il reflète l'enseignement des deux premiers siècles de notre ère, certains chercheurs allant jusqu'à placer comme date limite de sa rédaction la chute de Bar-Kochba en 135[38]. Nous n'aurons cependant guère l'occasion de l'utiliser, non par désir de nous en tenir à une tradition strictement palestinienne, ni parce que nous mettrions en doute son ancienneté, mais parce qu'il est trop proche du Texte Masorétique pour être intéressant, en particulier dans les passages concernant la manne.

---

[31] R. LE DÉAUT, *Introduction à la littérature targumique, première partie,* (2ᵉ ed.) (Rome 1988).

[32] MALINA, en part. 42-93.

[33] LE DÉAUT, *Introduction,* 121.

[34] Ibid. 119, note 1 et 2.

[35] Ibid. 91 (cf. W. BACHER in *The Jewish Encyclopedia* XII, 60. W. GOTTLIEB, *Melilah I,* (1944), 34, parle même de la fin du VIIIᵉ s.).

[36] Ibid., 118-119.

[37] R. LE DÉAUT, *Le Targum du Pentateuque* I, (Paris 1978), 20 et *Introduction,* 82-85.

[38] Id., *Le Targum,* 21; cite S. A. KAUFMAN, *JAOS* 93 (1973), p. 327: «*The final Palestinian form of Targums Onkelos and Jonathan must, therefore, date between 70 A.D. and the fall of Bar-Kochba*».

2. Les autres écrits dans le judaïsme ancien

Le thème de la manne revient plusieurs fois dans le Talmud de Baby-lone, beaucoup moins dans celui de Jérusalem, sinon dans des passages parallèles. Quelle que soit la date d'élaboration définitive du texte actuel-lement disponible, il est certain qu'il reflète des traditions remontant avant les années 90 de notre ère. Parmi les livres faisant référence à la manne[39] se trouvent le *Pirqué Aboth*[40] et les *Berakoth*, mais c'est surtout *Yoma* 75-76 qui mérite une attention particulière.

En marge du Talmud, la *Mekhilta Wayassa' de Rabbi Ysmael* appor-te l'intéressant témoignage d'un écrit classé parmi les berayoth, mais dont l'ancienneté est indiscutable[41]; le *Sifré Nombres* et le *Midrash Rabba*, fournissent aussi des éléments intéressants, encore que plus difficilement datables.

Enfin parmi toute la littérature apocryphe de l'Ancien Testament, le *Deuxième* et le *Troisième Livre de Baruch*, le roman de *Joseph et Aséneth*, ainsi que les *Oracles Sibyllins*, s'intéressent à la manne et permettent de mieux connaître les traditions circulant au début de notre ère, bien qu'au-cun de ces textes ne puisse être daté de façon précise et certaine[42].

3. Flavius Josèphe

Passant en revue l'histoire d'Israël dans les *Antiquités Judaïques*, Fla-vius Josèphe s'arrête sur le miracle de la manne[43] et sur les miracles qui lui sont associés par la tradition: les cailles et l'eau du rocher. L'approche de Josèphe diffère profondément de celle de Philon: avec le même souci apologétique, mais dans un but politique et non pas philosophique, il relit les prodiges en historien «scientifique», si l'on peut dire: Dieu est présent et agit, mais Josèphe se garde bien de donner une interprétation aux mi-racles, il cherche plutôt une explication acceptable pour la raison hu-maine, une origine naturelle. Cependant Josèphe ne fait pas totalement fi de la aggada, car sa source est, bien entendu, «*l'Écrit qui est dans le*

---

[39] Toutes les citations du Talmud sont données avec l'aide de la traduction de R. Dr. I. Epstein, *The Babylonian Talmud*, Londres (1952) L'index, p. 242 permet de retrouver les passages faisant référence à la manne: *Berakoth* 27a, 39ab, 48a, 57b; *Pasahim* 54ab; *Yoma* 52b.75ab.76a; *Ta'anith* 9a; *Magillah* 13a; *Hagigah* 12a; *Aboth* 5; *Kerithoth* 5b; *Horayoth* 11b.12a; *'Arakin* 15a.

[40] Dont les traditions datent d'une période comprise entre le 3e siècle av. J.C. et le 3e siècle ap. J.C. selon Herford, *Apocrypha and Pseudepigrapha* II, (éd. R. H. Charles), (Oxford 1913), 686-714.

[41] Lagrange, *Le Judaïsme*, XVII.

[42] Cf. Dhorme, *Bible de la Pléiade*, LIX-CXLVI (Introduction).

[43] *Ant. Jud.* III, 9 à 38. Toutes les citations de F. Josèphe sont extraites des *Œuvres complètes de Flavius Josèphe*, traduites en Français sous la direction de T. Reinach, (Paris 1900), en part. Tome I *Antiquités Judaïques, livres 1-4*, traduction de J. Weill.

temple»[44], mais il le lit en tenant compte de la mentalité ambiante, adaptant certains récits à la sensibilité de ses lecteurs païens et ajoutant maints détails issus de la tradition rabbinique[45].

Postérieur à Philon[46], Flavius Josèphe est un témoin précieux des midrashim palestiniens car il y puise sans trop d'interférences philosophiques et allégoriques.

C. LES TRADITIONS SUR LA MANNE CHEZ PHILON[47]

Une étude sérieuse sur Sg ne peut ignorer Philon d'Alexandrie. Avant tout parce que Philon est quasiment contemporain de l'auteur de Sg; né en 13 ou 20 av. J.C.[48], il hérite du même patrimoine: la culture judéo-héllénistique d'Alexandrie dont ils ont été imprégnés à quelques années d'intervalle. La parenté entre les ouvrages de Philon et Sg est telle que, longtemps, des auteurs chrétiens ont attribué Sg à Philon[49], et ce jusqu'au XVIIIème siècle[50]. A l'heure actuelle, plus personne ne soutient cette thèse, mais Philon demeure l'écrivain le plus proche de Sg, point de référence bien identifié qui permet de mieux la situer dans son milieu d'origine[51].

Philon lit les écrits et l'histoire de son peuple à la lumière de la philosophie grecque[52]. Cherchant à dépasser la relecture souvent étroite et fondamentaliste des Scribes et des Pharisiens, il privilégie la méthode allégorique[53]. Par bien des aspects, Sg et Philon se rejoignent. Les points de contact entre les deux auteurs donnent des indications précieuses sur les traditions communes auxquelles ils puisent et qui diffèrent parfois du

---

[44] *Ant. Jud.* III, I, 38.

[45] H. LESÊTRE, *Flavius Josèphe* dans D.B.III, col. 1677. LAGRANGE, *Le Judaïsme*, p. XIV: «*Il a complété (les sources de l'Ancien Testament) par quelques traits et il a ajouté quelques noms propres, le tout emprunté à la tradition, à l'aggadah existant déjà de son temps et même avant lui*».

[46] Environ 37-100 ap. J.C. (G. BIGARÉ, *Catholicisme VI*, 1026).

[47] Cf. en particulier P. BORGEN, o. c. et P. BEAUCHAMP, *La cosmologie*. Toutes les citations de Philon sont extraites de: *Les œuvres de Philon d'Alexandrie*, publiées par R. ARNALDEZ, J. POUILLOUX, C. MONDÉSERT (Paris 1961-1988).

[48] LARCHER, *Études*, 151 n. 3.

[49] GRIMM, 21-22.

[50] LARCHER, *Le livre*, vol. I, 134-135.

[51] Pour les liens entre Philon et Sg, cf. LARCHER, *Études*, 151-178 et J. LAPORTE, «Philo in the Tradition of Biblical Wisdom Literature», *Aspects of Wisdom in Judaïsm and Early Christianity* (Londres 1975), 103-141.

[52] LARCHER, *Études*, 152ss.

[53] WOLFSON, *Philo*, 57-68.

Midrash Palestinien[54]. En revanche, les différences entre les deux auteurs font émerger l'originalité de Sg.

Quelques spécificités de Sg par rapport à Philon se distinguent dès la première lecture[55]:

— L'ignorance (ou plutôt le non emploi), en Sg, de certaines doctrines philosophiques comme la théorie des idées, celle des puissances intermédiaires et celle du Logos dans sa conception philosophique (le Logos dont parle Sg est à lire à la lumière de la tradition biblique sur la Parole de Dieu adressée à son Peuple dans l'histoire: Sg ne fait pas du Logos une entité distincte du Dieu créateur et provident[56]).

— Les «méthodes» employées par Philon et Sg sont à première vue voisines, mais en fait bien distinctes. Philon use et abuse[57] de l'allégorie pour exposer *sa* pensée. A deux mille années de distance, il ne nous appartient pas, bien entendu, de critiquer ce type d'approche du texte biblique, il n'en reste pas moins que l'exposition allégorique telle que la pratique Philon n'est ni une interprétation symbolique, ni une pénétration du sens profond des Écritures, mais une lecture utilitaire d'un texte au service d'une pré-compréhension philosophique. Chez Philon, cette pré-compréhension est nourrie à la fois par l'enseignement de la religion juive et par une formation philosophique grecque. Bien souvent, cette formation prend le pas sur le sens littéral du texte et sur la contemplation de l'action de Dieu pour son Peuple. Une telle manière de procéder aboutit nécessairement à une incohérence méthodologique, puisque la métode est au service d'un résultat déjà supposé[58]. «*Allégories disparates*» et diversité de genres littéraires dans un même passage en sont une preuve flagrante. Sans nier la valeur inestimable de son œuvre colossale, il faut reconnaître que la culture encyclopédique de Philon semble parfois n'être pas bien dominée et que sa synthèse composite, voire même confuse, ne cesse de poser question[59].

---

[54] BORGEN, 17: «*Philo also used fragments from traditions about the manna apart from this specific tradition as it is written down in the Palestinian midrashim. These other fragments correspond with the passage about the manna in Wisd 16,20 ff.*».

[55] LARCHER, *Études*, 159.

[56] Pour évaluer l'importance de l'influence stoïcienne dans la doctrine du Logos chez Philon, voir: F. PRAT, *Logos*, dans *DB* 4 (1908), 325-328; J. STARCKY, *Logos*, dans *DBS* 5 (1957), 473-475; WOLFSON, *Philo I*, 230s; LAGRANGE, *Le Judaïsme*, 562s: «*La droite raison des Stoïciens, énergie naturelle et loi de la nature devient un intermédiaire entre Dieu et l'homme... Ce Verbe est ce que nous appellerions une personne, cela n'est pas douteux lorsqu'on a compris qu'il représente pour Philon l'Ange du Seigneur, assurément distinct de lui... son grand fondé de pouvoir, spécialement dans l'ordre de la morale qui est celui de la raison*».

[57] LAPORTE, *Philo*, 151-135.

[58] LARCHER, *Études*, 160.

[59] R. ARNALDEZ, «*Philon*», *DBS* 7 (1965), 1324.

Le «midrash» de Sg, au contraire, contemple l'histoire de son peuple comme un signe[60], *qui éclaire l'homme, l'Hébreu comme l'Égyptien, sur Dieu et sur sa façon d'agir à son égard dans son histoire. Si l'événement est un signe*, il peut être décrypté, pénétré en profondeur, comme un langage. Non pas en fonction d'un code subjectif ou conventionnel (variant parfois au gré d'une intention a priori, comme dans l'allégorisme de Philon), mais au service d'une ex-égèse, c'est-à-dire en tirant la leçon de l'événement lui-même. En ce sens, la lecture de Sg est proche du symbolisme, elle part des événements et de leurs rapports mutuels pour nous entraîner plus loin, dans un monde qui n'est plus matériel, mais sans jamais perdre de vue la base tangible de départ. L'événement devient icône et manifestation de Celui qui le guide: ce qui est réel au niveau sensible révèle ce qui est réel, simultanément, au niveau spirituel. Ainsi Dieu n'est plus la pièce maîtresse d'un système de pensée, mais un Être personnel, créateur et provident, qui se révèle en rencontrant son Peuple. L'auteur de Sg peut s'adresser à lui par un «*tu*» familier, rempli d'admiration et d'amour. L'inévitable émergence d'une culture philosophique ne s'impose pas comme guide de pensée pour l'auteur, elle devient servante pour connaître l'action de Dieu: la manière de procéder est donc inverse de celle de Philon: par le jeu de la lecture allégorique, celui-ci mettait l'événement au service de sa pensée, alors qu'en Sg, l'intelligence illuminée par Dieu vient donner un éclairage nouveau au fait historique par lequel Dieu s'est manifesté. La lecture symbolique d'un événement concorde, évidemment, avec certaines compréhensions justes de la philosophie, mais de surcroît[61].

Le *De Vita Mosis* constitue un texte de base pour comprendre la vision de Philon sur la manne puisqu'il y narre tous les prodiges de l'Exode[62], mais les allusions à la manne abondent dans toute son œuvre.

En comparant Sg avec l'enseignement qui émerge de ces écrits (Bible, Midrash palestinien sous ses diverses formes et interprétation judéo-héllénistique de Philon), son originalité se manifestera, laissant apparaître, dans le domaine précis et restreint de la compréhension de la manne, ce «plus» qui fait d'elle le dernier écrit inspiré, l'ultime préparation au message évangélique.

---

[60] GILBERT, «*La connaissance*», 208.

[61] M. BRÉHIER, «*Les idées philosophiques et religieuses de Philon d'Alexandrie*» (Paris 1925), 47: «*En règle générale l'histoire (en Sg) est interprétée dans son sens littéral (...) Les très rares allégories que l'on rencontre ne permettent nullement de ranger l'auteur dans une école allégorique antérieure à Philon (...) Les exemples cités par Blois sont moins des allégories que des métaphores interprétées dans un sens spirituel*».

[62] En particulier Livre I, 200-209 et Livre II, 256-269.

Chapitre III

LA MANNE, NOURRITURE VITALE DONNÉE PAR DIEU

En-deçà de toute interprétation, la manne est toujours présentée comme la nourriture surprenante que Dieu a dispensée à son peuple pour lui permettre de survivre dans le désert. Ce don devient ensuite source d'enseignement, mais avant de se pencher sur les interprétations du phénomène, il convient de comprendre pour quelles raisons, selon les différents écrits, Dieu a un jour envoyé une telle nourriture, ce qu'il a révélé par le fait même de l'envoyer et par le goût qu'il lui a donné.

1. LES DONNÉES BIBLIQUES

Ex 16 rapporte les motifs du don de la manne: il n'est pas dit que le peuple a faim, mais qu'au moment où il arrive dans le désert, il se met à murmurer[1]. La raison de ces *murmures* est double. D'un côté il y a le souvenir de l'Égypte, souvenir du plaisir d'une nourriture agréable (*marmites de viande*) et de la satiété (*pain à satiété*). Dun autre côté, il y a la vue du *désert de Sin*, la peur de la disette, le manque de confiance.

Dieu répond à la première motivation par un double prodige: il envoie les cailles: «*vous mangerez de la viande*» (plaisirs de l'Égypte retrouvés) et la manne: «*vous vous rassasierez de pain*» (satiété). Mais il ne répond au besoin naturel des hommes que dans une mesure juste suffisante à leur survie: «*le peuple sortira et ramassera chaque jour ce qu'il faut pour le jour*». L'hagiographe présente ce commandement comme une épreuve: «*je veux l'éprouver pour voir s'il marchera ou non selon ma loi*». La manne est donc donnée «*comme nourriture*», mais contrairement au désir d'abondance, «*chacun avait ramassé d'après ce qu'il mangeait*».

Dieu répond par une autre épreuve à la deuxième motivation, la peur de manquer: il demande de ne pas faire de réserves et de ne pas sortir le jour du sabbat. Mais en même temps, par la manne et contre la peur, il révèle sa puissance: «*vous saurez alors que je suis le Seigneur votre Dieu*» et il affirme sa fidélité en donnant quotidiennement cette nourriture pendant quarante ans: «*ils mangèrent de la manne jusqu'à leur arrivée au pays de Canaan*».

---

[1] Cf. R. Le Déaut, «Une aggadah targumique et les 'murmures' de Jean 6», *Bib* 51 (1970), 80-83.

Ainsi le prodige de la manne manifeste que les deux tendances liées au besoin vital de nourriture, — la tendance à se replier sur le plaisir ou la satiété et la peur viscérale de manquer —, doivent être dépassées pour arriver à un autre niveau de relation avec Dieu. Ex ne tire pas encore la leçon de vie spirituelle qui en découle, mais il la suggère: celui qui s'appuie sur Dieu peut dépasser ses tendances instinctives et être comblé. Que ce besoin de nourriture soit vital pour les Israélites est souligné par le cri d'Ex 16,3: «*que ne sommes nous morts de la main du Seigneur?*».

Nb 11,6ss et 21,5 accentuent l'aspect négatif du même enseignement: ce n'est toujours pas la faim qui justifie les «*murmures*», mais le désir. La convoitise replie le peuple vers son passé, au point de ne plus lui permettre d'avancer. Le texte de la LXX dit que «*les Israélites s'assirent et se mirent à pleurer*» (Nb 11,6). En outre, la vue de la manne finit par provoquer la nausée; elle ne doit donc pas réjouir beaucoup le palais et, de toute façon, le menu n'est guère varié. C'est elle pourtant qui permet de vivre. Mais le peuple ne cherche pas tant à combler sa faim que le plaisir de la nourriture. Sans pain ni eau (Nb 21,5), la manne permet la survie, mais elle n'a pas le goût «*du poisson, du concombre, des pastèques, des poireaux, des oignons et de l'ail*» (Nb 11,5).

Dans Nb, la manne n'est pas considérée comme un prodige, tant il semble évident que Dieu ne peut laisser son peuple mourir de faim. Le miracle réside plutôt dans le fait que Dieu réponde aussi au désir de l'homme pour lui montrer jusqu'où conduit la satisfaction du désir qui est une forme de retour sur son passé. Ce n'est plus un double prodige, mais un double châtiment que présente Nb: les cailles en Nb 11 qui feront appeler le lieu «*Sépulcres de la convoitise*» et les serpents, rappel de celui de la Genèse et du premier péché, engendré par la convoitise.

L'opposition profonde entre la nourriture et la vie, d'un côté, la convoitise et la mort, de l'autre, est soulignée en Nb plus encore qu'en Ex. En Nb 11, Moïse, face aux récriminations du peuple, demande *la mort*. Le Seigneur frappe alors le peuple à tel point que la terre devient un «*sépulcre*». En Nb 21, le peuple a peur *de mourir* dans le désert et récrimine (v. 5). La réponse du Seigneur se traduit par une mort effective (v. 6), non pas de faim, mais par la morsure des serpents de la convoitise. Dieu propose alors un signe qui oblige à une conversion du regard pour *vivre* (Nb 21,9). L'alternance mort-vie est donc fortement marquée dans tout ce passage (*mort*: 21,5 et 6; *vie* 21,8 et 9).

Dans les textes d'Ex et de Nb le même enseignement est présenté sous deux angles différents: Dieu répond toujours aux vrais besoins de l'homme, mais seulement à ceux-là. Il y répond pleinement et fidèlement, mais il n'est pas au service de la convoitise: la manne, nourriture qui permet la vie, ne satisfait pas l'appétit de jouissance.

Pour ce qui est du goût de la manne, Ex 16,32 ne mentionne que celui du miel: «*cela avait un goût de galette au miel*»; Nb 11,7 parle de «*gâteau à l'huile*». Cette divergence ouvre la porte à toutes les théories futures sur la variété des goûts de la manne, alors que Nb 21,5, parlant de «*nourriture de famine*» ne prédispose en rien à la tradition aggadique du prodige des goûts.

A l'enseignement suggéré par Ex et Nb, Dt 8,3 vient apposer un sceau final, une «théologisation» systématique qui réalise aussi un saut de compréhension:

> «*L'homme ne vivra pas seulement de pain,*
> *mais de tout ce qui sort de la bouche de Dieu*
> *vivra l'homme*».
>   *(TM)*

> «*L'homme ne vivra pas seulement de pain,*
> *mais de toute parole sortant de la bouche de Dieu*
> *vivra l'homme*».
>   *(LXX)*

Il sera question au chapitre V du lien entre la manne et la Parole de Dieu. Il paraît d'ores et déjà évident que pour enseigner, selon le Dt, que *l'homme ne vit pas seulement de pain*, la manne doit constituer elle-même une nourriture qui permette de vivre sans le pain ordinaire. Or c'est à cause de Dieu et de sa Parole qu'elle est donnée. La manne n'est donc qu'un surcroît et le signe d'une autre nourriture indispensable: l'homme qui se confie en Dieu reçoit *aussi* ce qui est nécessaire à la survie de son corps.

En elle-même, la manne, pour Dt, n'est rien de plus qu'une nourriture d'humiliation, comme dans Nb 21,5, et elle est donnée pour mettre à l'épreuve Israël (Dt 8,3 et 16).

Dans tout le Pentateuque, par conséquent, la manne, loin d'être synonyme d'abondance et de délices, est une nourriture pour la route qui ne comble pas de plaisir les désirs de l'homme, mais lui assure le nécessaire quotidien pour vivre, au jour le jour, jusqu'à la Terre Promise.

Jos 5,12 rappelle que cette nourriture de fortune n'est pas donnée pour alléger le travail de l'homme. Dieu l'a offerte parce qu'il n'y avait pas d'autre moyen pour survivre dans le désert. Dès l'arrivée en Terre Promise, il appartient à l'homme de se mettre à l'ouvrage pour assurer sa subsistance.

Néhémie opère un léger glissement de perspective par rapport aux textes précédents: le don de la manne y est conçu comme une réponse à la faim des Hébreux: «*Du ciel, tu leur fournis un pain pour leur faim*». Pour la première fois, la faim apparaît explicitement comme le motif du don de Dieu. Elle n'était mentionnée en Dt que comme une épreuve, au même titre que le don de la manne, mais pas comme sa cause: «*il t'a humilié, il t'a fait sentir la faim, il t'a donné à manger la manne*» (Dt 8,3).

Dans le Ps 78, la manne est donnée «*pour nourrir*», et, à travers elle, l'homme «*reçoit des vivres à satiété*». Les cailles, en revanche, sont une réponse au *désir* des hommes. La motivation fondamentale d'Ex 16 réapparaît ici: *désir* et *satiété*. Cependant, comme les cailles en Nb, les deux prodiges (y compris la manne) sont présentés comme une réponse de Dieu au défi que lui lancent les Israélites et on ne voit pas clairement si le *massacre* dont ils sont victimes après qu'ils «*mangèrent et furent bien rassasiés*» est le résultat du seul prodige des cailles ou des deux prodiges réunis. Cette dernière hypothèse est peu vraisemblable, car l'auteur du Ps 78 semble connaître la version définitive d'Ex et de Nb. Quoi qu'il en soit, en unissant étroitement la manne et les cailles, le bienfait et la punition, ce Psaume opère une synthèse entre Ex et Nb.

Dans le psaume 105, la manne vient en réponse à une demande des Fils d'Israël, et il est dit que le «*pain des cieux les rassasie*».

Si l'on excepte la brève allusion de Ne 9, la manne n'est donc pas une réponse à la faim, mais une mesure de la providence divine pour prévenir la faim; par elle, Dieu répond au vrai besoin, mais dénonce les désirs. La manne est, en fait, présentée comme une nourriture de survie apparemment peu appétissante et monotone. Ce sont seulement les allusions de certains psaumes, sans doute tardifs, qui en feront «*la fleur du froment*», «*le miel du rocher*», «*la graisse du froment*»... donnés par le Dieu qui *rassasie à plaisir tout vivant*[2].

2. LE JUDAISME ANCIEN

a) *La manne, réponse à une nécessité vitale*

Le *Tg. Yer. I*[3] sur Ex 16,2 ajoute une précision intéressante aux données bibliques: «*En ce jour-là vint à leur manquer la pâte qu'ils avaient emportée d'Égypte*», précision que l'on retrouve en *MekhY* sur Ex 16,1, en *ExR* 25,4 ou encore chez F. Josèphe *Ant.* 3,11: «*les provisions qu'ils avaient emportées étaient épuisées*».

Tg. Yer. I affirme aussi, avec plus de force encore qu'Ex 16,3, que le peuple appelle la mort: «*plût au ciel que nous fussions morts par la parole du Seigneur*»[4].

C'est donc réellement devant une menace de mort par la faim que les Hébreux récriminent. La manne ne répond pas à un désir, mais à un besoin vital, leur requête est donc justifiée. *MekhY* l'affirme à deux reprises:

«*La manne, qu'il était juste de demander, leur fut donnée avec un aspect lumineux*».

---

[2] Cf. p. 46-48.

[3] Les traductions du *Tg Yer I* et *Tg Yer II* sont tirées de R. LE DÉAUT (avec la collaboration de J. Robert) *Targum du Pentateuque, traduction des deux recensions palestiniennes complètes avec introduction, parallèles, notes et index.* Tomes 1 à 5 (Paris 1978-1981).

[4] *Tg Neof:* «*Plût au ciel que nous fussions morts devant le Seigneur*».

«Vous avez demandé du pain, car il est impossible à l'homme de vivre sans pain, et je vous l'ai donné».

Ces affirmations opposent la manne au prodige des cailles, considéré comme la réponse à un caprice:

«Maintenant vous errez et, l'estomac plein, vous demandez de la viande»[5].

F. Josèphe va plus loin encore en présentant la manne comme une nourriture *«qui sauve»*.

«Moïse ayant songé que cette agitation, provoquée par la nécessité, n'était pas déraisonnable, il réfléchit qu'il devait aller supplier et invoquer Dieu et, monté sur un observatoire élevé, il lui demande de procurer quelque secours au peuple et de l'arracher à sa détresse, car c'était en Lui que se trouvait leur salut et en nul autre (...) Cette rosée descendue du ciel n'est pas ce qu'ils supposent, mais elle est destinée à les sauver et à les nourrir»[6].

Puisque Dieu lui-même répond aux besoins vitaux, toute récrimination contre la manne est un péché, semblable à celui des origines, car elle ne dérive pas d'une nécessité, mais d'un désir de jouissance; c'est ainsi que plusieurs textes interprètent l'envoi des serpents[7].

b) *Le prodige des goûts*

En dehors de Sg, l'Ancien Testament ne dit nulle part que le goût de la manne correspond au désir de celui qui en fait usage. Diverses saveurs lui sont attribuées, celle du miel en Ex 16, celle de l'huile en Nb 11. Les Targumim eux-mêmes ne reflètent pas cette tradition et plusieurs textes anciens cherchent à remplacer le mot hébreu de Nb 11,8 *«Lšd»* (désignant probablement un gâteau à l'huile) par *«šd»*, qui peut désigner les seins d'une mère[8], faisant ainsi de la manne la nourriture de base des enfants de Dieu. *Tg. Yer. I* Ex 16,13, influencé par les Psaumes (Ps 78,24 et 81,17), lui donne le goût de la *«fleur du froment»*[9], mais il n'est pas question d'un prodige semblable à celui décrit en Sg.

On ne trouve le prodige des goûts que dans des textes postérieurs à Sg, comme *SifNb 87, Sif Z 194-198, ExR 5,9* ou *25,3, NbR 19,22* etc., mais le texte le plus net pour affirmer cette tradition reste *Yom 75a*. Le

---

[5] *MekhY* 4,5-10. Cf. J. Z. LAUTERBACH, *Mekhilta de Rabbi Yshmael, English translation, introduction and notes* (Philadelphia 1935). Pour le *Sifré Nombres (SifNb)*, cf. J. NEUSNER, *Sifre Numbers, an American Translation and Explanation* (Atlanta 1986).

[6] *Ant. Jud.* III,I.

[7] *Tg Yer II* Nb 21,6 in LE DÉAUT, *Le Targum* III, 193. *Midrash Tan* B IV, 126 et *NmR* 19,22. Cf. MALINA, 67-68.

[8] MALINA, 66 et LE DÉAUT, *Le Targum* III, 104s n. 12. *SifNb* 89; *Tosephta S.* 4,3; *Yom* 75a; *ExR* 5,9.

[9] Ps 81(80),17. Cf. MALINA, 86, n. 1.

passage rapporte les dires de R. Ammi et R. Assi et pourrait remonter au deuxième siècle: «L'un dit: «*ils trouvaient dans la manne le goût de toute sorte de nourriture, mais pas le goût de ces cinq choses-là* (concombres, melons, laitues, oignons, ail)», l'autre répond: «*de toutes sortes de nourriture ils sentaient le goût et la substance, mais de celles-ci, seulement le goût sans la substance*». R. Abbuha dit: «*comme l'enfant trouve beaucoup de parfums dans le sein, ainsi Israël trouvait beaucoup de goûts dans la manne tout en la mangeant*». (*SifNb 89* poussera même jusqu'à affirmer que la manne se changeait en tout ce dont on avait besoin, même les cosmétiques ou les parfums des femmes). En Yom 75b, un autre passage dit encore: «*il est écrit pain, mais il est écrit aussi huile et aussi miel. R. José b. Hannina dit: 'pain pour les jeunes, huile pour les vieux, miel pour les enfants'*»; magnifiant encore le prodige, ce même texte fait de la manne un critère de discernement: «*Le juste la mangeait à son aise, alors que, quand le méchant en mangeait, c'était en lui comme des épines*». Flavius Josèphe n'insiste pas sur l'aspect merveilleux, mais il affirme tout de même: «*cet aliment était divin et extraordinaire. Il remplaçait pour ceux qui en mangeaient tous les autres aliments absents*» [10].

Une aggadah a donc existé, concernant le prodige des goûts, mais pour aucun des textes qui en témoignent, il n'est possible de proposer une date antérieure à Sg. Elle en est donc le plus antique témoin écrit.

c) *La distribution*

Tel qu'il est décrit en Ex: «*selon le manger de chacun*» (Ex 16, 16.18.21), le rationnement quotidien de la manne est considéré comme l'un des motifs de rebellion par le *Tg. Yer. I* Nb 11,6: «*Il n'y a plus rien d'autre que la manne que nous regardons comme l'indigent qui fixe les miettes des mains. Malheur au peuple dont la nourriture était le pain du ciel et qui murmura!*». L'insistance de ce targum sur la quantité de manne fournie est à nouveau manifeste en Ex 16,18: «*ils mesurèrent au omer, il ne restait rien de la* quantité *de celui qui en avait ramassé davantage, et celui qui en avait ramassé moins n'en manquait point en* quantité».

MekhY 3 attache aussi une grande importance à la juste distribution de la manne: «*celui qui a créé le jour a aussi créé sa nourriture. R. Éléazar disait: "celui qui a assez à manger pour aujourd'hui et qui dit 'que mangerai-je demain?' a peu de foi!"*» et plus loin (n° 5): «*si un homme mangeait cette mesure* (de manne), *il était en bonne santé et béni, s'il en mangeait moins, cela blessait son estomac, s'il en mangeait plus, il était considéré comme un goinfre*».

---

[10] *Ant. Jud.* III,I.

MekhY justifie de trois façons le rationnement[11]: il est inutile de s'encombrer de nourriture en chemin; chaque jour la manne pouvait être reçue et consommée toute chaude; la dépendance quotidienne du peuple vis-à-vis de Dieu éprouvait sa foi. En marge de ces considérations, la tradition rabbinique échafaude de savants raisonnements pour calculer la quantité de manne envoyée, aboutissant à des chiffres faramineux qui dépassent largement les besoins du peuple. *Yom* 75a (repris par *ExR* 25,7) affirme que cette quantité dépasse celle des eaux du déluge puisque *«la mesure de la bonté dépasse celle de la punition»*; pareillement, *MekhY* 4 arrive à la quantité effarante d'une couche de manne atteignant 60 coudées de haut, à tel point que *«toutes les nations du monde la voyaient»*[12].

d) *Une nourriture préparée et assimilable*

La nourriture que Dieu envoie est déjà prête à la consommation, affirme *MekhY*: *«si quelqu'un l'aimait cuite, elle devenait cuite, s'il l'aimait bouillie, elle devenait bouillie...»*; ainsi toute forme de cuisine était superflue.

Mieux encore, *Tg. Yer I* rapporte que même la table était divinement préparée pour recevoir la rosée céleste: *«il y eut une chute de rosée congelée, préparée comme des tables autour du camp»*, et *MekhY* confirme: *«la rosée montait, et le vent soufflait sur elle, ainsi la terre devenait une sorte de table d'or sur laquelle la manne descendrait et de laquelle les Israélites la prendraient et la mangeraient»*[13]. De même que le prodige des goûts ou la quantité de manne sont poussés à l'extrême, de même cette préparation prend des allures invraisemblables; ainsi *MekhY* 4, en jouant savamment sur les mots[14], va jusqu'à dire:

«Puisque cela tombait du ciel, on pourrait penser que c'était froid, mais cela est dit "chaud". On pourrait penser que cela tombait sur la terre, et comment savons-nous que cela tombait seulement dans des récipients? Il est dit "comme un couvercle". R. Tarfon dit "cela tombait même sur les mains de ceux qui le ramassaient"».

Cette nourriture céleste et indispensable pour la survie des Israélites ne pouvait rien contenir de superflu, elle devait être parfaitement assimilable! Le *Tg. Onk.* Nb 21,5 suggère cette idée, exploitée par de nombreux

---

[11] *MekhY* 2,47.
[12] *MekhY* 4,90.
[13] *MekhY* 4,40-45. Cette tradition se retrouve en *MekhSh* 76, *MTeh* 76, 346, *SifNb* 79,5, *Tg Yer I* Ex 16,13. Cf. GINZBERG, *The Legends of the Jews* (Philadelphia 1911) VI, 17, n. 100.
[14] *Tractate Wayassaʾ*, 112, n. 9.

écrits rabbiniques[15], lorsqu'il dit: «*Notre âme est dégoûtée de cette nour-riture dont la consommation est facile*». Il n'y a qu'un pas à faire pour penser que la cause des murmures du peuple est son effarement de ne rien rejeter![16].

e) *Une nourriture pour les animaux*

Certains textes soutiennent encore que la manne subvenait aussi aux besoins des troupeaux et que la rosée l'accompagnant portait du grain au bétail[17].

Tg. Yer. I Ex 16,21 dit par ailleurs que la manne «*se mettait à fon-dre, se transformait en sources d'eau qui s'écoulaient jusqu'à la grande mer. Des animaux purs venaient alors, ainsi que des bestiaux pour en boi-re, les enfants d'Israël les chassaient et les mangeaient*». *MekhY* 5, poussant plus loin encore, commente: «*les nations du monde chassaient ces animaux et les mangeaient et goûtaient en elles le goût de la manne qui tombait pour Israël*».

3. PHILON D'ALEXANDRIE[18]

a) *La nourriture nécessaire*

Pour Philon aussi, avant toute interprétation allégorique, la manne reste la nourriture vitale, indispensable, qui maintint la vie du peuple en plein désert. Ainsi le *De Vita Mosis* (II,258) affirme: «*la prophétie suivante eut lieu à propos du premier et du plus nécessaire des biens: la nourriture, non pas celle que produisait la terre, car elle était stérile et sans fruits; mais le ciel fit pleuvoir, non pas une fois, mais pendant quarante ans, chaque jour avant l'aurore, un fruit céleste en rosée, semblable à du millet*».

Et le *De Decalogo* (16-17) dit pareillement: «*Sa pensée (divine) était que si, venant à se trouver dans la pénurie de vivres et s'attendant à périr de soif et de faim, ils voyaient soudain le nécessaire* (τῶν ἀναγκαίων) *s'offrir spontanément à eux en abondance* (ἀφθονίαν) — *le ciel faisant pleuvoir comme nourriture le produit qu'on a dénommé la manne (...), ils n'éprouve-*

---

[15] Cf. B. GROSSFELD, *The Targum Onqelos to Numbers*, *The Aramaic Bible 8*, 125 n. 5. Plusieurs commentaires aussi, interprétant dans le Ps 78,25 «*leḥem 'abbirim*» (le pain des forts) par «*leḥem 'ebarim*» (le pain des membres) en déduisent l'absorption immédiate de la manne par tout le corps. *Yom* 75b, *MekhY* 4,100ss. Cf. GINZBERG, *The Legends* V, 236, n. 143.

[16] *Yom* 75b, *SifNb* 88.

[17] *Sode Raza in Yalkut Rubeni* Ex 16,14.

[18] Cf. P. BORGEN, en part. 1-28 et P. BEAUCHAMP, «La cosmologie religieuse de Philon d'Alexandrie et la lecture de l'Exode par le livre de la Sagesse, le thème de la manne», *Philon d'Alexandrie*. Colloques nationaux du CNRS (Paris 1969), 207-218.

raient plus de difficulté à penser que les lois sont des oracles divins puisqu'ils auraient pour en juger le très clair argument des ressources (χορήγιον) *qu'au sein de leur détresse ils avaient obtenues contre toute espérance. Et, aussi bien, Celui qui leur fournissait en abondance le nécessaire pour vivre* (πρὸς τὸ ζῆν ἀφθονίαν) *leur faisait également don des moyens qui permettent de bien vivre».* Cette nourriture est donnée par un Dieu *bon, cause de tous les biens, bienfaiteur* (εὐεργέτης), *sauveur* (σωτήρ), *nourricier* (τροφεύς), *dispensateur de richesses, généreux en ses dons,* affirme Philon en commentant Dt 8,3 [19]. Mais il rappelle aussi que cette manne répond aux besoins naturels de l'homme sans pour autant combler ses désirs: «*'Il les livra à la faim' (Dt 8,3) équivaut à: il provoqua non une pénurie de nourriture ou de boisson, mais une pénurie de plaisir et de désirs, de craintes, de chagrins et d'injustices, bref, de tout ce qui est l'œuvre du mal et des passions. Ce qui en témoigne, ce sont les paroles qui viennent immédiatement après: 'il t'a donné à manger la manne'».*

Philon, par l'allégorie, rejoint alors les explications de *Tg. Yer. I* sur le rôle des serpents de Nb 21: «*Ce n'est pas seulement quand elle désire les passions d'Égypte que l'âme rencontre les serpents, mais c'est aussi lorsqu'elle est dans le désert, lorsqu'elle est mordue par le plaisir, la passion complexe et serpentine»* [20].

b) *Le prodige des goûts*

Étrangement, comme les plus anciens écrits du judaïsme, Philon semble ignorer la tradition du prodige des goûts. Mais puisque le nom même de cette nourriture céleste est un signe d'indétermination, elle représente pour lui «*la sagesse, nourriture universelle»* [21]; et si les textes sacrés lui attribuent tantôt un goût de gâteau à l'huile, tantôt celui du miel, c'est qu'elle symbolise le Logos, qui porte le nom le plus générique qui soit: «*quelque chose»* [22].

Un passage de Basile de Césarée parle de la tradition des goûts en se référant à Philon, mais il s'agit probablement d'une erreur: Basile attribuait sans doute Sg à Philon [23].

---

[19] *Cong* 170ss. La nourriture est un signe de la bénédiction divine: *Ben* 99-107.
[20] *Leg All* II, 85.
[21] *Cong* 174: Τοῦ παντρόφου γεύματος σοφία.
[22] Ibid.
[23] BASILE DE CÉSARÉE, Ep. 190 PG 32, 700c.: *Manna Philo explicans ait velut ex traditione quadam judaica edoctus, illius qualitatem esse ejus modi, ut pro comedentis desiderio mutaretur* (μετακιρνάσθαι)... *adeo ut qualitatis uniuscujusque speciei comedentis gustu omnino servaretur* (ἀκριβῶς ἐν τῇ γεύσει τοῦ ἐσθίοντος διασῴζεσθαι). BEAUCHAMP, *La cosmologie*, discussion, 219. LARCHER, *Études*, 52-53.

c) *La distribution de la manne*[24]

Leg All III,163-168 étudie les raisons pour lesquelles la manne est donnée selon une certaine mesure et «*au jour le jour*». Philon voit dans la manne une image de la science qui se recueille dans l'éducation et, pour présenter cette allégorie, il souligne une vérité dérivée directement du prodige: «*Il est donc bien, pour la manne et pour tout autre don que Dieu fait à notre race, de s'en tenir au nombre et à la mesure, et de ne pas prendre ce qui nous dépasse; car ce serait de la cupidité. Que l'âme recueille donc "la nourriture du jour pour le jour"* (Ex 16,4) *afin de montrer que ce n'est pas elle-même qui garde les biens, mais Celui qui aime donner, Dieu*»[25].

Parce qu'il est rationné, l'aliment divin est mis au service de l'avancée du peuple et devient une manifestation de la providence divine sans cesse active: «*On ne pouvait ni l'emmagasiner ni le thésauriser, car Dieu avait pris la décision de répandre ses bienfaits en dons toujours nouveaux*»; «*Pendant quarante ans, grand espace de temps, comme ils faisaient route, ils furent approvisionnés de tout le nécessaire selon les dispositions qui ont été dites, à la manière des intendances qui établissent des rations pour les distribuer à chacun*»[26].

Cette juste mesure du don divin s'oppose à la gourmandise, au désir; les cailles en sont la preuve: «*car une convoitise trop vive perd le sens de la mesure*»[27]. Ainsi la distribution quotidienne de la manne constitue un signe de la justice divine et de l'harmonie des proportions voulues par le Créateur: «*La Sagesse, que l'Écriture appelle 'la manne', le Logos divin la partage également entre tous ceux qui en feront usage, avec un souci tout particulier d'égalité (...). Ils ont été servis selon la mesure admirable et inégalable de la proportion*»[28].

d) *Une nourriture préparée et assimilable*

«*Aux mortels est laissée la plaine à la glèbe profonde (...), ils font tous les travaux qu'exige la culture (...). Quant à Dieu, le monde entier lui est soumis (...). Ainsi donc, aujourd'hui il a décidé que l'air porte de la nourriture*»[29].

«*Dieu lui donna cette nourriture gagnée sans peine, sans fatigue, sans effort pour l'homme*»[30].

---

[24] P. BORGEN, 141.
[25] *Leg All* III 166.
[26] *Mos* I, 206.
[27] *Spec* IV, 129.
[28] *Her* 191.
[29] *Mos* I, 201.
[30] *Cong* 173, cf. *Mutat* 258 et *Mos* II,267. GRIMM, 268 établit un rapport entre Sg 16,20 et ce texte.

Sans fatigue, le don de la manne l'était, tant en ce qui concerne sa production que sa préparation: «*Ils mangeaient ce mets savoureux sans avoir besoin du raffinement des cuisiniers*». Ce fait atteste que «*Dieu fait pleuvoir une vertu exempte de peine et de fatigue... le commun des hommes tirent leur nourriture de la terre, seul l'homme qui a le don de vision* (Is-raël), *les tire du ciel*»[31].

4. LE LIVRE DE LA SAGESSE

Sur cette toile de fond offerte par les diverses traditions à l'époque de Sg lorsqu'elles décrivent le prodige de la manne, et en laissant momentanément de côté toutes les interprétations allégoriques ou juridiques, les affirmations de Sg prennent un relief particulier. En effet, après les antiques textes bibliques, Sg est, quant à sa rédaction finale, le plus ancien écrit parlant de la manne. Il est pur des ajouts de traditions postérieures au début de notre ère, c'est-à-dire peu entaché par l'allégorisme alexandrin et libre par rapport aux mouvements rabbiniques succédant à la destruction du Temple de Jérusalem. Que dit donc Sg sur la manne comme nourriture vitale envoyée par Dieu?

a) *La manne et la vie*

La structure littéraire a suggéré[32] que le texte de Sg 16,1–17,1 était unifié autour du thème de la nourriture comme source de vie à tous les niveaux de l'être. En raison de la structure globale du chapitre, deux passages surtout se «correspondent» sur ce thème, 16,1-4 et 16,20-23: la présentation du prodige des cailles et celle de la manne. La strophe conclusive (16,25-29), quant à elle, s'éloigne un peu du prodige de la manne pour en tirer les enseignements: la connaissance de la vraie source de nourriture et de vie, entre autres.

Dans la première strophe (16,1-4), le parallélisme de vocabulaire entre l'action de Dieu envers son peuple et celle envers l'Égypte est particulièrement frappant, il souligne et éclaire l'antithèse que l'auteur veut établir:

16,2b + 3de	16,3abc + 4a
En réponse au désir *de l'*appétit un aliment au goût exotique *tu as préparé (...)* εἰς ἐπιθυμίαν ὀρέξεως ξένην γεῦσιν τροφὴν *ἡτοίμασας*	Désirant un aliment, *à cause de l'*aspect repoussant *(ils se détournent)* même *de l'*appétit naturel ἐπιθυμοῦντες τροφὴν διὰ τὴν εἰδέχθειαν... καὶ τὴν ἀναγκαίαν ὄρεξιν

---

[31] *Mos* I, 208 et *Mutat* 258.
[32] Cf. supra p. 35-39.

après avoir connu la disette	*sur eux s'abattit*
ils recoivent même *en partage*	*une irrémédiable* disette
un aliment au goût exotique	
ἐνδεεῖς γενόμενοι	ἀπαραίτητον ἔνδειαν
καὶ ξένης μετάσχωσι γεύσεως	ἐπελθεῖν

La complète opposition entre l'action de Dieu envers Israël et celle envers l'Égypte, par des moyens identiques, apparaît nettement. L'envoi des cailles est vu uniquement sous son aspect positif, comme en Ex: «*accordant un bienfait*» *(εὐεργετήσας)*. Il n'y a pas de trace, à l'inverse de la tradition juive, des «*murmures*», de l'épreuve et du doute que l'épisode des cailles dénonce en Nb 11. Les cailles ne sont donc rien d'autre, en Sg, qu'«*une réponse gracieuse et condescendante aux moindres désirs d'Israël*»[33].

Envoyées «*pour le désir de l'appétit*», ces cailles constituent «*un aliment à la saveur inaccoutumée*»[34] que Dieu «*prépare*». Le terme Ἐπιθυμία de désigne pas ici la convoitise (comme en Sg 4,12) ni la concupiscence (Sg 15,5) mais, comme ὀρέξεως le précise, le «*désir d'appétit*», c'est-à-dire celui qui dérive du besoin naturel de manger[35]. Ἐπιθυμία est déjà employé à propos des cailles dans la LXX, en Nb 11,4 et Ps 78(77),29, pour désigner la convoitise négative qui conduit à la punition. Sg utilise ainsi un terme de la tradition «négative» relative aux cailles au service d'une interprétation clairement positive, semblable à celle d'Ex 16 ou du Ps 105. Une confirmation de cette vision positive est donnée en Sg 19,11s où le même prodige est rappelé: les cailles, réclamées «*par le désir*» *(ἐπιθυμίᾳ)* sont envoyées «*pour le réconfort*» *(εἰς παραμυθίαν)*: il ne peut donc s'agir d'une convoitise sensuelle condamnée par Dieu[36].

Une fois de plus, l'auteur manifeste son génie de synthèse des traditions[37]: il ne nie pas la raison humaine du prodige des cailles exposée en Nb, le désir, mais, comme en Ex, il ne considère que l'aspect positif du même prodige, la bienveillance divine. Il échappe ainsi à la contradiction qui pourrait surgir de la lecture des différentes traditions bibliques.

La réponse divine «*montre comment leurs ennemis sont tourmentés*». Par cette phrase, l'auteur entend sûrement dire que les Hébreux ont

---

[33] LARCHER, *Le livre*, 892.

[34] En prenant ξένην γεῦσιν comme complément de ἡτοίμασας, en apposition à τροφήν.

[35] LARCHER, *Le livre*, 891-893.

[36] Cf. Plut. M. 479b. Le verbe ὀρέγω et le nom ὄρεξις qui en dérive n'expriment rien d'autre qu'une tension vers, un appétit; de même, à l'origine, ἐπιθυμία, surtout à propos de nourriture, n'a pas une connotation négative (Thc 2,52; 7,84).

[37] Une interprétation négative de ἐπιθυμίαν en Sg 16,2 aboutirait à une contradiction inacceptable et peu probable: l'opposition entre la bienveillance divine et la convoitise des Hébreux rendrait injustifiable la différence de traitement entre Israël et l'Égypte.

réellement souffert de la disette, comme les Égyptiens, et non pas seulement qu'ils ont vu leur châtiment. Cette assertion éclaire le rapport entre le prodige des cailles et celui des serpents qui lui fait directement suite (Sg 16,5-14): les deux prodiges punitifs envoyés contre Israël après ses murmures contre la manne, selon Nb, précèdent, en Sg, le prodige de la manne lui-même. A la fois «*aliment au goût merveilleux*» et terme d'une punition exemplaire par la famine, les cailles ne sont un signe de la bienveillance divine qu'après l'épreuve.

Le parallélisme des expressions employées pour l'Égypte et pour Israël manifeste que, pour les deux peuples, il y a d'un côté un désir réel, la tension dérivée de l'appétit, expression d'un besoin humain fondamental, et de l'autre une réponse divine, un prodige qui manifeste la toute-puissance de Dieu. Pour les Israélites, le prodige répond au désir qui exprime ce besoin en comblant, à la base, le besoin fondamental lui-même: il y a surabondance de bienveillance. Pour l'Égypte, le processus est exactement inverse: le besoin lui-même est anéanti, car l'appétit nécessaire, la faculté de manger pour vivre disparaît lorsque le désir est détruit. Aux Hébreux est envoyé «*un aliment au goût merveilleux*», aux Égyptiens «*la laideur*». Les deux «*disettes*» dont il est question sont donc de nature différente: l'une est un manque réel, l'autre une incapacité à assimiler; c'est pourquoi cette dernière est qualifiée d'«*irrémédiable*» (ἀπαραίτητον). En s'appuyant sur deux envois d'animaux, l'auteur souligne qu'il ne parle encore que de la faim ordinaire, animale, de l'homme.

Par le prodige des cailles, comme par celui des serpents, Dieu prouve donc qu'il est le maître de la vie et de la mort, qu'il est non seulement nourricier de toutes ses créatures, mais aussi maître des nécessités vitales de l'homme et capable de les combler de la manière la plus raffinée. La tradition de Nb est complètement bouleversée: sans s'appesantir sur l'enseignement moral des deux épisodes de Nb 11 et 21, Sg ne regarde que la justice et la bonté enseignante de Dieu[38]. Elle ne se limite pas à montrer les actes merveilleux de la puissance divine, mais, en opposant ce prodige à la plaie des Egyptiens, elle incite à dépasser le prodige pour reconnaître la justice du Dieu Provident qui agit comme un Père et pour apprendre à pratiquer le culte qui lui est dû.

En Sg 16,20-23, l'auteur invite à franchir un autre seuil de compréhension: la manne est bien plus qu'une simple réponse à la faim des hommes. La structure du texte permet de le comprendre: en lisant Sg 16,20-23 (strophe IIb) à la lumière de Sg 16,16-19 (strophe Ib), un certain nombre d'oppositions nouvelles apparaissent.

La soumission diversifiée des créatures à la volonté divine suscite une opposition entre la grêle et la manne, l'une témoignant de «*la force de ton*

---

[38] Cf. LARCHER, *Le livre*, 892.

bras», l'autre de *«ta douceur»*. L'adaptation des éléments pour détruire les récoltes ou protéger les animaux et celle de la manne pour répondre au goût des hommes révèlent simultanément deux aspects de la puissance divine: la force juste et la douceur miséricordieuse.

D'autre part, des expressions pleines de délicatesse comme: *«la nourriture des anges»* et *«le pain tout préparé»* ou *«afin que les* justes *mangent»*, contrastent avec *«afin de détruire les produits d'une terre injuste»*, repris dans *«afin que l'on sache que ce sont les récoltes* ennemies *que le feu détruisait»*. La nourriture envoyée par Dieu est donc l'actualisation d'un jugement, d'un discernement.

Au début de la dernière strophe (Sg 16,25-29), dépassant ce jeu d'oppositions, la manne est finalement présentée comme la manifestation de la *«libéralité nourricière universelle de Dieu»*.

Par son existence même et par ses qualités propres, mises en valeur par le jeu des oppositions, la manne révèle donc cette LIBERALITÉ TOUTE NOURRICIÈRE de Dieu comme inséparable de sa JUSTICE, c'est-à-dire de son discernement absolu, qui se manifeste simultanément dans sa FORCE et sa DOUCEUR. Tout le rapport entre justice et charité en Dieu est ici manifesté par un exemple concret et perceptible jusqu'au niveau sensoriel.

Sans recours à l'allégorie, Sg affirme ces réalités par une simple observation du prodige, en le comparant avec les plaies des Égyptiens. La métaphysique de Sg est «incarnée» dans l'histoire du Peuple Saint et, dans sa compréhension, elle va beaucoup plus loin que Philon pour qui la distribution de la manne n'est qu'un *exemple* de l'harmonie des proportions voulues par le Logos[39]. Si Dieu est pour lui, certes, un Dieu nourricier (τροφεύς)[40] dont la manne manifeste la sagesse nourricière universelle (παντρόφος)[41], jamais il ne pourrait dire que la manne *manifeste la douceur de Dieu* lui-même. Quand il interprète la douceur du miel[42], c'est comme une allégorie concernant le Logos, pas comme une manifestation du Dieu Père en personne, à travers le sens du goût: *«L'éducation fait naître une douceur dans l'esprit au contact de la science»*. L'immédiate manifestation des attributs de Dieu dans la manne échappe à Philon.

Cet enseignement justifie et éclaire la présence de l'épisode des cailles avant celui de la manne en Sg et renforce son lien étroit avec lui. Car, selon une logique ordinaire, si la manne contenait toute saveur, quel besoin

---

[39] Philon présente le prodige des cailles comme un prodige quotidien, offert chaque soir, de même que la manne l'était chaque matin (*Mos* I, 209). En ce qui concerne l'harmonie des éléments, cf. infra p. 83 et 87.

[40] Cf. note 19.

[41] *Cong* 174. Cf. LARCHER, *Le livre* III, 937. παντρόφος, qu'emploie Philon, diffère de παντοτρόφος (cf. aussi Anth. Pal. VII, 476 Mélagre), mais le sens semble identique.

[42] *Det* 118.

y avait-il d'envoyer aussi les cailles? La réponse est maintenant évidente: le don des cailles ne faisait que répondre à un besoin naturel, il ne révélait rien d'autre que la bonté juste du Créateur provident, alors que le don de la manne, sans nier la justice divine, manifeste Dieu comme un Père pour ses enfants: par les deux prodiges qui accompagnent ce Don, Dieu fait bien plus que nourrir les justes, il se révèle lui-même. Par le prodige des goûts, il fait goûter à l'homme sa propre douceur, par celui de la résistance, il manifeste la toute-puissance de son amour envers les justes. En recevant et en assimilant la manne, l'homme percevait quelque chose de la divinité même; les deux nourritures envoyées ne sont pas adressées au même niveau de l'être: l'une est physique, l'autre peut nourrir le corps et l'esprit.

Il n'est plus question en ce qui concerne la manne d'une opposition quelconque entre le désir ou la concupiscence humaine et la bonté divine, au contraire, le plein accord se réalise entre un désir qui se fait prière et la manifestation de la bonté divine.

b. *Le prodige des goûts*

Le prodige des goûts, tel qu'il est exposé en Sg, constitue l'une des explications proposées pour résoudre la contradiction manifeste entre Ex 16,31 et Nb 11,7-8 concernant le goût de la manne. Force est de constater que pour Sg cette explication semble évidente; est-ce à dire qu'elle est couramment admise par la tradition? Nous avons déjà signalé que Philon n'en fait aucune mention explicite et que les écrits rabbiniques qui en témoignent sont nettement postérieurs à Sg[43]. L'insistance de Sg sur le prodige est donc étonnante:

20c ayant la capacité de toute saveur et adapté à tous les goûts
πᾶσαν ἡδονὴν ἰσχύοντα καὶ πρὸς πᾶσαν ἁρμόνιον γεῦσιν

21b s'accommodant au goût de celui qui le prenait,
τῇ δὲ τοῦ προσφερομένου ἐπιθυμίᾳ ὑπηρετῶν

21c il se changeait en ce que chacun voulait
πρὸς ὃ τις ἐβούλετο μετεκιρνᾶτο

25a En se changeant en tout
εἰς πάντα μεταλλευομένη

25b elle servait ta libéralité (ton don) nourricière universelle
τῇ παντοτρόφῳ σου δωρεᾷ ὑπηρέτει
selon le désir de ceux qui demandaient
πρὸς τὴν τῶν δεομένων θέλησιν

---

[43] MALINA, 66 n. 1. GINZBERG, *The Legends* VI, 17, n. 99.

Ces descriptions du prodige sont interprétées par l'auteur, mais avant d'aborder l'interprétation, il convient de saisir la portée littérale de la description.

πᾶσαν ἡδονὴν ἰσχύοντα a donné dans la version latine le fameux verset «omne delectamentum in se habentem», lecture probable de ἔχοντα au lieu de ἰσχύοντα ou traduction libre d'une tournure difficile à exprimer. Le verbe ἰσχύω est utilisé plusieurs fois dans la partie finale de Sg (11,21; 13,1.9; 15,16). Ce verbe signifie originellement «*avoir la force de*»; parmi les diverses significations possibles dérivées du sens premier, il semble que «*avoir la valeur de*» ou même «*condenser*» soient plus adaptées en Sg 16,20[44]. L'idée de *force* ou de *capacité* contenue dans le verbe montre combien la manne, selon Sg, possède *en elle-même* tous les plaisirs. Ces *plaisirs* (ἡδονή) sont ceux du goût, comme le prouve l'usage du même terme en Nb 11,8. Le prodige des goûts ne dérive donc pas d'une sensation subjective, mais d'une capacité objective du don[45].

Dans καὶ πρὸς πᾶσαν ἁρμόνιον γεῦσιν[46] ἁρμόνιος est probablement un hapax legomenon (totius graec.), dérivé du verbe ἁρμόζειν: *convenir, s'adapter à*. Ainsi la manne *est adaptée à tous les goûts*. Elle possède donc une capacité et cette capacité s'actualise en chacun.

Dans le verset 21bc τοῦ προσφερομένου peut signifier non seulement *celui qui prend*, mais même *celui qui porte à sa bouche*. μετεκιρνᾶτο est encore un hapax[47] qui signifie littéralement *changer le mélange*; la préposition πρός qui introduit le complément à l'accusatif suggère une idée de mouvement: la manne est un élément dynamique capable de se modifier en lui-même.

Un troisième hapax est utilisé au v. 25: μεταλλευομένη[48]. Le contexte permet de comprendre le sens de ce néologisme: *se changer, se transformer, devenir autre*. Mais la phrase pose plusieurs problèmes: *En se changeant en tout (ou totalement?), elle obéissait à ta libéralité (ou ton don?) nourricière de toutes les manières (ou de tous?) selon le désir de ceux qui demandent*.

Le nœud de l'interprétation réside dans l'identification du sujet: il s'agit, sans nul doute, de «*la création*», comme au v. 24, mais sous ce vo-

---

[44] Cf. BAILLY, 985. LIDDELL-SCOTT, 844.

[45] BAILLY, 892 IIb dit: *chez les anc. phil. ion. qualité sensible d'un objet (goût, saveur, odeur...)*. On peut comprendre aussi ἡδονή comme «*cause de plaisir*», MAGNIN-LACROIX, 785 (2).

[46] En Pr 8,30 on trouve ἁρμόζουσα. La lecture ἁρμονίαν en Sg 16,20 n'est attestée que par S, 296 (XIᵉ s.), 534 (XIᵉ s.), 766 (XIIᵉ s.) et une partie des versions semblent l'appuyer, mais il s'agit sans doute de lectures libres.

[47] LARCHER, *Le livre* III, 930. μετά indique un changement, κιρνάω le mélange. Cette expression est à rapprocher de la théorie stoïcienne du dynamisme des éléments.

[48] Ibid. 936. Il s'agit probablement d'une confusion entre μεταλλεύω et μεταλλάσσω.

cable d'aucuns voudraient signifier le feu ou les éléments[49], d'autres supposent une précision de sens entre le v. 24 et le v. 25: en 24, *«la création»* désigne l'ensemble du créé, mais en 25, l'auteur applique le principe général du v. 24 à un cas particulier, la manne. La structure du texte, en isolant le v. 24, confirme cette interprétation. Elle est d'ailleurs bien plus logique: la création ne se *«change»* pas *«en tout»*, ni *«totalement»*, alors que la manne le fait. Sg reprend ici une idée déjà exprimée aux vv. 20-21 et la développe à nouveau. Si l'on admet cette interprétation, les deux autres termes discutés trouvent leur signification: δωρεᾷ ne désigne pas un *don* particulier, mais l'acte même de donner, la *libéralité*, que le latin rend par *gratiam* et que plusieurs versions traduisent *miséricorde*[59]; παντοτρόφῳ peut aussi bien signifier *«nourricier en tout»* que *«nourricier de tous»*; la première solution semble plus adéquate, car d'une part la manne ne nourrit pas tous les hommes, mais seulement les Israélites, et d'autre part cette expression pourrait reprendre une fois encore les vv. 20-21 où la manne est dite τροφήν / ἄρτον πᾶσαν ἡδονὴν ἰσχύοντα καὶ πρὸς πᾶσαν ἁρμόνιον γεῦσιν[51]. L'évolution générale de Sg 16,1–17,1 montre que Dieu nourrit l'homme dans toutes ses dimensions. Mais les deux significations ne sont pas exclusives l'une de l'autre et il est probable que Sg veuille simplement dire que *la libéralité* de Dieu est *nourricière universelle* (comme traduit Osty dans la *Bible de Jérusalem*), répondant à toutes les aspirations de tous les hommes, mais à la mesure de leur demande, précise Sg.

c) *La conservation et la distribution*

Face à la destruction des récoltes impies, le prodige de la résistance de la manne au feu montre que ce don correspond à une manifestation de la justice divine à laquelle rien ne s'oppose. Aucun autre texte ne parle de ce prodige, signe du *«jugement»* de Dieu réalisé *«pour nourrir les justes»*. En revanche, Sg ne parle pas directement de la distribution quotidienne de la manne. On peut donc observer que si, dans le judaïsme ancien ou chez Philon, c'est la distribution de la manne qui manifeste la justice, ici, c'est sa résistance. Deux conceptions différentes de la justice sont ainsi soulignées: l'une accentue l'aspect quantitatif, l'autre la qualité propre du don divin.

---

[49] Hugues de Saint-Cher, Calmet. LARCHER, *Le livre* III, 937 cite plusieurs auteurs récents défendant la traduction de δωρεά par *«don»*: Grimm, Heinisch, Feldmann, Fischtner, c'est aussi l'interprétation de Estradé-Diaz.

[50] *Libéralité*: Duesberg, Osty. *Miséricorde*: Calmet. (Pour une vision d'ensemble des lectures de ce mot, Cf. LARCHER, *Le livre* III, 937).

[51] En Philon, dans *Cong* 174, «ἀγεῦστοι γὰρ εἰσὶ παντρόφου γεύματος σοφίας». Παντρόφος peut aussi bien signifier *«nourricier de tous»* que *«nourricier en tout»*, mais l'expression se comprend mieux dans le sens de *«nourricier en toute chose, en toute dimension de l'être»*.

En fait, en Sg, les termes choisis pour décrire la distribution révèlent quelque chose de plus que la justice. Ἐψώμισας signifie: «*tu as donné en bouchées*», comme on le fait pour des enfants[52]. Le même verbe est utilisé en Nb 11,4 et Dt 8,3 (LXX)[53]. Le commentaire de Philon sur Dt 8,3 est très proche de Sg 16,20-21: «*Il t'a donné (ἐψώμισε) la manne. Celui qui donna cette nourriture gagnée sans peine (ἄπονον) et sans fatigue (ἀταλαίπωρον), sans effort pour l'homme...*»[54]. Cette phrase rappelle aussi la deuxième expression employée par Sg, παρέσχες ἀκοπιάτως[55]: *Tu as fourni, procuré, sans peine*[56]. Παρέχειν peut être employé pour des expressions telles que «*fournir de la peine, du travail, du souci*», ou pour «*fournir un bien, une nourriture*»[57]. Il n'est donc pas étonnant que Sg ajoute ἀκοπιάτως: sans procurer de peine[58]. «*C'est un pain tout préparé que, du ciel tu leur as fourni sans peine*».

La délicatesse des deux verbes παρέσχες et ἐψώμισας renforce l'idée de bienveillance paternelle du Donateur. Sans emphase, mais avec précision, Sg introduit l'idée de «*douceur de Dieu*» dont il est question au v. 21:

---

[52] Ψωμίζω: couper en morceaux, d'où mettre des morceaux dans la bouche, en parlant d'enfants (Ar. Th. 692. Lys. 19), avec double acc. (Hpc 511,33). Cf. BAILLY, 2178. Au v. 21b προσφέρω traduit souvent par le verbe «prendre» peut avoir le sens de «porter à sa bouche», au moyen (BAILLY, 1680, προσφέρω Moy. II,1). Ces termes s'accordent avec «*sans effort*»: ἀκοπιάτως du v. 20.

[53] «*Les fils d'Israël s'assirent et se mirent à pleurer en disant: 'qui nous donnera de la viande à manger'*» (τὶς ἡμᾶς ψωμιεῖ κρέα;) Nb 11,4 (LXX). «*Il t'a donné à manger la manne*». «Ἐψώμισέν σε τὸ μαννα» Dt 8,3 (LXX).

[54] *Cong* 170 et 173. Les mêmes expressions se retrouvent en *Mutat* 258.

[55] αὐτοῖς ἀπ' οὐρανοῦ ἔπεμψας: B, 248, 157, 534... verss, Mal. Cette lecture semble plutôt une accommodation avec Ex 16,15, Ps 77,20.24 et Ne 9,15. LARCHER, *Le livre*, 924-925.

[56] BAILLY, 1487-1488. πόνον: (Hdt, 1,177); ἔργον: (Ar. Nub. 524; Plat. Tim. 38).

[57] LIDDELL-SCOTT, 1338, (Od. 4,89).

[58] Avec Cant., AV et RV, Siegf., Goodr., Cramp., Guil., RSV, il faut noter que l'adj. ἄκοπος ou ἀκοπίαστος signifie «*non fatigant*», comme une route ou une répétition peuvent l'être, le sens pouvant même conduire jusqu'à 'rafraîchissant' (Cf. LIDDELL-SCOTT). MAGNIN-LACROIX donne comme sens premier: «*qui ne donne pas de fatigue*», de même G. W. H. LAMPE, *A Patristic Greek Lexicon*, Oxford (1961), 63 donne pour ἀκοπιαστί: *without causing trouble (Socr. h. e. 6.11.9 (M.67.697B))*. Le sens causatif de l'adjectif est donc non seulement possible, mais même courant. On en va sûrement de même pour l'adverbe rarissime utilisé ici. Il se réfère au verbe: «tu leur as fourni un pain d'une façon qui ne cause pas de fatigue». Le parallélisme avec ἐψώμισας et l'opposition entre le *pain du ciel*, d'un côté et *les produits de la terre* ou *les récoltes des ennemis* (vv. 20 et 22), de l'autre appuient cette interprétation. Le seul emploi adverbial en Philodem. *De Piet. 15* (ἀκοπιάτως ἀπολαύειν: jouir sans se lasser) est clairement réflexif, mais le verbe même l'exige, puisque «jouir» est intransitif et n'admet pas de c. d'attribution; au contraire, dans Sg, le c. d'attribution (αὐτοῖς) est juxtaposé à l'adverbe. *TOB*, Osty traduisent dans ce sens. Les différentes traductions d'Osty dans la BJ et la Bible Osty, dans leurs éditions de 1973, reflètent cet embarras: «*tu leur as fourni inlassablement*» (*BJ*) «*Tu leur as fourni sans qu'ils se fatiguent*» (Bible Osty).

Dieu traite vraiment Israël comme un petit enfant. Toute référence à un rationnement de la nourriture a disparu, toute exigence légale, seule demeure la tendresse toute-puissante de Dieu, révélée par la qualité de son don et par son «art» de donner.

d) *Une nourriture préparée et assimilable*

Si le pain du ciel est donné *sans peine, sans travail (ἀκοπιάτως)*, c'est aussi parce qu'il est *tout préparé (ἕτοιμον)*. En utilisant ce dernier adjectif, Sg ne s'intéresse pas à quelque mystérieux rite angélique de préparation du pain céleste, mais au fait que le pain est donné *«prêt à la consommation»* [59], il correspond au *désir* et il n'y a plus qu'à le porter à la bouche *(τοῦ προσφερομένου)*. Déjà en 16,2 les cailles étaient une *nourriture* que Dieu avait *préparée*, pour répondre au *désir* de son peuple.

Mais si Sg met l'accent sur le désir, la douceur et la saveur de la manne, sa préparation, elle, n'exclut pas l'aspect nourricier du don. Les prodiges ont pour but *«que les justes mangent»* (τραφῶσιν), le don est *«nourricier en tout»*, la manne *«rassasie»*, et *«conserve»* (διατηρεῖ) (cf. v. 25).

Τρέφω, employé au v. 23, signifie littéralement *«rendre gras, épaissir, engraisser»*, particulièrement *«nourrir les enfants»*, et même *«élever, instruire, former»* (d'où le jeu de mots de l'auteur lorsqu'il utilise ce verbe pour la Parole au v. 25). Διατηρέω signifie *«conserver avec soin, jusqu'au bout»* [60] et fait peut-être allusion à la continuité du prodige pendant quarante ans.

La nourriture que Dieu donne aux justes, toute préparée, nourrit donc vraiment et elle nourrit dans la durée; elle n'est pas une apparence, mais une substance (v. 21), un aliment réel qui profite à l'homme et le fait grandir sans qu'il doive peiner pour se le procurer.

e) *«Ta substance révélait ta douceur à (tes) enfants* [61]

Ὑπόστασις peut revêtir les plus diverses significations [62]. Mais la corrélation entre 21a et 21bc impose qu'à travers *«substance»*, l'auteur

---

[59] BAILLY, 822-823, I,3. Voir le chap. suivant sur la création de la manne dans la littérature rabbinique.

[60] Ibid. 1955 et 493.

[61] Cf. J. ZIEGLER: «Dulcedo Dei. Ein Beitrag zur Theologie der griechischen und lateinischen Bibel», ATA XIII,2 (Münster 1937).

[62] Dans la LXX: Ps 68(69),3: *durée*; Ps 138(139),15: *origine*; Na 2,7: *fondation*; Rt 1,12: *espérance*, Dt 11,6, Jg 10,17: *richesse, substance*. Dans le NT: He 1,3: *«effigie de Ta substance»* désigne le Fils; He 11,1: *«La foi est la substance des biens que l'on espère»*; He 3,14: *«nous sommes participants du Christ, si toutefois nous maintenons jusqu'à la fin le début de la 'substance'»*; 2 Co 9,4: *«nous rougirions en cette substance»* (matière, argument); 2

désigne le pain céleste et non pas Dieu ou son Fils, comme certains auteurs anciens ont pu le comprendre[63]. D'autant plus que le participe ὑπηρετῶν *(obéissant)* est un masculin qui se rapporte apparemment à ἄρτον (v. 20):

21a. *En effet (γάρ), d'un côté (μέν)*
    ta substance révélait ta douceur pour les enfants, (I)
21b. *de l'autre (δέ),*
    en obéissant au désir de celui qui le portait à la bouche,
       il se changeait en ce que chacun voulait. (II)

Le lien entre les deux membres de phrase interdit toute assimilation entre «substance» et Dieu: Dieu ne peut *obéir au désir*. Ce balancement entre les deux membres de phrase reprend celui du verset précédent auquel le v. 21 est relié par un γάρ:

   (un pain) ayant la force de tout plaisir (I)
        et adapté à tous les goûts. (II)

Les deux seconds membres de phrase (II) se correspondant parfaitement, il y a lieu de supposer qu'il en est de même pour les deux premiers (I): ainsi *Ta substance* désigne «*un pain*» et «*révélait ta douceur*» est analogue à «*ayant la force de tout plaisir*». Alors l'assimilation de la manne fait réellement goûter, analogiquement, la *douceur* même de Dieu, et cette *douceur* est paradoxalement une *force*, une *capacité*.

L'expression «*ta substance*»[64] permet à l'auteur de rester indéfini quant à la nature du don divin. Le nom même de «*manne*» signifie que cette nourriture est indéfinie, comme l'affirme Ex 16,15 et comme Philon se plaît à le souligner[65]; Sg le rappelle peut-être à sa manière.

La *douceur* de la manne, que son goût de miel atteste[66], manifeste par l'intérieur (ἐνεφάνιζεν) la *douceur* de Dieu lui-même[67], douceur com-

---

Co 11,17: «*ce que je dis, je ne le dis pas selon le Seigneur, mais comme par sottise en cette 'substance' de glorification*» (sujet, argument). Le seul élément commun à ces divers emplois est la racine du mot: ce qui est en dessous, le fondement, le support, la matière.

[63] Cf. W. J. Deane: Σοφία Σαλομων, *The Book of Wisdom. The Greek Text, the Latin Vulgate and the Authorised English Version with an Introduction, Critical Apparatus and Commentary* (Oxford 1881).

[64] Le seul autre emploi de ὑπόστασις avec un pronom possessif renvoyant à Dieu dans la Bible est He 1,3 et désigne le Fils de Dieu (cf. n. 62).

[65] *Det* 118; *Leg All* III, 175; II, 78.

[66] Ex 16,3. Cf. F. Josèphe, *Ant. Jud.* III, 28.

[67] On ne trouve pas ailleurs dans la Bible l'expression de Sg 16,21: «τὴν σὴν γλυκύτητα» ou «γλυκύτης τοῦ Κυρίου» mais il y a dans les Psaumes des expressions voisines: Ps 27,4: «*voir la bonté (τερπνοτήτα) du Seigneur*». Ps 34,9: «*goûtez et voyez comme le Seigneur est bon (χρηστός)*». Ps 119,103: «*qu'elles sont douces (γλυκέα) à mon palais tes paroles*».

parable au «sucre», comme le suggère γλυκύτητα. Ainsi, pour celui qui sait la comprendre intérieurement, cette substance venue de Dieu (dans ὑπόστασίς σου, le génitif est objectif: qui vient de toi) manifeste la douceur qui émane de Dieu en personne.

L'auteur semble chercher une fois encore à concilier deux traditions dont il dispose: celle du goût de miel et celle du prodige des goûts. Sg oppose la substance immuable de la manne, qui révèle la douceur de Dieu, à la mutabilité des goûts qu'elle peut assumer, comme au verset 20 ἰσχύοντα (qui suppose une plénitude inhérente à la manne) s'opposait à ἁρμόνιον (qui désigne son adaptation à celui qui la reçoit). Ainsi la manne, nourriture substantielle, est symbole de la présence divine nourricière de l'homme, puisqu'elle révèle simultanément l'immuable douceur de Dieu et sa multiforme adaptation aux désirs de ses fils; car Dieu est Un et immuable, mais la manifestation de son Amour créateur est infinie et motrice de tout.

Conclusion

Dans les écrits judaïques domine le besoin de justifier le don de la manne par la faim des Israélites. Le prodige de la résistance au feu reste ignoré, et c'est seulement tardivement qu'on parle du prodige des goûts. Mais le centre d'intérêt, même à propos de ce prodige, réside dans des questions de détails pour lesquels la raison exige des précisions: conciliation des indications bibliques discordantes, nourriture du bétail, précisions sur l'assimilation de la manne, sur les nécessités autres que la nourriture, etc... La question de la quantité domine l'étude du prodige de la distribution de la manne et celui-ci sert de justificatif pour des détails concernant l'observance des préceptes sabbatiques. Tous les préparatifs, la table dressée par Dieu pour que la manne ne tombe pas à terre, l'assimilation totale du don divin, sont des conséquences que la aggadah tire de la sainteté de Dieu, de sa pureté. L'amour de Dieu, sa tendresse paternelle, ne sont pas le motif central de tous ces débats rabbiniques sur la manne. On trouve de belles expressions sur la justice de Dieu[68], manifestée par le miracle, quelques comparaisons avec l'amour paternel[69], mais aucun texte n'exprime la tendresse divine dont témoigne Sg.

Philon, lui, pousse très loin l'interprétation allégorique du prodige, mais, comme dans toute allégorie, il y a un hiatus entre le phénomène décrit et son interprétation. Philon pose un certain nombre de clefs d'inter-

---

[68] En part. *Yom* 75a explique que la chute de manne permettait de résoudre les cas de litige dans une affaire de couple ou de vol de serviteur, la manne continuant à tomber devant la maison que l'épouse ou le serviteur doit habiter.
[69] *SifNb* 86 et 89 compare Dieu à un Roi et Père.

prétation: la manne est la sagesse, ou le Logos ou la vertu, mais ces clefs sont arbitraires. Seule la libéralité divine est signifiée directement par le don divin. La tendresse du Père n'entre pas dans la lecture de Philon: Dieu est nourricier, il donne des *«rations d'intendance»*[70] et il distingue son peuple Israël du *«commun des hommes»*[71], des *«mortels de la plaine»*[72], mais il n'est pas le Père qui manifeste sa *«douceur»*.

Pour Sg, les cailles montrent cette providence nourricière de Dieu, une providence indissociable de sa justice. La manne, elle, a un rôle bien plus subtil. Il ne s'agit pas d'une ration de nourriture, qui rappellerait simplement la dépendance des créatures envers leur Créateur. La manne révèle l'amour paternel de Dieu pour les justes, un amour qui s'exprime par le don de la nourriture, parce qu'il est Vie et qu'il conserve en vie. Le prodige des goûts, mis en valeur par la Sagesse de façon vraiment unique, est le signe le plus marquant de cette tendresse: Dieu adapte ses dons aux désirs du juste, respectant pleinement sa liberté. Il nourrit *«par petits morceaux»*, veille à la croissance et à la vie de son peuple. Le choix des expressions de Sg révèle Dieu comme un vrai Père. Il va jusqu'à donner à ses enfants une nourriture qui, par analogie, évoque quelque chose de son être, une substance venue de lui qui révèle sa propre douceur.

Ainsi se comprend l'expression *«ta substance révélait ta douceur à (tes) enfants»* qui constitue l'un des sommets de la révélation vétérotestamentaire: Dieu se fait *«goûter»*. Alors se réalise le cri du Psalmiste: *«goûtez et voyez comme est bon le Seigneur»*[73].

---

[70] *Mos* I, 206.
[71] *Mutat* 258.
[72] *Mos* I, 201.
[73] Ps 34,9: *«γεύσασθε καὶ ἴδετε ὅτι χρηστὸς ὁ κύριος»*.

Chapitre IV

LA MANNE ET LA CRÉATION

1. Les données bibliques

a) *Une nourriture venue du ciel et indéfinissable*

La plupart des textes qui font mention de la manne rappellent son origine céleste:

Ex 16,4: «Du ciel, *je vais faire pleuvoir pour vous du pain*».

Nb 11,2: «*Quand la rosée descendait la nuit sur le camp, la manne y* descendait *aussi*».

Ps 105(104),40: «*Il les rassasia du pain* du ciel».

Ps 78(77),23: «*Il commanda aux nuages d'en haut,*
il ouvrit les portes du ciel,
il fit pleuvoir sur eux la manne en nourriture,
il leur donna le froment du ciel...»

Ne 9,15: «Du ciel, *tu leur donnas du pain pour leur faim*».

Seuls Ex 16 et le Ps 78 utilisent le verbe *pleuvoir* pour parler de la venue de la manne, les autres textes mettent plutôt l'accent sur le «don» ou, comme le feront les targumim, remplacent «pleuvoir» par «faire descendre»[1]. Il y a là une réelle nuance: «donner», «faire descendre», renvoient au donateur, alors que «pleuvoir» décrit le phénomène prodigieux en lui-même.

Ce qui est commun à tous les textes cependant, c'est le fait que la manne n'appartient pas à l'ordre habituel de la création. Dt 8, qui ne fait aucune allusion à l'origine de la manne, met en valeur cette originalité d'une autre façon en disant que la manne est *«inconnue des pères»* (Dt 8,3.16).

Les propriétés extérieures de la manne semblent définissables, au premier abord, mais, comparée à un gâteau tantôt au miel, tantôt à l'huile, elle est, en fait, une réalité impossible à identifier. Ex parle de *«quelque chose»* (Ex 16,14) et même lorsqu'il la qualifie de *«pain»*[2], c'est toujours dans la bouche de Dieu ou de Moïse reprenant les paroles de Dieu: pour les hommes, la manne, impossible à assimiler avec quelque chose de connu, est innommable, elle est *«cela»*. Dieu seul peut affirmer qu'il s'agit

---

[1] Malina, 53-55.
[2] Ex 16, 4,8,12,15.

là de *«pain»*. Nb 11 et 21 ne qualifient pas davantage la manne: elle est *«cette nourriture subtile»*. Son nom même, du moins selon l'étymologie populaire, a cristallisé l'indétermination: l'homme se pose toujours la question: *«qu'est-ce que c'est?»*.

Dans la relecture des Ps et de Ne seulement la manne sera vraiment assimilée au pain, voire même au froment, comme dans le Ps 78.

b) *La manne et la Création*

Il n'est fait aucune référence à la création de la manne dans les textes bibliques. Cependant plusieurs données invitent à relier ce prodige à l'acte créateur initial.

– La manne est préexistante à l'Exode: elle est nouvelle pour Israël, mais Dieu ne la crée pas au moment où il la donne à son peuple. Il fait pleuvoir du ciel une créature qui s'y trouve déjà, comme l'eau de la pluie n'est pas créée à chaque averse. Comme pour la pluie, Dieu «ouvre les fenêtres du ciel», il «commande aux nuages» (Ps 78,23-24), à moins que la chute de la manne ne soit assimilée à la descente de la rosée (Nb 11,9). La manne est donc, comme l'eau, une créature des cieux, appartenant au nombre des créatures qui sont «au-dessus du firmament» dans la cosmologie biblique (Gn 1,7).

– La manne respecte le rythme septénaire de la Création. Ne tombant pas le septième jour, le jour où Dieu *«se reposa»*, ce jour qu'il *«bénit et sanctifia»* (Gn 2,3), elle donne à Israël la première indication du sabbat, avant même que la loi sabbatique ne soit promulguée (Ex 20,8).

– La manne, selon Jos 5,12, *«cessa le jour où (LXX) ils mangèrent les produits de la terre et il n'y eut plus de manne pour les fils d'Israël et ils mangèrent les produits de la terre en cette année»*[3]. L'incompatibilité entre les produits de la terre et la manne indique que la manne appartient à une partie de la création sans rapport avec le travail du sol que Dieu a maudit en Gn 3,17: *«Maudit soit le sol à cause de toi! Dans la peine tu t'en nourriras tous les jours de ta vie... c'est à la sueur de ton visage que tu mangeras du pain jusqu'à ton retour au sol...»*. La manne, qui ne provient pas du sol, n'a aucun lien avec la malédiction; elle est blanche, immaculée, issue d'un monde resté aussi pur qu'au moment de la Création, comme la terre avant la faute originelle.

Les textes bibliques présentent donc la manne comme une nourriture indéfinissable, envoyée du monde céleste par Dieu, une créature à la fois totalement nouvelle pour les hommes et révélatrice de l'acte créateur des origines.

---

[3] Cette idée est reprise dans les *Antiquités Bibliques* 20,8: *«Lorsque Moïse fut mort, la manne cessa de descendre pour les enfants d'Israël, alors ils commencèrent à manger les fruits de la terre»*.

2. LE JUDAISME ANCIEN

a) *La création de la manne*

Selon les traditions rabbiniques, la manne a été créée dès l'origine du monde, comme les neuf autres signes miraculeux manifestés par Dieu aux hommes et présentés dans le Pentateuque. Il y a ainsi, dans divers écrits, une dizaine de listes de ces dix signes. Les listes varient d'un rabbin à l'autre mais la manne y figure toujours[4].

Le *Tg. Yer. I* Ex 16,4.15 répète à deux reprises que le pain envoyé par Dieu aux Israélites était resté «*caché depuis la création du monde*». C'est même la seule réponse que Dieu donne à la question «*Man hou? Qu'est-ce que c'est?*»:

— «*qu'est-ce que c'est?*»
— «*C'est le pain qui a été mis en réserve* pour vous dès l'origine *dans les cieux d'en haut et que le Seigneur vous donne* maintenant *à manger*» (*Tg. Yer. I* Ex 16,15).

Le prodige de la manne relie donc directement Israël à la Création du monde. Il ne constitue pas une nouvelle création, mais une manifestation de la Providence et de la prévoyance de Dieu. L'histoire d'Israël vient ainsi s'inscrire dans le mystérieux plan divin préparé depuis les origines du monde.

Pour certains rabbins, cette création de la manne remonte au deuxième jour de la Création, quand Dieu créa les cieux et leurs habitants, les anges. Ce jour là, il créa aussi les *moulins* du troisième ciel où la manne est fabriquée[5]. Ils ne peuvent avoir été créés un autre jour, puisqu'ils sont dans les cieux; c'est aussi pour cela que la manne est appelée «*Pain des Forts*», c'est-à-dire des Anges, car elle a été créée en même temps qu'eux et pour eux et les anges sont considérés tantôt comme les artisans, tantôt comme les consommateurs de cette nourriture céleste[6].

Pour d'autres rabbins, la majorité d'entre eux, semble-t-il, c'est plutôt au crépuscule du sixième jour, «*entre les soleils*», juste avant le début du sabbat divin et après la création de l'homme, que Dieu créa la manne[7] ainsi que les neuf autres signes du salut demeurés cachés dans les cieux et

---

[4] GINZBERG, tome V, 109, n. 99. MALINA, 57, n. 4. Dans ces listes on trouve aussi d'autres références aux prodiges de l'Exode: la colonne de feu et de nuées, le nuage de gloire, le vase de la manne.

[5] *Pirqé Rabbi Éliézer* 3; *ExR* 24,1; cf. aussi *Hag* 12b. Ginzberg tome VI, n. 94-96.

[6] GINZBERG, tome VI, 17, n. 98 (en part. cf. *Yom* 75a).

[7] *Tg Yer I* Nb 22,28, MALINA, 57-58, GINZBERG, I, 83, n. 99.

progressivement révélés. Parmi ces signes figurent l'Arc-en-ciel, les Tables de la Loi, la tombe de Moïse, les sources...[8].

Derrière cette tradition d'une création de la manne dès les origines pointent deux concepts théologiques fondamentaux: tout d'abord, la Création est achevée une fois pour toutes et elle a par conséquent, une certaine autonomie par rapport au Créateur, qui peut cependant en disposer à son gré; d'autre part, la Création a été réalisée pour Israël[9]; on pourrait presque dire qu'elle est «israëlocentrique».

C'est dans la même ligne d'un retour à la situation des origines qu'est souvent interprété l'épisode des serpents en Nb 21. En fait, on y retrouve les données du premier péché: l'homme ne se contente pas du don de Dieu, il veut plus. A cette revendication injuste, Dieu répond en envoyant les serpents. Or le serpent fut à la fois tentateur et cause de malédiction[10].

b) La manne, «Pain des Anges»

La place spéciale qu'occupe la manne dans l'ordre de la Création (que ce soit le deuxième ou le sixième jour) reflète sa place privilégiée dans l'ordre ontologique du monde créé: la manne n'appartient pas au domaine des nourritures ordinaires. Elle est une créature de Dieu «spéciale», unique, l'une des seules créées après l'homme et pour l'homme, si elle fut créée au soir du sixième jour. Ou bien elle est une créature visible provenant directement du monde angélique, si elle fut créée le deuxième jour. Le don de la manne est donc une sorte de révélation du monde céleste.

Le Ps 78,25 parle de «Pain des Forts», leḥem 'abbirim. Ce n'est là qu'une façon de dire «Pain des Anges», comme nous l'enseigne le Ps 103,20 et comme la LXX et le Pseudo-Philon traduisent explicitement.

Cette dénomination a posé bien des problèmes à l'interprétation rabbinique: pour ceux qui ne modifient pas la lecture, «Pain des Forts» peut signifier «pain consommé par les anges» ou «pain produit par les anges»[11].

---

[8] Cf. note 4. Dans ces listes, on trouve aussi d'autres références aux prodiges de l'Exode: la colonne de feu et de nuées, le nuage de la Gloire, le vase où la manne serait conservée dans l'arche...

[9] GINZBERG, tome I 51-52; tome V, 68, n. 10.

[10] (Cf. Chap. III, n. 7) Tg Yer II Nb 21,6: «Autrefois j'ai maudit le serpent et lui ai dit: la poussière sera ta nourriture! J'ai fait remonter mon peuple du pays d'Égypte et j'ai fait descendre pour eux la manne du ciel... et mon peuple s'est mis à murmurer devant moi au sujet de la manne qui serait un aliment trop maigre! Que vienne donc le serpent qui n'a pas murmuré à cause de sa nourriture et qu'il domine sur ce peuple qui a murmuré à cause de sa nourriture».

Tg Yer I rappelle moins explicitement que Tg Néof la malédiction du serpent, mais fait référence aussi au serpent de la Genèse. Le Midrash Tanhuma témoigne d'une même tradition. Cf. GINZBERG, tome VI, 115, n. 653. MALINA, 67-68.

[11] GINZBERG, tome VI, 17, note 98 (Yom 75a, MTeh 78,345, TanB II,67).

Yom 75a présente les deux interprétations: dans un premier temps, R. Akiba affirme que la manne est la nourriture que Dieu a créée pour rassasier les anges. Les *Antiquités Bibliques* du Pseudo-Philon affirment la même idée et un texte de *Joseph et Aséneth* dit encore que les anges reçoivent une nourriture apparentée au miel:

«*Ce miel, ce sont les abeilles du Paradis qui le font, les anges de Dieu en mangent et quiconque en mangera ne mourra jamais*»[12].

A cette interprétation, dans un deuxième temps, *Yom* 75a oppose la réplique de Rabbi Ishmaël qui, se basant sur le fait que les anges ne mangent ni ne boivent, selon Dt 9,18, préfère lire *leḥem 'ebbarim* au lieu de *leḥem 'abbirim*: le «*Pain des forts*» devient ainsi «*pain des membres*», car, — selon rabbi Ishmaël —, c'est un pain qui est absorbé par tous les membres du corps humain, 248 pour l'homme, d'après le compte traditionnel hébraïque[13].

Le targum du Ps 78,25 contourne la difficulté en paraphrasant: «*Les fils de l'homme mangèrent une nourriture qui descendait de la demeure des anges*» et le *Midrash Tehilim* s'écarte pareillement du texte biblique: «*Ils mangèrent un pain qui rend l'homme fort comme les anges*».

c) *La manne et le monde créé*[14]

Le don de la manne ne constitue pas seulement un retour à la création originelle, à l'acte créateur, il représente aussi un bouleversement des données habituelles du monde créé.

Selon *MekhY*: «*il fit pour eux un changement dans l'ordre naturel des choses: pour leur salut, il fit la région supérieure semblable à l'inférieure et l'inférieure semblable à la supérieure. Dans le passé, le pain montait de la terre et la rosée descendait du ciel... Maintenant les choses sont changées: le pain commence à descendre du ciel et la rosée monte de la terre... Celui qui a créé le jour a aussi créé ce qui lui est nécessaire*»[15].

Des textes plus tardifs, comme *Petirat Mosheh* et *ExR*[16] reprennent cette même opposition ciel-terre, cependant ils ne confrontent plus avec la manne la rosée montant du sol, mais l'eau jaillissant du fond du puits (Nb 21,17b) (l'opposition ciel-terre se trouve aussi chez Philon[17]). Dans

---

[12] *Joseph et Aseneth* XVI,3. Trad. J. Hadot dans *La Bible. Intertestament*, sous la dir. d'A. Dupont-Sommer et M. Philonenko (Paris 1987).

[13] Winston, 298. *MekhY* 4, 100ss.

[14] Ce sujet est longuement traité par P. Borgen, *Bread*, 7-27. Dans son chapitre sur l'usage de la tradition aggadique, il compare les données de la tradition judaïque avec celles de Philon.

[15] *MekhY* 3,10s.

[16] *Petirat Mosheh* 119-120; *ExR* 25,6.

[17] P. Borgen, 7-27. Cf. aussi le chapitre suivant.

ExR 25,6, les cieux sont même présentés comme des «*greniers*» célestes que Dieu a construits avant de permettre à la terre de porter du fruit.

Le prodige du pain des anges, de la manne, constitue donc un renversement des données ordinaires du monde en même temps qu'un retour à l'acte créateur de Dieu. Il est un rappel et une manifestation de la souveraineté permanente de Dieu sur le monde qu'il a créé, et manifeste que Création et Providence divine pour Israël sont inséparables.

d) *La manne et le sabbat*

L'insistance sur le précepte du sabbat en lien avec l'absence de manne le septième jour est nette dans plusieurs textes présentant le prodige. Même le *Tg. Yer. I* ajoute quelques préceptes à Ex 16,29:

«*Que chacun demeure* à sa place! Ne déplacez rien d'un domaine à l'autre, à l'exception de quatre coudées, *et que personne ne sorte de sa place* pour marcher, à l'exception de deux mille coudées *le septième jour*».

Pareillement *MekhY, ExR* et d'autres textes, dans le Talmud[18], insistent sur l'observance du sabbat, mais, étrangement, ces textes ne mettent pas en valeur le lien entre Sabbat, Manne et Création, de sorte que finalement l'absence de manne le septième jour n'a plus d'autre motivation que le respect d'une loi; mais le fondement théologique de cette loi n'est pas rappelé: toute la compréhension est inversée!

3. PHILON D'ALEXANDRIE

a) *Un être indéfinissable*[19]

Plus encore que l'Ancien Testament ou les écrits des Pères, Philon met l'accent sur l'impossibilité de définir la manne, jouant à maintes reprises sur l'étymologie présumée du nom donné à la nourriture céleste.

«*La manne, c'est-à-dire le genre suprême, car la manne se dit "quelque chose". Or le genre suprême est Dieu et ce qui vient après, c'est le Logos de Dieu*» (Leg All II,86).

«*Il nous donne en nourriture son propre Logos dans sa très large compréhension, car la manne se traduit par "quelque chose", c'est-à-dire le genre suprême des êtres*» (Leg All III,175).

«*La manne est le Logos divin, le plus vénérable des êtres, qui porte le nom le plus générique qui soit, "quelque chose"*» (Det 118).

---

[18] *MekhY* 3,37ss; *ExR* 25,11; *Shab* 118b; *Yom Tov* 2,61a. Cf. GINZBERG, VI, 18-19 n. 108-110.

[19] WOLFSON II, 101-110.

L'insistance de Philon correspond bien à la conception stoïcienne du monde où le «τι» désigne le genre suprême des êtres, indépendant de leur corporalité, ce que Sénèque appelle en latin le «quid»[20]. Un concept voisin peut être recherché dans le ἕν platonicien ou le ὄν d'Aristote[21].

En identifiant la manne au Logos par le jeu allégorique, Philon la place au sommet de la Création et en fait «*la première division des puissances divines*»[22]. Mais il est difficile de savoir s'il s'agit seulement d'une allégorie ou si la manne est vraiment considérée par Philon comme une manifestation réelle du Logos, ce qui est peu probable[23].

La seule description «réaliste» du prodige se trouve en *Mos* I,200ss; elle montre que, pour Philon, cette «*pluie d'un nouveau genre, insolite*», «*paradoxale*», est, à la base, un événement réel, de même que le don de l'eau jaillissant du rocher, lu allégoriquement comme don de la Sagesse, ou l'envoi des serpents, interprétés comme signes des plaisirs insatiables du cœur humain[24].

b) *La manne et le monde créé: le bouleversement des éléments*

Le signe le plus important d'une tradition palestinienne commune sur la manne dans les écrits judaïques, ceux de Philon et dans l'évangile de Jean, réside dans l'opposition constante entre le ciel et la terre, le haut et le bas[25]. De nombreux exemples de cette opposition se rencontrent dans l'œuvre de Philon[26] et trois textes de la tradition rabbinique en font état[27].

L'insistance de Philon sur ce point peut, certes, dériver d'une tradition palestinienne antérieure, mais à y regarder de près, la similitude entre Philon et les écrits rabbiniques n'est pas totale.

Les auteurs d'*ExR* et de *Petirat Mosheh* s'émerveillent devant le double renversement de l'ordre naturel quand le pain tombe du ciel et l'eau jaillit du puits. Pareillement *MekhY* oppose la descente du pain et la montée de la rosée.

Philon, lui, n'oppose pas le prodige de la manne et celui du puits, il oppose le travail de la terre, que doivent effectuer les hommes pour obte-

---

[20] Ibid., 110.
[21] C. MONDÉSERT, *Legum Allegoriae, introduction, traduction et notes* (Paris 1962), 271, n. 4. BRÉHIER, *Les idées*, 90.
[22] *Leg All* II, 86.
[23] Pour le sens de l'allégorie chez Philon et les limites de la méthode allégorique, cf. BRÉHIER, *Les idées*, 35-66; pour ce qui est du Logos chez Philon, cf. ibidem, 83-111, en part. 98 à 101.
[24] *Leg All* II, 85-87.
[25] BORGEN, 7ss.
[26] *Mos* I, 201-202; II, 258.267; *Mutat* 258-260; *Congr* 173, *Leg All* III, 162.168.
[27] *ExR* 25,2 et 25,6; *MekhY* 3,12ss.

nir du pain, à la descente du Pain céleste sans aucun travail de la part
d'Israël (*Mos* I,201-202) ou encore cette même merveille à la stérilité de la
terre désertique sur laquelle la manne tombe (*Mos* II,267). Les autres textes[28] interprètent allégoriquement le prodige de la manne, mais ils mettent toujours en opposition la «gratuité» du pain céleste, obtenu *sans travail* par Israël, et la peine des nations pour faire donner à la terre son
fruit. Ainsi les termes d'opposition ne sont pas tout à fait les mêmes chez
Philon que dans le judaïsme rabbinique: il y a certes les mêmes notions de
«haut et bas», mais il y a surtout chez les rabbins l'inversion de la direction normale de venue du pain et de l'eau, alors que, chez Philon, l'opposition porte sur le mode de production du pain.

La descente de la manne ne constitue donc pas seulement un renversement merveilleux dans l'ordre habituel de la création, mais plutôt une
intervention divine en faveur d'Israël, qui modifie le rapport de l'homme
au cosmos. Là où la tradition hébraïque voit un prodige cosmique, Philon s'intéresse davantage aux conséquences «sociales», «anthropologi-
ques», pourrait-on dire, du prodige. Il suggère un retour à l'ordre d'avant
la faute plus qu'une inversion de l'ordre du monde créé[29].

Ce que Philon note aussi, en philosophe influencé par le stoïcisme,
c'est la modification advenue au niveau des éléments de la création[30]:

«*Quant à Dieu, ce n'est pas une unique parcelle de l'univers, mais le
monde tout entier qui lui est soumis avec ses parties, pour tout usage qu'il*

---

[28] *Mos* I, 201: «*Aux mortels est laissée la plaine à la glèbe profonde... Ils font tous les
travaux qu'exige la culture...*».

Mos I, 209: «*ils avaient au contraire en abondance et sans retard tout ce qui rend la vie
agréable*».

Mos II, 258: «*La nourriture, non pas celle que produit la terre, car elle était stérile et
sans fruits...*».

Mos II, 267: «*Une nourriture ne demandant ni fatigue ni tourment (ἀπόνον καὶ
ἀταλαίπωρον)*».

Mutat 258: «*Dieu fait pleuvoir une vertu exempte de peine et de fatigue (ἀπόνον καὶ
ἀταλαίπωρον)... Pour tirer la nourriture de la terre, plusieurs hommes travaillent ensemble;
celles du ciel, c'est Dieu, l'unique artisan à agir seul qui les fait tomber comme une neige...*».

Congr 173: «*Cette nourriture gagnée sans peine, sans fatigue (ἀπόνον καὶ ἀταλαίπωρον),
sans effort pour l'homme*».

Leg All III, 162-178 ne parle pas de l'absence de travail liée au don de la manne-
Logos, mais ce passage ne s'intéresse à la manne que dans un sens allégorique, comme un
exemple du fait que Dieu nourrit gratuitement l'âme par le Logos (les paragraphes
178-180 insistent sur cette gratuité).

[29] Le Nil irrigue et féconde la terre par ses crues. L'eau montant d'en bas est donc un
phénomène naturel en Égypte — comme le rappelle *Mos* I, 202. Mais cet élément ne suffit
pas à justifier l'importance accordée par Philon au fait que la manne est donnée «*sans
peine et sans travail*». Israël n'est pas seulement pour lui bénéficiaire des prodiges, il est
surtout une nation que Dieu place dans des conditions paradisiaques.

[30] WOLFSON I, 350.

veut en faire, car elles sont comme des esclaves qui vont obéir au maître. Ainsi donc aujourd'hui, il a décrété que l'air porte de la nourriture au lieu d'eau...» (*Mos* I,201-202).

Cette idée de jeu des éléments entre eux parcourt toute l'œuvre de Philon[31]; on la retrouve, toujours à propos de la manne, en *Mos* II,267:

«Dieu intervertit les éléments pour répondre à l'urgence du besoin, de sorte que, au lieu de la terre, c'était l'air qui leur procurait des vivres».

Modification au niveau des éléments, effacement des conséquences de la malédiction du sol, ce n'est plus seulement un prodige, mais presque une nouvelle genèse que Dieu opère pour Israël.

c) *La manne et la création*

Les écrits rabbiniques ne mettaient guère en lumière la relation entre la manne et la Création par la manifestation du sabbat et s'arrêtaient plutôt à l'aspect normatif du sabbat. Chez Philon, au contraire, la norme n'est absolument pas développée, mais la redécouverte de l'acte créateur revêt une importance fondamentale:

«Ils apprenaient aussi quel était ce jour qu'ils désiraient tant connaître — car ils cherchaient depuis longtemps quel pouvait être le jour anniversaire du monde, dans lequel ce tout fut achevé; ils avaient hérité de leurs pères et de leurs aïeux cette question restée sans réponse: ils purent finalement la résoudre...» (*Mos* I,207).

«La nourriture céleste était dispensée en conformité avec la création du monde: car c'est le premier d'une suite de six jours que Dieu commença à créer le monde et à faire pleuvoir ladite nourriture. Et la copie est parfaitement semblable...» (*Mos* II,266-267).

Pour Philon, le prodige de la manne, nourriture nouvelle et indéfinissable, bouleversant pour un temps l'ordre des éléments et le statut de l'homme sur la terre, n'est pas vraiment une nouvelle création, mais une «copie» de l'acte créateur initial qui révèle aux hommes la création originelle.

---

[31] BRÉHIER, 158-161. FESTUGIÈRE, II, 528-533. Cette modification des éléments est exposée à propos de la plaie de la grêle dans un texte étrangement semblable aux différentes antithèses de Sg 11-19: *«Voilà, dans toute leur étendue, les coups et les châtiments qui servirent d'avertissement à l'Égypte. Néanmoins, aucun d'eux ne toucha les Hébreux qui vivaient avec les Égyptiens dans les mêmes villes, dans les mêmes villages, dans les mêmes maisons, malgré le déchaînement* de la terre, de l'eau, de l'air et du feu qui sont les éléments de la nature à laquelle il est impossible d'échapper. *Et le paradoxe était que, sous les mêmes coups, dans un même lieu et un même moment, les uns périssent, les autres fussent sauvés»* (*Mos* I, 143).

4. LE LIVRE DE LA SAGESSE[32]

a) *L'ordre de la création*

La structure de Sg 16,1–17,1 a mis en évidence une progression dans l'ordre du monde créé. Les vv. 16,1-14 font intervenir les animaux: cailles et grenouilles dans un premier parallèle, serpents et sauterelles unies aux mouches dans le deuxième, ces deux parallèles constituant un ensemble de trois strophes. Les troix strophes suivantes font intervenir les éléments du monde: feu et eau agissant différemment sur les récoltes et sur la manne. Dans la dernière strophe (Sg 16,26-29), l'auteur de Sg finit par s'intéresser exclusivement à la manne et au Créateur.

Sur tous les domaines de la création, la suprématie divine est affirmée: c'est Dieu qui *envoie* les animaux (v. 3), et qui *prépare* les cailles comme nourriture (v. 2). Les nombreux passifs de Sg 16,1-14 sont généralement des passifs divins: Dieu *châtie, envoie, torture*... Par les animaux, Dieu peut faire venir la faim et la mort, comme il peut aussi donner la guérison et le salut (vv. 10 et 12). Il montre ainsi qu'il a «*le pouvoir sur la vie et sur la mort*». Quant à la maîtrise de Dieu sur les éléments, elle est telle qu'ils manifestent «*la force de ton bras*» (v. 16), «*le jugement de Dieu*» (v. 18). D'ailleurs il est clairement dit que «*toute la création obéit à Toi, Celui qui a fait*» (v. 24).

Dans cette hiérarchie cosmique de base: animaux-éléments-Créateur, la manne, venue du ciel, nourriture des anges, intervient comme une charnière entre les éléments et la Créateur. Révélatrice de la «*douceur de Dieu*», elle est le don suprême, le «sommet de la hiérarchie cosmique»[33] et le centre de l'univers, puisque tout l'univers se plie et se transforme pour la préserver. Mais, à son tour, elle s'adapte et se modèle selon le désir de l'homme, seul être capable de reconnaître Dieu et de lui rendre grâces. Ainsi la manne est l'élément privilégié du rapport entre Dieu et l'homme dans le cosmos, une sorte d'intermédiaire qui permet une manifestation sensible de Dieu et invite l'homme à se tourner vers Lui.

---

[32] BEAUCHAMP, «Le salut» et «La cosmologie» sont des articles fondamentaux pour ce paragraphe ainsi que M. GILBERT, «Il cosmo secondo il libro della Sapienza», *Il cosmo nella Bibbia* (ed. G. de Gennaro) (Naples 1982), 189-199. J. J. COLLINS, «Cosmos and Salvation: Jewish Wisdom and Apocalyptic in the Hellenistic Age», *History of Religions*, XVII (1977s), 121-142. P. T. VAN ROODEN, «Die antike Elementarlehre und der Aufbau von Sapientia Salomonis 11-19», *Tradition and Reinterpretation in Jewish and Early Christian Literature*, Essays in honour of Jürgen C. H. Lebram (Leiden 1986), 81-96.

[33] BEAUCHAMP, «La cosmologie», 211.

b) *Les éléments*

Les éléments feu et eau sont, dans l'ordre de la création proposé par Sg 16, la réalité cosmique la plus élevée par rapport à laquelle la manne se distingue et manifeste sa suprématie.

L'eau: Sg emploie une surabondance de termes pour désigner la pluie et la grêle:

16,16: ὑετοῖς καὶ χαλάζαις καὶ ὄμβροις: *par des pluies, grêles et averses.*
16,17a: ἐν τῷ πάντα σβεννύντι ὕδατι: *dans l'eau qui éteint tout.*
16,19a: μεταξὺ ὕδατος: *au milieu de l'eau.*
16,22a: χιὼν δὲ καὶ κρύσταλλος: *neige et glace (la manne).*
16,22c: ἐν τῇ χαλάζῃ καὶ ἐν τοῖς ὑετοῖς: *dans la grêle et dans les pluies.*

Cette insistance est d'autant plus remarquable qu'Ex 9,13-35 s'intéresse surtout à la grêle et que la pluie n'est mentionnée qu'à la fin du récit: ἡ χάλαζα καὶ ὁ ὑετός *(la grêle et la pluie)* (Ex 9,33s). Les autres descriptions de la plaie ne relèvent même pas ce détail: le Ps 78(77),4 parle de *«grêle, gelée et éclairs»* et le Ps 105(104),32 dit: *«Il leur donna pour pluie la grêle, un feu flamboyant sur la terre».* Il semble donc que Sg ne se soit pas contentée de la grêle seule, mais ait voulu mettre en relief à travers elle l'élément Eau. Les expressions employées rappellent, en fait, celles du Ps 148, 4 et 8: *«Louez-le ... eaux qui êtes au-dessus des cieux... louez-le depuis la terre... feu et grêle, neige et glace, vent de tempête qui exécute sa parole»* (τὸ ὕδωρ... πῦρ, χάλαζα, χιών, κρύσταλλος, πνεῦμα καταιγίδος).

Le feu: Ex 9,24 parle de *«la grêle»* et du *«feu flamboyant dans la grêle»* et, dans la LXX, le Ps 105(104),32 et le Ps 78(77),48 décrivent aussi ce *«feu»* qui détruit les troupeaux et flambe sur la terre. En Sg, l'importance accordée au feu ressort de la fréquence d'emploi du mot πῦρ et des dérivés de φλόξ. Ce «feu» n'est pas défini, et, de tout temps, il a causé un certain embarras chez les commentateurs. On ne sait pas trop de quoi parle Sg: s'agit-il des éclairs, d'un feu allumé pour chasser les insectes, de la cuisson de la manne ou de quelque autre «feu»[34]? Tout compte fait, l'indétermination semble voulue: il ne s'agit sans doute pas de tel ou tel feu, mais du Feu, élément universel déjà mentionné en Sg 13,2.

L'eau et le feu: Les fléaux de l'eau ou du feu envoyés par le ciel apparaissent souvent dans l'Ancien Testament: les exemples les plus célèbres et les plus anciens en sont le Déluge et la destruction de Sodome et Gomorrhe[35]. L'auteur de Sg fait d'ailleurs mention de ces deux prodiges, en 5,22; 10,4 et 14,6 pour ce qui est du Déluge, en 10,6-8 et 19,13-17 pour Sodome et Gomorrhe. L'union de ces deux fléaux est souvent le signe de la justice

---

[34] Larcher, *Le livre*, 917-918.
[35] Gn 7-8 et Gn 19. Des prodiges similaires sont aussi mentionnés en Lv 10,1-3, Nb 11,1 et 16,35.

divine: la théophanie du Ps 18,13, par exemple, présente Dieu précédé par des nuées «*grêle et charbons ardents*»; le Ps 148,8 parle de «*feu, grêle, neige et brume*» comme «*serviteurs de Sa Parole*». En Si 39,29 on trouve «*Celui qui les a faits, ... feu, grêle, famine et peste, toutes ces choses ont été créées pour le châtiment*» et en Ap 8,7 «*grêle et feu mêlés de sang*». L'une des manifestations de la souveraineté du Seigneur lors du sacrifice d'Élie réside justement dans la force du feu qui consume l'holocauste malgré l'eau répandue sur lui (1 R 18,38); des prodiges similaires se retrouvent en Jg 6,21 et Lv 9,24. Cet aspect relativement secondaire de la plaie de la grêle que représente la présence du feu a été mis en valeur dans toutes les traditions de la manne: *ExR* 9,24 développe longuement le «paradoxe» du feu dans l'eau. Mais c'est surtout Philon qui fait d'Ex 9,24 un commentaire très proche de celui de Sg:

«*Les traits de foudre frappaient sans discontinuer et offraient le spectacle le plus prodigieux: courant à travers la grêle dont la substance leur est contraire, ils ne la faisaient pas fondre et eux-mêmes ne s'éteignaient pas... Les habitants supposaient — ce qui était en fait — que ces accidents étaient l'œuvre sans précédent du courroux divin, une révolution de l'air telle qu'il n'y en avait pas encore eu auparavant, pour la dévastation et la destruction des arbres et des récoltes... Quelques animaux... restaient en vie... pour servir d'avertissement à ceux qui les voyaient*» (*Mos* I,118-119).

L'alliance des éléments Feu et Eau dans le Midrash nous empêche de supposer a priori qu'il y a dans ces descriptions une complète dépendance par rapport à un courant philosophique. L'antiquité de traditions comme celle de Jg 6 ou 1 R 18 confirme bien que l'union Eau-Feu n'est pas un phénomène propre à la cosmologie de différents systèmes philosophiques grecs, mais une constante que l'on retrouve dans toutes les traditions[36]. D'autant que Sg 16, pour un écrit grec de son époque, n'utilise pas tellement de termes à connotation stoïcienne, à la différence de Philon[37].

---

[36] FESTUGIÈRE, II, 350 et BEAUCHAMP, «Le salut», 512ss montrent combien les théories cosmologiques de Philon et de Sg sont des lieux communs dans tous les milieux cultivés héllénistiques au seuil de l'ère chrétienne. Ce sont celles d'Héraclite, Posidonius, Varron, Ovide, Alcméon de Crotone, du Pseudo-Héraclite... D'ailleurs la théorie des éléments, sous des formes diverses, se retrouve dans tous les systèmes cosmologiques anciens, dans le Zodiaque par exemple. L'insistance Sg sur le rôle du feu évoque l'*Hymne à Zeus* de Cléanthe et la centralité du Souffle-Feu dans la doctrine stoïcienne. En remontant dans le temps, la cosmologie de Sg pourrait présenter aussi quelques affinités avec le *Timée* de Platon (FESTUGIÈRE, II, 252ss). Philon, lui, va même jusqu'à assimiler la manne au cinquième corps du *Peri Philosophias* d'Aristote.

[37] Dans Sg la cosmologie n'est, en fait, qu'un substrat scientifique et Sg 16 est avant tout une prière de louange au Dieu créateur agissant dans l'histoire d'Israël; les lieux communs qu'elle utilise font partie de la culture normale d'un écrivain du monde hellénistique. Dans le livre du Siracide, les expressions «*contemple donc toutes les œuvres du Très-Haut,*

Un certain nombre d'expressions trahissent néanmoins la formation philosophique de l'auteur de Sg[38]. La δύναμις du feu, l'emploi du verbe ἐνεργέω, servent à désigner l'énergie propre du Feu en tant qu'élément dans la cosmologie stoïcienne (Sg 16,17b.19a.23b et 19,20). Il est remarquable qu'en 13,2, toujours en conformité avec cette théorie, c'est l'eau qui est qualifiée d'*impétueuse (βίαιον ὕδωρ)*. L'alternance entre κόσμος et φύσις (17,16c.24a) suppose un arrière-fond de culture philosophique. Le terme ὑπόστασις (16,21a)[39] pour désigner la «substance» de la manne évoque le «τι» stoïcien que Philon emploie pour elle (*Leg All* II,86 et III,169-171), des verbes comme μετακιρνάω: «*changer le mélange*» (16,21c) et ceux de l'expression κτίσις ἐπιτείνεται και ἀνίεται: «*la création se tend et se détend*»[40], peuvent suggérer une culture philosophique de type stoïcien[41], mais ce sont là des réminiscences assez vagues plus qu'une adhésion à un système précis: dans Sg, les lois internes du cosmos sont secondaires par rapport au Créateur de l'univers; elles constituent une base scientifique qui n'enlève rien à la suprématie de Dieu et la met plutôt en valeur. La manne, en échappant aux lois et aux catégories ordinaires du cosmos, oblige à un dépassement de la conception stoïcienne de l'univers par la reconnaissance de la soumission du monde à «*Celui qui a fait*» *(ou fit: ptc. ao.)* (Sg 16,24).

c) *Le ciel et la terre.*

Que la théorie des éléments ne soit pas une préoccupation centrale de Sg 16, l'absence de l'air le prouve bien. La terre est nommée en 16,19 mais pas dans le sens d'un élément cosmique. Le véritable champ d'action dans lequel feu et eau interviennent n'est pas défini par l'air et la terre, mais par le ciel et la terre. Ainsi Sg se rapproche de la cosmologie biblique où sans cesse la totalité de l'univers est caractérisée par le binôme ciel-terre.

---

toutes vont par paires, en vis à vis» (Si 33,15) et «*En toutes circonstances tout obéit, toutes choses vont par paires vis à vis*» (Si 42,24) peuvent évoquer un concept similaire à celui de l'harmonie et de l'opposition-union des éléments Feu et Eau en Sg 16. (Pour le problème de l'union des contraires en Ben Sira, cf. G. L. Prato: *Il problema della teodicea in Ben Sira* (Rome 1975); pour ce qui est du stoïcisme cf. R. Pautrel, «Ben Sira et le stoïcisme», *RecSR* 51 (1963), 535-537; A. A. Di Lella, «Conservative and Progressive Theology», *CBQ* 28 (1966), 139-154; J. T. Sanders, *Ben Sira and Demotic Wisdom* (Chico California 1983).

[38] Reese, *Hellenistic influence*, 70-78. G. Ziener: *Die Theologische Begriffssprache im Buche der Weisheit* (Bonn 1956), 150ss.

[39] Larcher, *Le livre*, 928.

[40] Ibid., 935; Winston, 300.

[41] En fait cette expression se trouve déjà chez Platon: *Rep.* 442a; *Phaedo 86c, 94c* (Winston, ibid.).

L'opposition majeure qui sépare la strophe Ib (vv. 16-19) de la strophe IIb (vv. 20-23) réside justement dans ce contraste entre une nourriture produite par la terre et celle que le ciel fournit:

«...*afin de détruire les* produits d'une terre *injuste»*.
ἵνα ἀδίκου γῆς γενήματα διαφθείρῃ.
                    Au contraire *de ces choses (ἀνθ' ὧν)*
«*c'est une* nourriture d'anges *que tu as fournie à ton peuple*
et un pain *préparé que, du ciel, tu leur as dispensé...»*
        ἀγγέλων τροφὴν ἐψώμισας τὸν λαόν σου
        καὶ ἕτοιμον ἄρτον ἀπ'οὐρανοῦ παρέσχες...

Au v. 26 les termes de l'opposition glissent: ce ne sont plus seulement les «*produits de la terre*» et le «*pain du ciel*» qui sont comparés, mais «*les productions de fruits*» et «*Ta parole*». C'est-à-dire les dons de nature matérielle et le don spirituel, qui sont aussi le multiple (*les fruits*) et l'UN (*Ta Parole*)[42]. Ce n'est finalement là qu'une explicitation de l'opposition première, car le ciel est considéré comme le domaine spirituel, le domaine du Dieu UN et la terre celui du matériel, de la multiplicité des produits et des hommes. En descendant du ciel sur la terre, la manne passe de l'un au multiple. «*Une nourriture*», «*un pain*», «*Ta substance*», «*Ta Parole*», se multiplie dans la variété des goûts en «*s'accommodant au désir de celui qui la prenait*», car cette substance unique «*possède la force de toute saveur*», «*s'adapte à tous les goûts*», mais elle ne devient multiple qu'en celui qui la reçoit.

Contrairement à Philon[43] pour qui «*l'air porte la nourriture*» et la manne est un «*fruit de l'éther*», Sg se contente donc d'opposer la provenance céleste de la manne et les récoltes terrestres des Égyptiens. Présentée ainsi, la manne, nourriture des anges, devient un trait d'union entre le ciel et la terre, le monde divin et la création. Elle offre alors facilement une image de la Parole (Sg 16,26) qui est aussi un trait d'union entre Dieu et les hommes, comme le rappelle Sg 18,15-16: «*Du haut des cieux ta Parole toute-dynamique s'élança... elle touchait au ciel et marchait sur la terre...»*.

Par conséquent, bien qu'utilisant le même couple «ciel-terre» que toutes les traditions sur la manne[44], Sg introduit une nouvelle lecture de la tradition aggadique[45]. Le midrash palestinien[46], lui, souligne l'opposi-

---

[42] Maître Eckhart a particulièrement mis en valeur cette opposition de l'un et du multiple dans son *Commentaire* du v. 20 (G. THÉRY, «Le commentaire sur le livre de la Sagesse», *Archives d'Histoire doctrinale et littéraire du Moyen-Age* IV [1930], 358).
[43] *Mos* I, 202. II, 258. II, 266.
[44] BORGEN, 7ss.
[45] BEAUCHAMP, «La cosmologie», 209 n. 1.
[46] Cf. *supra* n. 27 de ce chapitre.

tion entre le «haut» et le «bas» par le renversement des «directions» ordinaires de production de la nourriture ou de l'eau, manifestant ainsi l'intervention miraculeuse de Dieu. Pour Philon, c'est surtout le bouleversement des éléments qui constitue le miracle cosmique central[47] et quand, par le jeu de l'allégorie, il associe la manne au Logos ou à la Sagesse, il néglige la dimension cosmique du prodige. Sg, au contraire, utilise la cosmologie biblique qui distingue, sans les séparer, le ciel et la terre, le monde surnaturel et le monde naturel, mais elle ne perd jamais contact avec la dimension matérielle du prodige qui devient alors un support symbolique de la communication entre le ciel et la terre, entre le divin et le créé, et c'est cette communication que la manne rend tangible.

La nuance entre Philon et Sg est subtile mais profonde. D'un côté la manne est une allégorie du Logos, de l'autre elle acquiert quasiment ce que nous pourrions appeler aujourd'hui, avec précaution[48], une dimension sacramentelle, celle de signe, perceptible par les sens, d'une réalité divine dont il est le véhicule.

Seuls les justes peuvent assimiler la manne et participer à quelque chose du monde divin, comme le révèle l'opposition entre les deux versets conclusifs des strophes: «*pour détruire les produits d'une terre injuste*» (16,19) et «*pour que mangent les justes*» (16,23). Ce n'est pas la terre en elle-même qui est le siège de l'injustice, car elle peut être une «*Terre Sainte*» (12,3-7) pour Israël, mais ce sont ses habitants qui la rendent injuste.

d) *Les versets-clef*

La suprématie de la manne est graduellement affirmée dans les expressions-clefs de Sg 16,15–17,1 que la structure a mis en valeur: il s'agit des versets 16,15, comme verset introductif; 16,17 et 16,22, comme coupures centrales des strophes; 16,24 comme coupure secondaire dans la série des trois strophes et 17,1, comme exclamation finale.

– Les versets 16,15 et 17,1:

«*Il est impossible d'échapper à ta main*».
«*Tes jugements sont grands et difficiles à décrire*»[49].

---

[47] Le texte de Philon le plus proche de Sg est sans doute *Leg All* III, 162, mais Philon part immédiatement dans l'allégorisme. «*Que les nourritures de l'âme sont, non pas terrestres, mais célestes, le texte sacré va en témoigner dans plusieurs passages: "voici que moi, je vais faire pleuvoir du ciel des pains pour vous, et le peuple sortira, et il recueilleront chaque jour ce qui est pour le jour, afin de voir s'ils marcheront ou non selon ma loi" (Ex 16,4). Tu constates que l'âme ne se nourrit pas d'aliments terrestres et périssables, mais des paroles que Dieu fait pleuvoir de cet être sublime et pur qu'il a appelé ciel*».
[48] C'est uniquement dans un sens typologique et dans une lecture prophétique de Sg que nous osons employer ce terme (cf. conclusion).
[49] Pour le sens de δυσδιήγητοι supra p. 25 et LARCHER, *Le Livre*, p. 946-947. Ce mot est un hapax legomenon tot. graec., mais le sens est aisé à comprendre, διηγέομαι

Ces versets sont à la fois des conclusions et des introductions qui encadrent toute la péricope sur la manne.

Quant à la connaissance de Dieu, le premier affirme la toute-puissance de Dieu sur le monde, le second, son absolue transcendance. Entre les deux affirmations, il y a une évolution: la première est une constatation d'ordre moral concernant la toute-puissance de Dieu qui corrige et punit, la deuxième un cri d'admiration devant Celui qui peut donner toute douceur tout en restant «*l'Inconnaissable, au-delà de tout créé*».

En ce qui concerne la cosmologie, Sg 16,15 fait passer d'une démonstration de la souveraineté de Dieu sur la terre et dans l'Hadès (monde inférieur: vv. 13-14) à celle de sa souveraineté sur la terre et dans les cieux (v. 20); ce verset élargit aussi la maîtrise de Dieu sur le monde animal à sa maîtrise sur tout le cosmos. La *main de Dieu* à laquelle nul n'échappe détient *la force de son bras*, dont il est question au verset suivant, et qui se manifeste par le déchaînement des éléments.

Le verset 17,1a conclut l'ensemble de la démonstration de la maîtrise de Dieu sur le monde et de sa transcendance par rapport à lui. La manne en est la preuve suprême devant laquelle il ne reste plus à l'auteur et au lecteur qu'à s'incliner. C'est à une sorte d'apophatisme que Sg 17,1a invite. Cette attitude vient contredire toute tentative d'assimilation de Sg 16 à la cosmologie stoïcienne: au-delà de tout essai d'explication rationnelle des lois de l'univers, l'intervention divine est «*grande et difficile à décrire*».

– Les versets 16,17c et 16,22a:

«*L'univers est le champion des justes*».
«*Neige et glace supportaient le feu sans se fondre*».

L'univers (κόσμος), appelé aussi création (κτίσις) en 16,24a, est, selon la vision grecque, une réalité structurée et harmonieuse où les éléments «interagissent». Sg en a déjà parlé dans les premières parties du livre: «*C'est lui qui m'a donné une connaissance infaillible des êtres pour connaître la structure du monde et l'activité des éléments*» (Sg 7,17b). Mais cet univers structuré reste totalement libre entre les mains de Dieu pour châtier les impies:

«*Il armera la création pour repousser ses ennemis,...*
l'univers ira au combat avec lui contre les insensés» (Sg 5,17b.20b).

L'univers est «*le champion des justes:* ὑπέρμακος δικαίων» (16,17c), parce que la *main* de Dieu, évoquée en 16,15 est elle-même «*championne des justes:* δίκαιοι...τήν ὑπέρμαχον σου χεῖρα ἤνεσαν» (Sg 10,20). Le combat cosmique est vu comme un combat de Dieu en personne; il est la

---

signifiant *exposer en détail, raconter, décrire* (BAILLY, 507) et le préfixe δυσ- donnant l'idée de difficulté à réaliser une chose (mais non l'impossibilité, car ἀδιήγητος existe aussi).

conséquence logique de la bonté de la création: le monde étant bon ne peut que se retourner contre celui qui refuse sa loi de justice. Cette bonté-justice intrinsèque de la création est affirmée dès le premier chapitre:

«Il a tout créé pour être,
et les produits du cosmos sont salutaires,
et il n'y a pas en eux de poison pernicieux,
et l'Hadès ne règne pas sur la terre,
car la justice est immortelle» (Sg 1,13)[50].

Le prodige de la manne est la démonstration la plus évidente de ce principe de justice divine qui régit l'univers. Conformément au principe de châtiment exprimé en Sg 5,17b, Sg 16,17b présente la punition «paradoxale» que réalise l'univers:

«Voici le paradoxe:
dans l'eau qui éteint tout, le feu gagnait en énergie».

Pour répondre aussi au principe de récompense des justes, exprimé en Sg 16,17c, Sg 16,22a présente un deuxième prodige étonnant: *«neige et glace supportaient le feu sans se fondre».* Les deux phénomènes sont à la fois corrélatifs et opposés: le feu supporte l'eau et la neige supporte le feu, le feu et l'eau s'unissent pour punir les impies et pour récompenser les justes. Ainsi d'un côté *«le feu gagnait en énergie»* (16,17b), de l'autre *«une autre fois, il délaissait même sa propre force»* (16,23b)[51].

– La coupure de Sg 16,24:

«En effet la création est à ton service, toi l'Œuvrier,
Elle se tend pour le châtiment des injustes
et se détend pour le bienfait envers
                 ceux qui se confient en toi»[52].

Ce verset est la conclusion logique et le résumé de tout ce qui a été observé précédemment. Dieu est présenté comme *«Celui qui a fait»* (σοὶ τῷ ποιήσαντι, traduit ici par *«Œuvrier»* pour ne pas réduire l'expression au sens ordinaire du mot français «ouvrier»): le terme est employé de façon

---

[50] La traduction est personnelle. Pour le rapport entre ces différents textes, BEAUCHAMP, «Le salut corporel», 498.

[51] Les deux mots employés: ἐνεργεῖν (gagner en énergie) et δύναμις (force) ont quasiment la même valeur. Sg ne semble pas vouloir distinguer ici l'énergie et la force.

[52] *«se confient en toi»*; trois lectures sont possibles, suivant les manuscrits:
   ἐπὶ σοί: *«sur toi»* avec la quasi-totalité des témoins.
   εἰς σέ: *«vers toi»* B, V, 68. 296.
   ἐπὶ σέ est une lecture peu attestée qui cherche à concilier les deux précédentes. εἰς σέ introduit une notion dynamique de conversion, alors que ἐπὶ σοί suggère plutôt un abandon total, une solidité déjà acquise dans la relation avec Dieu.

absolue, même s'il est sous-entendu que Dieu est celui qui a fait ... la Création, en parfait accord avec le verset initial de la Genèse: Ἐν ἀρχῇ ἐποίησεν ὁ Θεός... Dieu est aussi Celui qui a fait, sans complément d'objet, car il est le seul qui puisse vraiment faire quelque chose, c'est à dire créer. Ce sens absolu se trouve déjà chez Platon[53]. Sg reprend donc en un seul mot la présentation du Créateur, maître des éléments et de toute créature, esquissée en 13,1-5 où Dieu est appelé ὁ ὤν «celui qui est», ὁ τεχνίτης «l'artisan», ὁ δεσπότης «le maître», ὁ γενεσιάρχης «le principe générateur», ὁ κατασκευάσας «le constructeur», ὁ γενεσιουργός «l'Auteur»[54].

L'expression ἐπιτείνεται καὶ ἀνέται est assez courante, en particulier dans la philosophie stoïcienne[55]; elle porte en arrière-fond l'image des cordes tendues d'un arc ou d'un instrument de musique, explicitement exprimée dans la reprise finale du même thème en Sg 19,18: «*Ainsi les éléments étaient différemment accordés entre eux, comme sur la harpe les notes modifient la nature du rythme...*». On retrouve souvent chez Philon ces mêmes verbes[56]. Ils explicitent ici le «service» que la Création rend à Dieu de façon permanente, et qui apparaît clairement dans le prodige de la manne. Il est intéressant de noter que Philon emploie la même idée d'un «*univers au service de Dieu*» pour décrire l'action des éléments lors du prodige de la manne:

«*Quant à Dieu ce n'est pas une unique parcelle du tout mais le monde (κόσμος) tout entier qui lui est soumis avec ses parties, pour tout usage qu'il veut en faire comme des esclaves obéissant (ὑπηρετήσοντα) au maître*» (*Mos* I,201).

Conclusion

Il n'est pas possible de nier dans le texte de Sg 16,15–17,1 une certaine influence des concepts et du vocabulaire de la philosophie grecque, et en particulier du stoïcisme. La conception de l'univers comme composé d'éléments dont les variétés de tension assurent la cohésion dans le dynamisme, pour l'ensemble du cosmos et pour chaque être en particulier, transparaît dans ce texte, mais cette relation normale des éléments entre eux est soumise à la toute-puissance du Dieu unique et personnel qui

---

[53] Tim. 76c cité par LARCHER, *Le Livre*, 934.

[54] Pour l'étude de Sg 13,1-9, cf. GILBERT, *La critique*, 1-52, en part. 43.

[55] Cf. n. 40 et 41. Pour une exposition de la théorie des éléments, voir G. RODIER, *Etudes de la Philosophie grecque* (Paris 1926), 255-258 et P. VAN ROODEN (cf. n. 32).

[56] BRÉHIER, 158-159: «*L'affirmation de la sympathie des parties du monde traverse toute cette cosmologie... Philon admet aussi l'explication des êtres par un mélange de tension (ἐπίτασις) et de relâchement (ἄνεσις)...*». Cf. *Mutat* 87; *Imm* 24; *Cher* 128. Cf. WINSTON, «The Book of Wisdom's Theory of Cosmogony», *History of Religions XI* (1971s), 185-202 et *Wisdom*, 330s.

transcende complètement le monde créé. La distinction entre le monde céleste et le monde terrestre (et vraisemblablement encore le monde de l'Hadès) est plus fondamentale dans la cosmologie de Sg que la théorie des quatre (ou cinq) éléments qui composent l'univers. Le prodige de la manne, bouleversant les théories stoïciennes, invite à entrer dans cette autre manière de concevoir le monde qui, sans rejeter ces théories pour ce qui est des lois de la nature, affirme la présence active de Dieu agissant dans l'histoire et intervenant directement dans l'univers créé pour modifier les lois naturelles. Le Dieu de Sg ne saurait donc être immanent au cosmos: ce Dieu est le Dieu unique et transcendant, personnel et manifesté dans l'histoire d'Israël, il vient à la rencontre des justes et l'auteur n'hésite pas à l'invoquer. Il est le Seigneur, Κύριε (v. 26). La rencontre personnelle entre Dieu et l'homme bouleverse et dépasse les lois immanentes au cosmos. En présentant le prodige de la manne comme le signe et le support de cette rencontre, Sg réalise une étonnante synthèse entre la révélation biblique et la cosmologie grecque[57].

Le fait de ne pas mentionner le sabbat n'est sans doute pas une omission involontaire de Sg: les préceptes religieux ne l'intéressent pas et, pour elle, la manne est bien plus qu'une créature cachée depuis les origines ou le signe révélateur d'un acte créateur initial. Placée au sommet de la hiérarchie cosmique, elle est le signe privilégié et le gage du rapport direct que Dieu établit avec les justes, un rapport quotidien qui n'appartient pas à l'ordre naturel de la création[58].

---

[57] LARCHER, *Etudes*, 236: «*Nous pensons, en définitive, qu'il est moins dépaysé dans la pensée grecque qu'on l'imagine trop souvent: il a tenté une synthèse personnelle en s'efforçant d'intégrer dans la Révélation biblique des valeurs grecques qui lui paraissaient authentiques. Mais il l'a fait avec une culture limitée, avec des moyens d'information insuffisants, et aussi avec la discrétion d'un poète et d'un juif croyant qui s'applique à donner l'impression que la Bible continue d'expliciter son message*».
[58] BEAUCHAMP, «Le salut», 501ss, présente la conclusion de Sg comme une «*nouvelle création*». Il ne s'agit pourtant pas tant d'une création que d'une adaptation du monde créé à l'œuvre du Salut qui rend manifeste l'intervention de Dieu dans l'histoire d'Israël. La manne n'est pas une créature nouvelle, elle est le signe d'une relation privilégiée entre Dieu et son peuple, entre Dieu et l'homme juste: le but de Sg est de montrer que «*De toutes les manières, Seigneur, tu as magnifié ton Peuple et tu l'as glorifié; tu n'as pas négligé en tout temps et en tout lieu de l'assister*» *(Sg 19,22)*. Le bouleversement de la création n'est qu'une conséquence de cette assistance divine.

Chapitre V

LA MANNE SOURCE D'ENSEIGNEMENT
LA MANNE ET LA PAROLE

1. Les données bibliques

Parler de la manne comme source d'enseignement divin et comme révélation sur la Parole dans l'Ancien Testament évoque immédiatement à l'esprit le fameux verset de Dt 8,3 cité par Jésus en Mt 4,4 (selon la LXX): «*L'homme ne vit pas seulement de pain, mais de toute Parole qui sort de la bouche de Dieu*». Pourtant ce verset ne peut être compris que s'il est replacé dans l'ensemble de la tradition biblique où la manne est progressivement devenue inséparable de la Loi divine.

a) *Le don de la manne comme épreuve d'obéissance*

Dans Ex 16, le don de la manne est présenté comme une occasion pour Dieu de soumettre la fidélité de son peuple à une double épreuve.

L'épreuve de la fidélité quotidienne se présente en premier: «*Les gens sortiront et recueilleront chaque jour leur ration du jour; je veux ainsi les mettre à l'épreuve pour voir s'ils marcheront selon ma loi ou non*» (Ex 16,4). La «*loi*» dont il est question ici peut difficilement être la Loi du Sinaï qui ne sera promulguée que par la suite. En Ex 15,25-26, il est déjà question de «*statut et de droit*», et aussi de «*commandements et lois*», il existerait donc, avant le Décalogue, une première loi pour Israël. A moins que la «*loi*» dont parle Ex 16,4 ne soit autre chose que la disposition établie par le Seigneur de donner la manne au jour le jour. Quoi qu'il en soit, cette épreuve vise à tester la confiance que les Israélites mettent dans le Seigneur et leur résistance à la tentation d'accumuler pour le lendemain[1].

Dans un deuxième temps, Dieu propose l'épreuve du repos sabbatique: «*jusqu'à quand refuserez-vous mes commandements et mes lois*», dit le Seigneur après que les Israélites furent sortis pour ramasser la manne le jour du sabbat.

---

[1] Toutes proportions gardées, et en tenant compte de la nature étiologique du récit des origines de l'humanité, l'épreuve proposée par le Seigneur rappelle celle de la Genèse, le précepte de ne pas manger le fruit d'un des arbres, épreuve d'obéissance et de confiance et signe d'acceptation de la dépendance permanente de la créature par rapport à son Créateur.

La manne constitue donc une épreuve pour l'éducation du peuple au respect permanent de la loi du Seigneur. Cette éducation durera quarante ans. Elle prépare d'abord le peuple à recevoir tous les commandements de la Loi, puis elle teste sa foi, qui doit être non seulement confiance, mais aussi fidélité.

Le livre des Nombres n'établit pas de relation explicite entre la manne et l'enseignement divin, le Deutéronome, en revanche, plus encore que l'Exode, présente le don de la manne comme une épreuve de fidélité à la loi, non plus à cause des deux préceptes qui sont liés au prodige, mais en raison de la nature même de la manne:

«Souviens-toi de tout le chemin que le Seigneur ton Dieu t'a fait faire pendant quarante ans dans le désert, afin de t'humilier, de t'éprouver et de connaître le fond de ton cœur: allais-tu garder ou non ses commandements? Il t'a humilié, il t'a fait sentir la faim, il t'a donné à manger la manne pour t'apprendre que l'homme ne vit pas seulement de pain...» (Dt 8,2-3). *«Lui qui dans le désert t'a donné à manger la manne... afin de t'humilier et de t'éprouver pour que ton avenir soit heureux»* (Dt 8,16).

Ainsi la manne, selon Dt, est une «épreuve», à la fois pour '*connaître le fond de ton cœur*' et pour enseigner la primauté de la Parole. C'est-à-dire qu'en fait la manne est un moyen de communication et de connaissance réciproque entre Dieu et son peuple.

D'autres textes associent intimement le don de la nourriture à l'apprentissage de la loi en le présentant non plus comme une épreuve, mais comme une récompense. Le Ps 81(80),11ss, par exemple, fait sans doute référence à la manne:

«C'est moi le Seigneur, ton Dieu,
qui t'ai fait monter de la terre d'Egypte,
ouvre large ta bouche, moi je l'emplirai...
Ah! si mon peuple m'écoutait,
si dans mes voies marchait Israël, ...
je le nourrirais de la fleur du froment...»

b) *Les dons de la manne, de la loi et de la terre*

La plupart des textes, même s'ils ne lient pas la manne et la loi, juxtaposent au moins ces deux dons de Dieu et leur en adjoignent souvent un troisième, celui de la terre promise. Cette trilogie des dons est quasiment inséparable dans toute synthèse de l'histoire d'Israël: Dieu a libéré son peuple pour faire alliance avec lui en lui donnant la Loi. La manne est le signe de la présence salvifique du Dieu de l'Alliance qui conduit son peuple à travers le désert vers l'accomplissement de sa promesse, le don de la Terre. Elle constitue en quelque sorte les arrhes de la Terre Promise. Ainsi Dt 8,7-10, immédiatement après avoir présenté la manne comme une invitation à vivre selon la Loi, décrit la Terre Promise avant de revenir à nouveau sur la fidélité à la Loi et sur le don de la manne. Dt 8,1-16 présente donc une structure caractéristique: Loi *(souviens-toi)* + Épreuves *(manne)* – Terre – Loi *(garde-toi d'oublier)* + Épreuves *(manne)*[2].

Ne 9,13-14 présente le don de la Loi, des commandements et des préceptes, puis en 9,15 le don de la manne et de l'eau, et finalement l'ordre de prendre possession de la terre. Le parallélisme entre les trois dons est souligné par la triple répétition du verbe hébreu *ntn*: donner (δίδωμι dans la LXX) en 13b pour la Loi, en 15a pour la manne, et en 15b pour la terre[3].

En même temps qu'une relecture de l'histoire d'Israël, le Ps 78(77) est un appel à écouter la Loi (v. 1). Cette invitation se base sur les actions merveilleuses que Dieu a déjà accomplies pour son peuple (v. 2) et que les Pères ont racontées (v. 3). Dans cette optique, la manne est le plus grand prodige accompli par Dieu dans le désert et son souvenir est une incitation à la fidélité envers la Loi, même si, par le passé, «*malgré tout ils péchèrent encore et n'eurent pas foi en ses merveilles*» (v. 33).

A l'inverse du Ps 78 pour lequel l'invitation à vivre selon la Loi était placée en tête et justifiée par le rappel des merveilles, le Ps 105 utilise une pédagogie plus délicate: c'est le rappel des merveilles qui montre la nécessité de vivre selon la Loi[4]. Ps 105(104),40-45 lie étroitement les dons de l'Exode et celui de la terre. L'accomplissement de la promesse se réalise à travers la série des prodiges «*pour qu'ils gardent ses décrets et observent ses lois*» (v. 45). Or, dans le rappel de toutes les merveilles réalisées depuis la promesse faite à Abraham et juste avant l'accomplissement de cette promesse, le dernier prodige mentionné est celui de la manne, avec les deux miracles inséparables de l'eau et des cailles. Elle est donc le dernier signe d'amour divin sur le chemin de la réalisation des promesses.

La manne et la terre sont aussi intimement liées dans la mesure où, en Ex 16,35 et Jos 5,12, le don de la manne cesse dès l'entrée en Terre Promise. La manne représentait donc pour Israël comme les arrhes des produits que la Terre Sainte peut fournir. Les deux dons de Dieu exigent l'obéissance à la Loi.

---

[2] Pour une étude approfondie de Dt 8: F. Garcia Lopez, «Yahvé, fuente ultima de vida. Analisis de Dt 8», *Bib* 62 (1981), 21-54. P. Buis, *Le Deutéronome* (Paris 1969), 150ss.

[3] Cf. M. Gilbert, «La prière de Néhémie 9», *De la Torah au Messie*, Études d'exégèse et d'herméneutique offertes à H. Cazelles (éd. M. Carrez) (Tournai 1981), 307-316. C. Giraudo, *La struttura letteraria della preghiera eucaristica* (Rome 1981), 92-106.

[4] Pour une étude comparative de Ne 9 et du Ps 105, cf. F.C. Fensham, «Neh. 9 and Pss. 105, 106, 135 and 136», *JNWSemL* 9 (1981), 35-51. Pour le Ps 105: S. Holm-Nielsen, «The Exodus traditions in Ps 105» *Asti* 11 (1978), 22-30. R.J. Clifford, «Style and purpose in Psalm 105», *Bib* 60 (1979), 420-427.

Ne 9 va même plus loin encore en mettant en parallèle[5] le fait que, d'un côté, malgré la désobéissance d'Israël, Dieu a continué à fournir ses dons sur le chemin du désert: la colonne de feu et de nuées, l'eau et la manne, et que, d'un autre côté, malgré le refus de la Loi, Dieu a constamment libéré son peuple pour le faire demeurer sur la Terre Sainte. Cette constance de la fidélité de Dieu a été manifestée pour la première fois dans le maintien du don de la manne: «*Tu n'as pas retenu la manne loin de leur bouche et tu leur as fourni l'eau pour leur soif*» (Ne 9,20), elle est un gage de la libération invoquée pour aujourd'hui. Le rappel de la manne est donc une fois de plus une invitation à vivre en tout temps selon la Loi pour posséder la Terre.

c) *Le don de la manne et le don de la Parole*

Si la manne est le premier signe de la fidélité de Dieu envers ceux qui suivent sa Loi et que son don est indissociable de celui de la Loi, il ne reste qu'un pas à faire pour assimiler — ou tout au moins comparer — directement le don de la manne et celui de la Loi, Sagesse et Parole divines, comme le fait Dt 8,3.

La manne symbolise facilement la Parole, car celle-ci est constamment présentée comme source de vie[6] et comme nourriture des croyants dans l'Écriture, en particulier chez les prophètes: «*Voici venir des jours, dit le Seigneur, où j'enverrai la faim dans le pays, non pas une faim de pain ni une soif d'eau, mais une faim d'entendre la Parole du Seigneur*» (Am 8,11)[7]. Dans les écrits sapientiaux, l'invitation à «*manger*» le «*Pain*» de la Sagesse (Pr 9,1-5) et à «*manger*» la Sagesse elle-même, dont «*le souvenir est plus doux que le miel et l'héritage plus doux qu'un rayon de miel*» (Si 24,19-22), évoque la manne, pain céleste au goût de miel. Or «*Tout cela n'est autre que le livre de l'alliance du Dieu Très-Haut, la Loi promulguée par Moïse...*» (Si 24,23s)[8]; plusieurs textes, d'ailleurs, assimilent la Sagesse d'Israël et sa Loi[9].

Dans cette perspective d'une Parole nourricière et source de vie, l'enseignement de Dt 8,3 (LXX) acquiert une valeur de résumé théologique très dense: «*L'homme ne vivra pas seulement de pain, mais de toute Parole sortie de la bouche du Seigneur*». Le TM ne mentionne pas la Parole: «*L'homme ne vit pas seulement de pain, mais de tout ce qui sort de la bou-*

---

[5] M. GILBERT, «La prière de Néhémie 9», 310-316 traite le problème du rapport entre le don de la loi et le don de la terre.

[6] Dt 32,45; Ne 9,23; Ps 119,25-37.107; Ez 37,4; Si 32,15.

[7] Ez 3,3; Jer 15,16; Ps 119,103.

[8] Sur le sens de ce passage, cf. M. GILBERT, «L'éloge de la Sagesse», *RTL* 13 (1974), 326-348. En part. 345-348.

[9] Dt 4,6; Si 19,20; 45,5.

che du Seigneur». Sans faire ici une étude détaillée des différentes versions de ce verset[10], il suffit de noter que la LXX a explicité[11] «*ce qui sort de la bouche du Seigneur*» comme étant «*la Parole*». Cette explicitation est très facile à comprendre et parfaitement fidèle à l'esprit du TM: *ce qui sort (mwṣ' + YHWH)* se réfère aux *commandements (miṣwt + YHWH)* dont il est question au verset précédent (8,2). Le jeu de mots est patent, d'autant plus que ces «*commandements du Seigneur*» sont encore mentionnés en 8,6a; ils se trouvent donc au début, au centre et à la fin de la péricope Dt 8,2-6[12]. Dans d'autres textes, les commandements sont souvent appelés «*Paroles*» de Dieu: *dbr YHWH* équivalant à ῥῆμα τοῦ Κυρίου[13].

Dt 8,3 rappelle que la Parole qui commande est identique à celle qui crée la nourriture. Au-delà de la nourriture, Israël doit contempler Celui qui donne de quoi nourrir tant le corps que l'âme, toutes les dimensions de l'être[14]. Le lien entre le pain et la manne est facile à établir, puisque, dès Ex 16,4, le Seigneur appelle la manne «*pain*». Une petite nuance distingue pourtant les deux termes: «*pain*» ne désigne pas directement la manne, mais de façon large toute forme de nourriture matérielle[15], c'est pourquoi Dt 8,3 ne dit pas: *l'homme ne vit pas seulement de manne*[16]. En fait, la manne, pour être un signe que «*l'homme ne vit pas seulement de pain*», doit forcément être plus que du pain: elle est le support d'un enseignement divin et c'est là sa véritable valeur. Elle révèle ainsi que la Parole de Dieu, comme la nourriture du corps, n'est pas une contrainte, mais un *don* de Dieu dont l'homme a une nécessité vitale.

Il faut encore signaler que, si la manne enseigne le respect de la loi, si elle est une image de la Parole, elle est aussi, en elle-même, une source de connaissance sur Dieu et sur la valeur de sa Parole: «*Il t'a donné à manger la manne que (ni toi ni*[17]*) tes pères n'aviez* connue *pour te faire* savoir *que l'homme ne vit pas...*». Ainsi Dieu enseigne l'homme sur le plan spirituel,

---

[10] Cette étude a été faite par MALINA, 75.

[11] Pour le jeu d'allitérations entre «*ce qui sort*» et «*les commandements*», cf. GARCIA LOPEZ, 51. et H. CAZELLES, *Le Deutéronome, Bible de Jérusalem* (Paris 1950), 49 n. a.

[12] GARCIA LOPEZ, 51-52.

[13] Dt 5,5; Ex 19,1.

[14] Cf. A. FEUILLET, «Thèmes bibliques dans le discours du Pain de vie», *NRT* 82 (1960), 811.

[15] F. BROWN, S. R. DRIVER et C. A. BRIGGS, *A Hebrew and English Lexicon of the Old Testament* (= BDB), 537 donne de nombreux exemples dans lesquels *leḥem* désigne d'autres nourritures que le pain: lait, miel, légumes, nourriture des animaux, sacrifices offerts à Dieu etc... Un texte comme Pr 9,5 où le «pain» est l'aliment proposé par la Sagesse montre bien que le «pain» dont il est question représente souvent l'aliment par excellence, comme dans la plupart des langues: «gagner son pain», en français, équivaut à «gagner sa vie».

[16] Ainsi traduit le Targum Fragmentaire! (Cf. MALINA, 74, n. 2).

[17] La LXX supprime «*ni toi*» par rapport au TM.

en lui donnant quelque chose d'inconnu sur le plan sensoriel[18]. La surprise engendre l'attention qui permet l'enseignement.

La tradition biblique ne se contente pas de voir dans le don de la manne une mise à l'épreuve concernant la fidélité à la parole du Seigneur, ni même de présenter la manne, la Loi et la Terre comme trois dons divins inséparables, elle va jusqu'à définir la Parole comme un don aussi vital que la manne offerte par Dieu pour assurer la survie de son peuple dans le désert. La manne devient ainsi un symbole de la Parole, de la Loi divine. C'est même un symbole actif pour celui qui l'assimile, une parole au service de la Parole, une source d'enseignement sur la Parole de Dieu dont elle manifeste la nécessité vitale pour l'homme.

2. Le judaisme ancien

a) *La manne et l'étude de la Torah*

Particulièrement étonnante est la tradition rabbinique selon laquelle la manne fut donnée à Israël pour permettre au peuple de se consacrer à l'étude de la Torah, car s'ils avaient dû gagner leur pain, ils n'auraient pas pu étudier à longueur de journée le texte sacré.

«Il n'est donné d'étudier la Torah qu'à ceux qui ont la manne à manger. En effet, comment un homme peut-il être assis et étudier quand il ne sait pas d'où lui viendra sa nourriture et sa boisson ni où il prendra des habits et des vêtements? Ainsi il n'est donné d'étudier la Torah qu'à ceux qui ont la manne à manger» (MekhY 3,33s).
«O génération! Voyez la parole du Seigneur, voyez ce qu'il a fourni comme nourriture à vos pères quand ils se donnaient à l'étude de la Torah. Dieu vous nourrira de la même façon si vous vous consacrez à l'étude de la Torah» (MekhY 6,51b).

Ces deux passages, pris parmi d'autres[19], montrent qu'à la fois seul celui qui reçoit la manne peut étudier la Torah, mais qu'aussi seul celui qui étudie la Torah reçoit la manne. Cette dépendance mutuelle indique le lien étroit qui unit les deux dons.

Donnée au jour le jour, la manne rappelle la nécessité de l'étude quotidienne de la Torah pour recevoir chaque jour la bénédiction de

---

[18] P. Buis, 85: *«Il avait appris dans la faim du corps à avoir faim de Dieu; il avait découvert dans le concret de sa vie que l'homme ne vit pas seulement de Pain, mais de toute parole qui sort de la bouche de Yahwé».*
[19] Cette tradition d'étude de la Torah à longueur de journée, sans travailler pour gagner sa nourriture, subsiste dans certains groupes hassidim, en particulier à Jérusalem. *ExR* 18,101-102; *Er* 63b, *AgEst* 80. Cf. Ginzberg VI, 173, n. 18-19. Le MS 607 (ENA 2576), targum sur Jos. 5,5-6,1, cité par Malina, 77ss présente la même tradition.

Dieu [20]. Elle n'est donc pas seulement un don, elle est aussi le signe d'un devoir. C'est pourquoi la «récrimination» de Nb 11 n'est pas tant considérée comme une révolte contre la manne que comme un refus de pratiquer la Torah. *SifNb* 87,1f commente «*Les Egyptiens nous donnaient pour rien (le poisson, les oignons...)*»:

— «*Comment vais-je interpréter 'pour rien'?*».
— «*Rien en ce qui concerne les devoirs religieux*».
Pareillement le *Tg. Yer. I:* «*Nous mangions gratuitement, sans précepte à observer*».

Toute récrimination contre la manne est, en définitive, une révolte contre la Loi de Dieu: «*En fait, ils cherchaient seulement une bonne excuse pour abandonner la voix de l'Omni-présent*» (*SifNb* 86,2e).

b) *La manne, source d'enseignement*

Déjà en Ex 16,6 le Seigneur affirmait: «*Ce soir vous saurez que c'est le Seigneur qui vous a fait sortir du pays d'Égypte*» et à nouveau en Ex 16,12: «*vous saurez alors que je suis le Seigneur, votre Dieu*». Le but ultime du prodige, dans l'Écriture, est donc de manifester l'identité du Donateur.

Mekh Y 4,10 développe cette notion de connaissance du Seigneur à propos du prodige des cailles: ce qui est révélé ici, c'est son pouvoir de Juge suprême.

«*Pourquoi vais-je vous donner (la viande)? Parce qu'autrement vous pourriez dire qu'il n'est pas en mon pouvoir de vous la donner. Mais bien que je vous la donne, je vais vous punir ensuite, 'et vous saurez que je suis le Seigneur votre Dieu' — je suis juste quand je vous punis*».

Le plus grand enseignement qu'apporte la manne reste cependant pour les rabbins celui du Sabbat, un enseignement venu directement de Dieu, que Moïse lui même n'a pas su transmettre:

«*'C'est ce que le Seigneur a dit' (Ex 16,23), Moïse ne dit pas 'ce que j'ai dit', mais 'qu'Il a dit', car Moïse a oublié. Pour cette raison Dieu dit: 'combien de temps refuserez-vous de garder mes commandements et mes lois' (v. 28) — en incluant aussi Moïse avec eux*» [21].

c) *La manne et la Parole*

Par respect pour la transcendance divine, les targumim remplacent facilement et même systématiquement les mentions de DIEU (Yhwh) par des expressions indirectes telles que «la gloire de Dieu», «le nom», «la

---

[20] *MekhY* 3,30; *ExR* 25,9.
[21] *ExR* 25,10 cf. aussi *MekhY* 6,10s et *LevR* 13,1.

présence de Dieu» et, le plus fréquemment, par «la parole de Dieu» (Memrah)[22]. Cette particularité révèle une théologie qui imprègne tout le targum: l'affirmation de la transcendance absolue de Dieu. La mention de la «Parole de Dieu» dans des textes targumiques concernant la manne ne peut donc pas être considérée comme l'indice indiscutable d'une relation affirmée entre la manne et la Parole.

Lorsque *Tg. Yer. I* et le *Tg. Onk.* affirment, par exemple, en Ex 16,18: «*ce n'est pas contre nous que vous murmurez, mais bien contre la Parole de Yhwh*» ou en *Tg. Yer. I* Nb 21,5[23]: «*Le peuple se mit à ruminer dans son cœur et à déblatérer contre la Parole de Yhwh*», cette expression est à lire en fonction de *Tg. Yer. I* Nb 21,6: «*La Parole de Yhwh lança contre le peuple des serpents venimeux*», où le caractère stéréotypé de l'expression apparaît clairement, d'autant plus qu'en 21,7 le *Tg. Néof.* emploie encore cette même tournure: «*Nous avons parlé contre la Parole de Yhwh*», là où le *Tg. Yer. I* met «*Nous avons ruminé et déblatéré contre la gloire de la shekinah de Yhwh*» et en 21,8 *Tg. Yer. I* emploie une troisième formule conventionnelle: «*le nom de la Parole de Yhwh*».

En revanche, lorsque Dieu dit: «*Le peuple sortira et en ramassera la ration de chaque jour afin de les éprouver (pour voir) s'ils gardent les commandements de ma loi ou non*», en *Tg. Yer. I* Ex 16,4, la référence à l'observance de la Torah écrite découle d'une autre caractéristique des targumim: l'importance donnée à l'enseignement de la Loi. Le TM se contente, en effet, d'affirmer: «*s'ils marcheront selon ma loi*».

Les références à la «*Parole de Dieu*» dans le Targum peuvent avoir entraîné par la suite une assimilation de la manne à la Parole, mais il faut reconnaître que celle-ci est très rare dans la tradition rabbinique, alors qu'elle assume chez Philon une importance capitale. On peut alors se demander si ce n'est pas grâce à la LXX que cette tradition d'une relation étroite entre manne et Parole de Dieu est née dans le judaïsme et le christianisme alexandrins. En effet, la traduction de Dt 8,3 dans la LXX est voisine de la traduction targumique, mais son influence a été beaucoup plus vaste. Voici les différentes versions de Dt 8,3[24]:

TM: «*Tout ce qui sort de la bouche du Seigneur*»
TJI: «*Tout ce qui fut créé par la* Parole *du Seigneur*»
TO: «*Toutes les productions de la* Parole *de devant le Seigneur*»
TN: «*Tout ce qui vient de la bouche du décret de la* Parole *du Seigneur*»
LXX (Mt 4,4): «*Toute* Parole *qui sort de la bouche de Dieu*»

---

[22] R. Le Déaut, *Targum Genèse*, 60 et l'introduction de B. Grossfeld dans *The Aramaic Bible VII, Targum Onqelos to Exodus* (Wilmington 1988), §D. 1. A. Chester, *Divine Revelation and Divine Titles in the Pentateuchal Targumim* (Tübingen 1986), 293-313: *Memra, Shekinah, Yeqara*. Commentaire de G. L. Prato, *Greg* 70 (1989), 779-781.

[23] Cf. *Sanh.* 110a; *Tg Neof.*: «*Le peuple parla contre la Parole de Yhwh*».

[24] Malina, 74-76.

A l'exception du TM, toutes les versions portent donc la mention de la Parole de Dieu, vraisemblablement dans le but d'éviter un anthropomorphisme[25]. Si apparemment cette formule n'ajoute rien, elle laisse cependant la porte ouverte à une interprétation de la manne comme Parole ou Logos de Dieu. D'autant que l'expression «Parole du Seigneur» pour traduire «*Yhwh*», habituelle dans le Targum, l'est beaucoup moins dans la LXX où elle n'assume pas cette valeur de formule stéréotypée[26].

Lorsque le Targum fragmentaire transforme à sa manière Dt 8,3 en affirmant: «*L'homme ne vit pas seulement de manne...*», il confirme le fait que dans la tradition rabbinique des premiers siècles la manne n'est pas perçue comme un symbole de la Parole, peut-être par défiance vis-à-vis de l'hellénisme.

Le lien entre la manne et la Loi comme nourritures données par Moïse semble affleurer vaguement dans le Tg Qo. 12,11, mais l'analogie n'est pas clairement exprimée et la datation du texte est incertaine et tardive[27]:

«*Les paroles du sage sont comme des aiguillons et des piquets qui pressent ceux qui ont besoin d'apprendre la connaissance, comme l'aiguillon enseigne le bœuf; et les rabbins du Sanhédrin sont les maîtres des halakoth et des midrashim, qui ont été donnés à travers le prophète Moïse qui seul a fait paître le peuple de la maison d'Israël dans le désert avec la manne et des choses agréables*».

Ainsi il apparaît que la manne favorise l'étude de la Torah, qu'elle est même indispensable pour cette étude, que son don aux Israélites porte un enseignement sur Dieu et qu'il est utile pour apprendre les commandements du Seigneur. Pourtant la manne n'est pas, dans la tradition rabbinique ancienne, un symbole de la Parole. La manne et la Parole de Dieu ou la Loi sont deux dons complémentaires, mais ils remplissent des fonctions totalement différentes, voire même parfois opposées: «*l'homme ne vit pas seulement de manne, mais de toute parole...*».

3. PHILON D'ALEXANDRIE

a) *La manne, source d'enseignements*

Dans certains passages de Philon, comme dans la relecture rabbinique de la Bible, le don de la manne est considéré comme une source d'en-

---

[25] Ibid., 75.

[26] Sur les rapports entre la LXX et le targumisme, voir R. LE DÉAUT, «La Septante, un targum», *Etudes sur le judaïsme Hellénistique*, Paris (1984), 147-195. En part. 178s en ce qui concerne les anthropomorphismes.

[27] Cf. MALINA, 86 et LE DÉAUT, *Introduction à la littérature targumique I* (Rome 1988) (2e éd.), 138-144.

seignements variés dispensés à tout le Peuple Saint à une certaine époque de son histoire. Mais cette manière de contempler la manne dans sa dimension historique ne se trouve guère, en fait, que dans le *De vita Mosis*.

Le don de la manne *enseigne la patience* (*Mos* I,198-199), *manifeste clairement le sabbat, jour anniversaire du monde* (*Mos* I,207), et surtout, comme tous les prodiges de l'Exode, ce signe permet de connaître la puissance de Dieu (*Mos* I,212) et enseigne la confiance absolue que l'homme doit placer en Dieu, puisqu'il peut *éprouver sa bienveillance dans des affaires dépassant l'espérance* (*Mos* II,259).

b) *La lecture allégorique de la manne*

Philon a vite fait d'abandonner la lecture littérale du prodige pour l'allégorie. Il identifie rapidement la manne avec le Logos[28], mais aussi, suivant les besoins de la cause, avec la Sagesse et la vertu, voire même accidentellement avec la Torah ou la piété, sans bien respecter la distinction entre ces différentes réalités[29].

La manne est le Logos[30].

L'identification de la manne au Logos est un véritable refrain dans toute l'œuvre de Philon.

Det 118: «La manne est le Logos divin, le plus vénérable des êtres».
Her 79: «Israël a été instruit à tourner les yeux vers la 'manne' qui est le Logos divin, nourriture incorruptible venue du ciel pour l'âme éprise de contemplation».
Fug 137 (cf. 139): «Ils découvrirent que (la manne) c'est la Parole de Dieu, le Logos divin».

Le Logos ou la manne sont alors la nourriture de l'âme[31]:

«'C'est le pain que le Seigneur vous a donné pour manger, c'est la parole prescrite par le Seigneur' (Ex 16,13s). Tu vois quelle est la nourriture de l'âme: le Logos de Dieu qui maintient tout, semblable à la nappe de rosée...» (*Leg All* III,169).

---

[28] Par exemple en *Dét* 115, *Leg All* II, 86, III, 169-175, *Fug* 137-138, *Her* 79 etc...
[29] Cf. BEAUCHAMP, «La cosmologie», 215. Pour ce qui est de l'identification de la manne avec la Torah: *Quaest. Gen.* IV, 6 et la piété: *Spec* IV, 129.
[30] LAGRANGE, *Le Judaïsme*, 563. «*Breuvage spirituel de l'âme, le Verbe était aussi une nourriture, et c'est à peine si on avait besoin de l'allégorie pour en trouver un indice dans la Bible, puisque la manne qui avait nourri les Israélites dans le désert leur était venue du ciel. Ce rapprochement était trop simple pour le philosophe imbu d'esprit rabbinique qu'était Philon*».
[31] Outre le texte cité, cf. *Her* 79, *Leg All* III, 162, *Cong* 174.

Voulant à tout prix identifier manne et Logos, sans pour autant trahir le texte biblique, Philon ne rencontre, pour appuyer son allégorie, que le mot ῥῆμα (et non λόγος) en Ex 16,15 et Dt 8,3. Il doit donc passer insensiblement d'un terme à l'autre pour les identifier totalement: «*La nourriture que Dieu a donnée à l'âme, de mettre à sa portée sa propre parole (ῥῆμα) et son propre verbe (λόγος); car ce pain, qu'il nous a donné à manger, c'est cette parole (ῥῆμα)*» (*Leg All* III,173). Philon établit cependant une distinction: «*'L'homme ne vivra pas seulement de pain, mais de toute parole (ῥῆμα) qui sort de la bouche de Dieu'; c'est à dire il sera nourri par le Logos tout entier et par une partie de ce Logos; car la bouche est le symbole du Logos et la parole (ῥῆμα) une partie de ce Logos*» (*Leg All* III,176). Ainsi ῥῆμα prend plutôt le sens de parole prononcée par le Seigneur, ses décrets, ses oracles, alors que λόγος désigne le Verbe divin, fondement de l'unité des êtres, «*colle et lien qui remplit toutes choses de sa substance*» (*Rer* 188), émanation directe de la puissance divine, «*l'au-dessus du monde tout entier, l'aîné et le genre suprême de tout ce qui est né*» (*Leg All* III,175). La définition de ce *Verbe* (Logos) et de sa relation avec Dieu ne sont pas claires dans la doctrine de Philon[32].

L'identification de la manne au Logos étant posée, toutes les caractéristiques de la manne que présente le texte sacré peuvent ensuite trouver une interprétation:

— son goût: «*On en fait deux gâteaux, l'un au miel, l'autre à l'huile, ce sont là deux aspects absolument inséparables de l'éducation: tout d'abord, celle-ci fait naître une douceur dans l'esprit au contact des objets de la science, et ensuite elle fait briller une lumière éclatante sur ceux qui ne se lassent pas vite des sujets qu'ils aiment, mais qui s'y attachent au contraire avec force et fermeté, et une persévérance sans relâche*» (*Det* 118).

— son aspect: «*Il est comme la coriandre. Les cultivateurs disent que si le grain de coriandre est coupé et divisé à l'infini, chacune de ses parcelles semées germe aussi bien que pourrait le faire le grain tout entier; tel est aussi le Logos de Dieu... Il est blanc: que peut-il y avoir de plus brillant ou de plus rayonnant que le Logos divin dont la participation permet aussi aux êtres d'écarter les ténèbres et l'obscurité...*» (*Leg All* III,171).

Le Logos, pour nourrir l'âme, doit être assimilé, dans un véritable «exercice» de l'âme: «*Ceux-ci en effet pilaient la manne, la broyaient et faisaient des galettes cuites sous la cendre (Nb 11,8), car ils pensaient qu'ils devaient broyer et triturer la céleste parole de vertu pour qu'elle laisse dans leur pensée une empreinte plus durable*» (*Sacr* 86).

---

[32] BRÉHIER, 83-111; WOLFSON I, 250ss; J. DANIÉLOU, *Philon d'Alexandrie* (Paris 1958), 153-163.

La manne est la Sagesse

La distinction entre Sagesse et Logos n'est pas plus nette que la relation entre Dieu et le Logos chez Philon. Elle existe pourtant[33]. La manne est assimilée tantôt à l'un, tantôt à l'autre. Dans le même texte du *Det* 115-118 où il est dit clairement que *«la manne est le Logos divin»*, Philon affirme: *«Cette pierre dure et indestructible, c'est la Sagesse de Dieu qui nourrit, qui allaite et qui élève ceux qui aspirent à l'existence incorruptible... Moïse utilise ailleurs un synonyme pour désigner cette pierre et l'appelle 'la manne'; la manne est le Logos divin»*. Si cette *«pierre»* est la Sagesse, et qu'elle est aussi la manne identifiée au Logos, c'est donc que la Sagesse et le Logos sont une seule et même réalité. Le même syllogisme est applicable en plusieurs passages[34].

Certains textes, par ailleurs, identifient la manne et la Sagesse sans faire allusion au Logos[35]: *«Quelle est donc la nourriture dont on peut dire à bon droit qu'elle tombe du ciel comme une pluie, si ce n'est la Sagesse éternelle?»* (*Mutat* 259).

Un seul texte établit une distinction logique entre la Sagesse et le Logos dans l'interprétation allégorique de la manne: *«la nourriture céleste de l'âme, c'est-à-dire la Sagesse que l'Écriture appelle la manne, le Logos divin la partage également entre tous ceux qui en font l'usage»* (*Her* 191). Ici se manifestent les limites du système allégorique de Philon: pour adapter à tout prix la Révélation aux catégories philosophiques, il tombe souvent dans l'incohérence, par manque de précision.

La manne est la vertu

Pour compléter la confusion de l'allégorisme philonien, un troisième terme fait son apparition dans l'identification de la manne: celui de *vertu*. *Det* 115-118, encore une fois, fait intervenir la *vertu*, aux côtés de la *Sagesse* et du *Logos*, comme nourriture de l'âme: *«Les vertus sont comparées aux champs et, comme dans la nature, ce qu'elles enfantent, aux produits des champs... Ces produits sont au sens propre les nourritures de l'âme, de cette âme capable, comme dit le Législateur, de sucer 'le miel du rocher et l'huile de la pierre dure'»*.

Sacr 86 parle de *«triturer la parole céleste de vertu»* en faisant allusion au broyage de la manne, et *Mutat* 258 demande: *«qu'as-tu encore à t'étonner que Dieu fasse pleuvoir une vertu exempte de peine et de fatigue, qui n'a besoin d'aucune tutelle...?»*.

---

[33] Bréhier, 115-121.
[34] *Leg All* II, 86; *Fug* 137-138.
[35] *Cong* 174.

Que penser alors? En voulant satisfaire tous les systèmes philosophiques de son époque et en prétendant, par l'allégorie, faire de la Bible la synthèse de tous ces systèmes, Philon «*a pu se faire cette illusion qu'il avait concilié la Parole de Dieu, sans la diminuer, avec les pensées les plus hautes de l'esprit humain encore égaré. Mais le génie lui même échoue dans une entreprise qui dépasse les forces humaines. Il a précisément prouvé qu'une pareille tentative était vouée à l'échec*»[36]. L'interprétation allégorique de la manne est l'un des exemples de cet échec de Philon: Dieu a toujours choisi la voie de l'Incarnation; sa Révélation est toujours tangible, historique; oublier cela en tentant de la présenter comme un système philosophique, fût-il une synthèse des plus grands penseurs de l'humanité, est déjà la réduire[37].

4. LE LIVRE DE LA SAGESSE[38]

a) *Le procédé de connaissance*

La structure de Sg 16,1–17,1a[39] a fait émerger l'importance du thème de la connaissance dans cette péricope. Chaque strophe comporte une ou plusieurs expressions qui témoignent de sa présence continue.

Str. A   v. 4b: «*il fallait qu'à ceux-ci soit montré*» *(δειχθῆναι)*

Str. IA   v. 6: «*c'est par* avertissement *(νουθεσίαν)... ayant* un signe *(σύμβολον) de salut pour le* rappel *(ἀνάμνησις) du commandement de ta loi*»

           v. 8: «*Tu* prouvais *(ἔπεισας) à nos ennemis...*»

Str. IIA   v. 11: «*C'est pour le* rappel *(ὑπόμνησις) de tes paroles (λόγια)...*»

Str. IB   v. 18b: «*Pour qu'en* voyant ils comprennent» *(βλέποντες εἰδῶσιν)*

Str. IIB   v. 21a: «*Ta substance* manifestait *(ἐνεφάνιζεν) ta douceur*»

           v. 22b: «*afin qu'on* sache...» *(ἵνα γνῶσιν)*

Str. B   v. 26a: «*afin qu'ils* apprennent *(ἵνα μάθωσιν)*

           v. 28: «*afin qu'il soit* su» *(ὅπως γνωστὸν ᾖ)*

Une certaine progression dans les expressions employées par l'auteur apparaît dans chacune des deux grandes parties de Sg 16 (16,1-14 et 16,16-29): le processus de connaissance se fait toujours en deux temps, un temps de perception et un temps de compréhension.

---

[36] LAGRANGE, *Le Judaïsme*, 580.
[37] BEAUCHAMP, «La cosmologie», 215s, note que la manne est indifféremment l'image allégorique de la Sagesse, des lois, du Logos et de la vertu, il y voit «*une doctrine offerte sans hésitations, donnant l'impression d'un bien commun et non contesté*», mais il ne souligne pas le danger de confusion auquel conduit cette identification multiforme.
[38] Cf. GILBERT, «La connaissance», surtout pp. 70-71.
[39] Cf. supra, chap. I, Conclusion §I. A. 4.

La première partie du texte commence, dans la première strophe, par la simple connaissance visuelle: Dieu *montre*, un fait doit être constaté. Dans la deuxième et troisième strophe, en revanche, le signe sensible (*un signe v. 6, des coups d'aiguillon v. 11*) est à la base du *rappel* (*d'un commandement* ou *des paroles*): c'est la connaissance dérivée de la mémoire, actualisation d'un savoir passé par un signe présent; ce savoir peut être de type moral (*rappel du commandement*) ou spirituel (*rappel des paroles*).

La deuxième partie présente davantage la connaissance comme une compréhension directe, intuitive, du signe donné. Dans la première strophe, la vision est utilisée: le signe doit être *vu* pour qu'on puisse *comprendre* (v. 18b). Dans la deuxième, il est fait appel au sens du goût (γεῦσιν v. 20c) pour connaître *la douceur* de Dieu: il s'agit là d'une manifestation divine directe (ἐνεφάνισεν).

Enfin la dernière strophe présente une connaissance qui est le fruit de cette compréhension initiale: l'homme qui a vu le signe, qui en a compris la portée, peut finalement être enseigné et garder en lui la connaissance nouvelle que Dieu a voulu lui communiquer par le signe. Un des *signes* sensibles de base est ici la polyvalence des goûts. S'il est *perçu*, il peut être *compris* dans un premier temps comme la *manifestation* de la *douceur* de Dieu (v. 21a), mais dans un second temps, il devient une base d'*enseignement* pour indiquer la vraie source de vie qu'est la Parole (v. 26). L'autre prodige aussi aboutit à un enrichissement de la connaissance, complémentaire du précédent. Le signe sensible était l'action des éléments sur les récoltes et sur la manne. Il a permis de percevoir le jugement divin en action (v. 18 et 22); une observation plus complète du signe permet de connaître aussi les conditions d'une véritable rencontre de Dieu.

Différents niveaux de connaissance et différentes étapes dans le processus de connaissance sont ainsi manifestés: la perception sensorielle, l'actualisation du savoir emmagasiné (rappel des commandements et mémoire des paroles), la compréhension du signe (qui peut rester purement passive) et enfin l'enseignement divin qui est la seule vraie nourriture de vie, mais qui ne peut être reçu que par celui qui connaît les conditions de la rencontre de Dieu.

b) *L'objet de la connaissance*

La seule connaissance sensible ne manifeste rien d'autre qu'une réalité purement horizontale, humaine: «*il était montré comment leurs ennemis étaient torturés*». La lecture des signes qui éveille la mémoire peut réveiller un savoir d'ordre moral: «*le rappel du commandement de la loi*» ou spirituel: «*le rappel de tes paroles*». Ce mode de savoir n'est pas encore vraiment une connaissance; il reste par trop intellectuel. La lecture des signes conduit alors jusqu'à la reconnaissance de leur Auteur, qui s'identifie avec

l'Auteur du savoir acquis dans le passé: c'est «*Toi, le Sauveur de tous*» ou
«*Ta Parole, Seigneur, qui guérit tout*». En revanche, la compréhension immédiate des signes permet, elle, de discerner «*le jugement de Dieu*» et ses
effets actuels. Mais la connaissance véritable, qui est donnée par révélation de Dieu lorsqu'il éclaire la compréhension des signes, enseigne la
source unique de la vie: la Parole de Dieu donnée aux croyants. Elle indique la disposition du cœur qui permet de la recevoir: l'action de grâces
dans la prière. Cette connaissance-là est à la fois la révélation d'un contenu et une éducation de l'être pour le recevoir; chemin vers la vérité et vers
la vie, elle conduit à une *rencontre* de Dieu. Pour cette rencontre, connaissance de Dieu et réalisation de sa volonté sont inséparables.

c) *La Parole*[40].

Deux conceptions de la Parole de Dieu apparaissent dans la lecture
de Sg 16: il y a d'abord «*les paroles*» (λόγια τοῦ θεοῦ) (v. 11) qui sont
présentées en parallèle avec «*un commandement de ta loi*» (ἐντολῆς νόμου
σου) (v. 6). Elles ne sont qu'une révélation partielle et invitent à se tourner vers leur source qui est «*Ta Parole* (λόγος), *Seigneur, elle qui guérit
tout*» (v. 12). Cette unique Parole est mise, elle, en parallèle avec Dieu
lui-même, «*toi, le Sauveur de tous*» (v. 7). Ainsi *les paroles* sont à *la Parole*
ce que *le commandement de la loi* est au *Seigneur, Sauveur de tous*.

Il est à nouveau question de cette Parole en Sg 16,26, non plus seulement comme «*celle qui guérit tout*», mais comme celle qui «*maintient*»,
«*préserve*» (διατηρεῖ) la vie de ceux qui croient en Dieu. Elle n'est plus
désignée comme λόγος, mais comme ῥῆμα, car l'auteur se réfère implicitement à Dt 8,3. Comme Philon, il refuse de modifier la terminologie biblique tout en adaptant la citation au message qu'il entend transmettre:

Dt 8,3:   ἵνα ἀναγγείλῃ σοι
*Sg 16,26:   ἵνα μάθωσιν οἱ υἱοί σου, οὓς ἠγάπησας, κύριε,

ὅτι οὐκ ἐπ' ἄρτῳ   μόνῳ   ζήσεται   ὁ ἄνθρωπος,
*ὅτι οὐχ   αἱ γενέσεις   τῶν καρπῶν   τρέφουσιν   ἄνθρωπον,

ἀλλ' ἐπὶ παντὶ ῥήματι   τῷ ἐκπορευομένῳ διὰ στόματος θεοῦ
*ἀλλὰ   τὸ ῥῆμα   σου

ζήσεται ὁ ἄνθρωπος.
*τούς σοι πιστεύοντας διατηρεῖ[41].

---

[40] Cf. S. Pie y Ninot, *La Palabra de Dios* (Barcelona 1972), 213-228.
[41] Malina, 76 n. 3: *J. Fichtner, Weisheit Salomos* (Handbuch zum Alten Testament;
Tübingen, 1938), *61* dit que ce verset est «*in deutlicher Beziehung auf Dt 8,3 LXX*»; ceci
est possible, mais il est également possible que Sg 16,26, *Tg Neof* et LXX remontent
tous indépendamment à une tradition orale commune relative à Dt 8,3. (En anglais dans
le texte).

Le parallélisme entre les deux phrases est souligné par l'emploi d'une même structure grammaticale: ἵνα + verbe d'annonce + ὅτι + οὐκ... ἀλλά... Cependant la phrase de Sg apporte une certaine amélioration de style par rapport à celle de Dt, fortement influencée par l'hébreu, et elle en est surtout un véritable targum, interprétant à sa manière le message deutéronomique.

L'introduction même de cette phrase présente déjà de notables différences. Dt 8,3 s'adresse à un Israélite type et parle de Dieu à la troisième personne, alors que Sg 16,26 est une louange de Dieu, comme le rappelle l'apostrophe κύριε. Il ne s'agit plus seulement, en Sg, d'une annonce faite par Dieu à son peuple (ἀναγγείλῃ), mais d'un enseignement à garder (μάθωσιν), ce qui suppose une réception active du message. Quant aux destinataires de l'enseignement, ils sont présentés en Sg comme étant *«les fils que tu as aimés»*. L'enseignement est donc dicté par l'amour de Dieu, qui en est la raison d'être.

Plus encore que le jeu des personnes dans les deux affirmations, le contenu même du message est totalement bouleversé: si le *«pain»* de Dt 8,3 peut évoquer la *manne*, dont il est question au début du verset, *«les produits de la terre»* dont parle Sg sont au contraire en totale opposition avec elle (vv. 19b et 22b). La manne n'est pas placée par Sg dans le domaine des nourritures terrestres opposées à la Parole, alors que dans le Dt, cette nourriture *humiliante* donnée par Dieu prouve que le pain ne suffit pas à faire vivre l'homme. D'un autre côté, en remplaçant *«ne pas vivre seulement»* par *«ne pas nourrir»*, Sg déplace le centre d'opposition de la phrase; en Dt, deux moyens de vivre sont opposés: le pain et la Parole, et l'opposition n'est pas complète: *«pas seulement»* indique une complémentarité, alors qu'en Sg, les verbes sont mis en opposition: *«ne pas nourrir»* et *«conserver dans l'être»* et cette opposition est catégorique: *les fruits de la terre ne nourrissent pas l'homme.* Tous les versets précédant le v. 26 l'ont prouvé: l'homme ne peut pas se fier aux récoltes, il doit mettre sa foi ailleurs, en Dieu. En revanche la Parole fait plus que nourrir, elle *conserve en vie*, elle est principe vital pour ceux qui placent leur foi en Dieu. Certains commentateurs[42] ont voulu expliquer le radicalisme de Sg par une tournure sémitique. Selon eux la phrase signifierait: «ce n'est pas tant la fécondité du sol qui nourrit l'homme que ta Parole». Mais le changement intentionnel de verbe entre les deux membres de phrase en Sg ne permet pas cette simplification: il y a un réel contraste. Le fait de conserver la vie, maintenir dans l'être, est bien supérieur à celui de nourrir, qui n'est qu'un moyen.

---

[42] LARCHER, *Le livre*, 938-939, cite Grimm, Cornely et Heinisch. Le récent commentaire de Estradé-Diaz va dans le même sens.

En Sg, la manne manifeste l'amour de Dieu pour ses enfants, sa douceur, mais c'est la Parole qui est présentée comme la source de leur maintien dans l'être, quand elle est reçue avec foi. Il est possible de se demander pourquoi le v. 26 ne parle plus de la manne et pourquoi la Parole vient, en fait, se substituer à elle, en s'opposant, comme elle, aux «produits du sol». Il y a là une invitation à rapprocher, voire identifier, manne et Parole. Ce rapprochement est préparé par diverses phrases du chapitre 16.

En effet la structure de 16,26 est identique à celle de 16,7 et 16,12[43]:

*«Non *par le signe visible était-il* sauvé,
    Mais *par* Toi, le sauveur de tous» (16,7)
*«Non *une herbe ou une pommade les* soigna,
    Mais Ta Parole, Seigneur, qui guérit tout» (16,12)
*«Non *les produits de la terre* nourrissent *l'homme,*
    Mais Ta Parole conserve ceux qui croient en Toi» (16,26)

Chaque prodige est l'occasion d'une manifestation plus profonde de Dieu. Dieu est *Sauveur* et sa Parole *guérit tout*, ceci est vrai pour *tous* et pour *tout* (πάντων, πάντας), alors que la Parole ne peut conserver dans l'être que *ceux qui croient (τοὺς πιστεύοντας)* en Dieu, de même que la manne, qui est *au service du don nourricier en tout* (v. 25), ne *répond au désir* que *de ceux qui demandaient*. Il semble donc que le prodige de la manne ne se place pas dans le même ordre de réalité que les autres: Dieu, en lui-même, est Sauveur et Médecin de toute chose et de tout être, mais il ne nourrit par sa Parole qui maintient dans l'être que selon la mesure de la foi. L'assimilation de la manne et de la Parole est proportionnée à la disponibilité de celui qui les reçoit.

Le v. 7 oppose Dieu (invisible) au signe regardé (τὸ θεωρούμενον); le v. 12 oppose la Parole (incréée) aux médecines de la création; le v. 26 oppose encore la Parole aux produits nés de la terre, mais pas à la manne. Or la manne sert la *libéralité toute-nourricière* de Dieu en répondant au désir de *ceux qui demandent*, pour enseigner que *la Parole maintient dans l'être ceux qui croient*; c'est donc que la manne et la Parole ont la même action: ils gardent en vie les croyants.

Mais le rapprochement entre la manne et la Parole n'aboutit pas, comme chez Philon[44], à une confusion des deux, par le biais de l'allégorie. La libéralité nourricière de Dieu est présentée en Sg comme l'origine de toute nourriture, celle du corps comme celle de l'âme. Ainsi la manne représente pour l'homme l'expérience sensible de l'œuvre que la Parole accomplit en lui. Dieu seul est source de nourriture pour tout être, par sa

---

[43] BEAUCHAMP, «La cosmologie», 210.
[44] *Fug* 137, *Mutat* 259, *Her* 191.

Parole, pas les fruits de la terre et, même lorsque tout appui naturel disparaît, Dieu peut encore nourrir, révélant qu'il est vraiment la source de la vie, au-delà des réalités et des besoins sensibles. La manne, servante directe du don nourricier, est plus qu'une image ou une allégorie de la Parole, elle en est la manifestation au niveau sensible. En elle, l'homme apprend et goûte réellement que la Parole n'est pas seulement un «*commandement de la loi*» ou «*les paroles de Dieu*», mais le principe divin qui sauve et guérit tout être et tout dans l'être, principe qui, surtout, maintient dans l'être le croyant... Cette connaissance-là ne peut être reçue et expérimentée que dans la foi. Sg 16,25-26 pourrait alors se traduire ainsi: «*Voilà pourquoi alors aussi, en se changeant en tout, elle servait ta libéralité nourricière universelle selon le désir de ceux qui demandaient: c'est afin que tes fils — ceux que tu as aimés, Seigneur — apprennent qu'en fait ce ne sont pas les productions de fruits qui nourrissent l'homme, mais que c'est ta Parole (seule) qui maintient dans l'être ceux qui croient en toi*».

Conclusion

Le judaïsme ancien regarde le don de la manne comme une source féconde d'enseignements sur l'étude de la Parole. Philon y voit une allégorie du Logos Divin, de la Sagesse et de la vertu, et il interprète l'Écriture sur cette base, de sorte que, suivant les moindres détails du texte, selon une méthode typiquement rabbinique, mais avec une clef de lecture issue des catégories de la philosophie grecque, il tente une difficile synthèse et ne donne pas à la réalité historique de la Révélation sa pleine dimension.

Sg, relisant l'œuvre de Dieu, cherche à en dégager les enseignements à tous les niveaux. Elle constate les faits, tels que la tradition les lui a relatés. Elle sait que ces faits sont un *signe* envoyé par Dieu et que, comme tels, ils doivent être à la fois une manifestation de Dieu, qui se révèle dans tout ce qu'il fait, et un enseignement pour l'homme, qui apprend la volonté de Dieu. L'un et l'autre sont simultanés et indissociables. Le don de la manne, tel que Dieu l'a réalisé, est une source d'enseignements supérieure à tout autre action divine, parce que la manne est une manifestation sensible de ce que la Parole invisible réalise dans l'âme, elle qui est, au-delà des réalités sensibles, la source de vie pour tout l'être et tous les êtres, une source indispensable et pleinement suffisante.

CHAPITRE VI

LA MANNE ET LA PRIÈRE

1. LES DONNÉES BIBLIQUES

a) *La manne, réponse aux murmures ou à la prière?*[1]

Pour motiver le don de la manne, les textes bibliques ne font guère état d'une prière explicite, ni même d'une demande de la part des «enfants d'Israël», mais d'une récrimination. Ex 16,2-12 rappelle par 6 fois ces *«murmures»* du peuple. Quant à Nb 11, s'il mentionne les *«pleurs»* des Israélites (Nb 11,4.10) et la prière de Moïse pour l'obtention des cailles, il ne dit rien en ce qui concerne la manne. Ne 9 ne fait pas davantage allusion à une prière pour la manne et le Ps 78 non plus, au contraire: il affirme que les Israélites *«se rebellèrent contre le Très-Haut et tentèrent Dieu dans leur cœur, demandant à manger à leur faim»* (v. 18), car ils *«étaient sans foi en Dieu, sans confiance en son salut»* (v. 22). Seul le Ps 105,40 pourrait évoquer une prière de demande[2]: *«ils demandèrent, il fit passer les cailles, du pain des cieux il les rassasia»*. Mais les problèmes de critique textuelle mettent en relief le désaccord existant entre ce verset et le reste de la tradition: certains copistes ont tenté de contourner la difficulté en modifiant le texte pour ne présenter que Moïse comme intercesseur (*«il demanda»* au lieu de *«ils demandèrent»*). Le fait de *«demander»*, neutre en lui-même, n'a pas ici la connotation négative du Ps 78 où la demande était présentée comme une manière de *«se rebeller et de tenter Dieu»*. Le Ps 105 serait donc, en fait, le seul texte à concevoir de façon positive la *«demande»* permettant au peuple d'obtenir la manne[3].

Il n'est pas davantage question d'action de grâces dans ces textes bibliques. Par conséquent le prodige de la manne ne correspond en rien à un acte de confiance et d'abandon dans la prière, mais au contraire, il est la réponse gracieuse de Dieu à une attitude de révolte, qualifiée de *«murmure»* et présentée comme une mise à l'épreuve de sa toute-puissance.

---

[1] Cf. R. LE DÉAUT, «Une aggadah targumique et les murmures de Jean 6», *Bib* 51 (1970), 83-83.

[2] L. JACQUET, *Les Psaumes et le cœur de l'homme, III*, Gembloux (1979), 128: «*Le psalmiste se garde bien de faire allusion au caractère revendicatif de la demande de nourriture...*» «*Remarquer en 40 l'allitération: sha'al «demander» et šelâw «cailles»*».

[3] G. F. RAVASI, *I Salmi III*, Bologne (1983), 158: «*Il poeta nella sua lettura 'ex parte dei' della liberazione esodica è attento a omettere ogni indizio della 'mormorazione' di Israele nel deserto*».

b) *La place de la manne dans la prière d'Israël*

Dt 8,14.18 invite le peuple à faire mémoire des prodiges de Dieu dans le désert, et en particulier de celui de la manne: «*n'oublie pas*», «*tu te souviendras*». Cette attitude peut être considérée comme un premier pas vers la prière, car le mémorial est une forme privilégiée de la prière d'Israël; il consiste à rendre présent dans la mémoire des fidèles un événement passé pour découvrir dans l'histoire contemporaine l'immuable fidélité du Seigneur Dieu toujours agissant. En rendant grâces à Dieu pour les prodiges qu'il a déjà opérés pour les «*pères*» et en confessant sa propre infidélité, le peuple s'ajuste au plan d'amour divin et devient capable de recevoir ses bienfaits. Ainsi le Ps 78 et la prière de Ne 9 sont des textes liturgiques de prières collectives, à la fois confessions nationales et louanges au Seigneur pour ses merveilles. Quant au Ps 105, il n'est qu'émerveillement et action de grâces et, de façon très significative, il place la manne, avec l'eau et les cailles, au terme de toutes les merveilles du désert décrites dans son chant.

Ainsi, si la manne n'a pas été donnée en réponse à une prière et si le peuple, sur le moment, n'a même pas rendu grâce pour elle, elle est progressivement devenue, par la relecture de la prière, un motif perpétuel d'action de grâces.

2. LE JUDAISME ANCIEN

a) *La prière de demande*

Un élément nouveau entre en jeu dans la tradition rabbinique: la manne est donnée en réponse à une prière. Cette affirmation n'était que suggérée par le Ps 105, mais *ExR* dit clairement que Dieu donne à la mesure du désir de celui qui s'adresse à lui: «*il n'est pas dit que Dieu rassasie tout être vivant avec de la nourriture, mais avec bonté, c'est-à-dire qu'il donne à chacun selon sa demande*» (*ExR* 25,3). Souvent la manne est présentée comme une récompense pour la piété, non du peuple qui la reçoit, mais d'Abraham et des Pères[4], car «*Abraham répondit: 'me voici' et sur cela Dieu lui dit: 'comme il est vrai que tu vis, je récompenserai tes enfants avec la même expression'*»... «*Dieu fait à ses enfants toutes les choses qu'Abraham lui-même a faites pour les anges*» (*ExR* 25,5 cf. *MekhY* 3,5). «*Dieu accepta la prière de nos ancêtres qui reposent dans la terre et en retour il envoya la manne pour Israël selon ce qui est dit dans le texte: 'j'ai trouvé une rançon' (Job 33,24)*» (*MekhY* 4,72). Mais pour beaucoup de Juifs, c'est en réponse à la prière de Moïse que la manne fut donnée; Flavius Josèphe en est un exemple: «*En effet, tandis que Moïse élève les*

---

[4] *ExR* 25,4-5, *TanB* 1,87. Pour d'autres références, cf. GINZBERG VI, 16, n. 92.

mains en prière, une rosée tombe à terre»... *«Dieu envoya cet aliment par faveur pour Moïse»*[5].

b) *L'action de grâces*

L'ingratitude d'Israël pour le don de la manne est constamment rappelée à propos du prodige des cailles et elle est souvent étendue à tous les prodiges du désert[6]. Mais à plusieurs reprises, comme en Ne 9, il est aussi souligné que rien, pas même l'épisode du Veau d'or, n'a pu arrêter la bienveillance divine[7]. Pourtant certains auteurs vont jusqu'à dire que les Hébreux ont offert de la manne au Veau d'or[8]! Le *Tg. Yer. I* Nb 11,33 résume cette ingratitude profonde à propos du prodige des cailles en glosant: *«Les impies mangeaient la viande, mais ils ne rendaient pas grâces à Celui qui la leur avait donnée».* L'ingratitude est telle que, selon *Lekah* Nb 21, le 'Chant du Puits' (Nb 21,17-18) ne mentionne pas la manne, car Dieu lui-même interdit à Moïse de chanter un chant d'action de grâces pour la manne: *«je ne veux pas que vous péchiez avec la manne, et pas davantage que vous chantiez une louange pour elle maintenant».*

Seules les *Antiquités Judaïques* III,I,25 font mention d'une action de grâces de Moïse après le don des cailles. D'autres textes plus tardifs comme *Ber* 48b et *Hassidim* 399 font remonter à la chute de la manne la prière de bénédiction des repas. *Hassidim* 399 fait référence à la manne dans cette prière: *«Tu es béni, Seigneur Dieu, roi de l'univers, toi qui nous donnes le pain du ciel»*[9].

c) *La prière quotidienne*

Dans leur étude des enseignements à tirer du prodige de la manne, la répétition quotidienne du phénomène a retenu l'attention des rabbins. La fonte matinale de la manne, à la chaleur du soleil (cf. Ex 16,21), a très vite été perçue comme un signe de la nécessité de réciter une prière dès les premières heures du jour[10]. L'heure de la prière est même fixée en fonction de celle de la fonte, estimée à la quatrième heure, moment où *«le soleil devient chaud».* Cependant petit à petit la tradition finit par inverser l'ordre historique en présentant le phénomène de la fonte comme adapté à la ré-

---

[5] *Ant. Jud.* III, 26 et 31; cf. *Mekh.* sur le Ps 78,25, *MekhY* 6,105, *Ant. Bib.* 20,8.

[6] *TanB* IV, 75-78, *SifNb* 86-89.

[7] *TanB* IV, 142 et *NbR* 20,19.

[8] *NbR* 15,21, *ExR* 32,5ss; Cf. GINZBERG VI, 52, n. 268 et 271.

[9] *Mish Ber* VI, 1; *Tos Ber* IV, 8. Ces prières, sans doute utilisées à l'époque du Christ, sont à l'origine des prières d'offertoire utilisées actuellement dans l'Eglise catholique: cf. J. M. LUSTIGER, *La Messe* (Paris 1988); 115s.

[10] *Tg Yer* II et *Tg Yer I* Ex 16,21, repris par *Mish Ber* IV, 1, *MekhY* 5,25s.

citation de la prière du matin, le *Shema*, et non plus l'heure de la fonte comme indicative de celle de la prière![11].

Le prodige de la corruption des réserves faites par les juifs incroyants est complémentaire de celui du don quotidien de la manne puisque ce dernier rythme le don divin, et que la corruption des réserves impose à l'homme le même rythme de fidélité quotidienne dans la prière: «*Ceci est comparable à un roi de chair et de sang qui avait un fils, qui procurait à son fils le nécessaire une fois par an, de telle sorte qu'il ne visitait son père qu'une fois par an. Alors il lui procura chaque jour le nécessaire afin qu'il l'appelle chaque jour. Ainsi en est-il pour Israël. Celui qui avait quatre ou cinq enfants s'inquiétait en disant: peut-être la manne ne tombera-t-elle pas demain, et tous vont mourir de faim? Ainsi se tournaient-ils chaque jour vers leur Père qui est aux cieux*»[12].

De façon assez timide, certes, mais bien documentée cependant, la manne est donc présentée comme un enseignement concernant deux prières quotidiennes fondamentales du judaïsme: celle du matin et celle de la bénédiction des repas.

3. PHILON D'ALEXANDRIE

a) *La manne et la piété*

L'identification entre la manne et la piété a déjà été signalée[13]. En *Spec* IV,129, en particulier, la métonymie entre manne et piété (εὐσέβεια) est évidente: «*le bon sens aurait voulu que, pétrifiés par le caractère surnaturel de ce fait mémorable, ils se fussent contentés de regarder et que*, gorgés d'une piété *qui était leur nourriture coutumière, ils se fussent abstenus de cette viande*». Cette «piété» avait déjà été enseignée aux Hébreux par les plaies d'Égypte (*Mos* I,146) et c'est elle encore, chez Moïse, qui est à l'origine du don de la manne: «*Dieu, ... dans sa volonté de leur signifier à tous le degré de piété et de religion que ce chef avait dans les situations claires comme dans celles qui sont incertaines, a pitié d'eux...*» (*Mos* I,198). Les Israélites, en revanche, n'avaient pas tous cette piété et c'est la raison pour laquelle certains «*dont la piété n'était pas solidement lestée*» firent des provisions pour le lendemain (*Mos* II,260). La piété permet aussi à Moïse de prophétiser le sens de l'absence de manne le jour du Sabbat (*Mos* I,207 et II,264).

---

[11] *SifNb* 89, *Sif Z* 198, *MekhY* 3,48s; cf. GINZBERG, VI, 17, n. 101.
[12] *Yom* 76a. La même parabole est reprise en *SifNb* 89,5b.
[13] Cf. supra p. 105.

b) *La manne et la contemplation*

La nourriture céleste ne peut être reçue que par «*l'âme éprise de contemplation*»[14] et la contemplation est «*la fréquentation de Dieu seul*» (*Fug* 140). Pour celui qui la réalise, la manne est «*la parole qui illumine de joie l'âme*», c'est pourquoi elle peut être décrite comme «*le pain, la nourriture que Dieu a donné à manger à l'âme*» (*Leg All* III,173). Seule l'analogie avec la nourriture, avec le fait de goûter, est capable de rendre compte de ce qu'est la véritable contemplation qui transcende toute forme de connaissance[15]. Philon ne dit pas explicitement que la manne est la contemplation, il l'identifie plutôt avec la nourriture reçue par l'âme dans la contemplation.

c) *La manne et l'action de grâces*[16]

Comme la tradition rabbinique, Philon ne fait pas explicitement mention de l'action de grâces, après la réception de la manne; cette absence est étonnante puisqu'en d'autres occasions, il rappelle avec force le devoir d'action de grâces et de louange[17]. Le *De Sacrificiis* constitue même «*pour une grande partie (52-104), un véritable code d'action de grâces*»[18].

L'action de grâces (εὐχαριστία) tient un rôle considérable dans la doctrine philonienne. Ceci est d'autant plus notable que le mot εὐχαριστία et ses dérivés sont très rares dans la LXX[19], qui ne les utilise que dans des textes d'origine grecque, le mot choisi pour traduire l'hébreu *brk* étant habituellement εὐλογέω. Philon, lui, emploie couramment εὐχαριστέω en dehors des citations bibliques calquées sur la LXX[20]. Ce verbe recouvre, dans son œuvre, tous les sens de *brk*, assimilant la bénédiction et l'action de grâces[21].

La «doctrine eucharistique» est tellement centrale dans l'œuvre de Philon que Laporte va jusqu'à affirmer que «*toute l'œuvre de Philon est composée pour développer cette disposition 'eucharistique' dans l'homme*»[22].

Chez Philon, la présence répétée du couple εὐχαριστία-ἀχαριστία[23] revêt une importance particulière pour notre étude, puisque ce même couple se trouve en Sg 16,28-29. Pourtant, si développé soit-il, ce thème de l'εὐχαριστία ne coïncide jamais avec celui de la manne.

---

[14] *Her* 79; *Fug* 138.
[15] Bréhier, 196 et 204.
[16] Cf. J. Laporte, *La doctrine eucharistique chez Philon d'Alexandrie* (Paris 1972).
[17] *Spec* I 185, *Plant* 130-131, *Sacr* 68.
[18] Bréhier, 229s.
[19] Laporte, *La doctrine eucharistique*, 32s.
[20] Ibid., 61ss.
[21] Ibid., 37s et 47ss et Wolfson, *Philo* II, 241.
[22] Laporte, *La doctrine eucharistique*, 153.
[23] Ibid., 63s.

4. LE LIVRE DE LA SAGESSE

a) *Du désir à la prière de demande*

La structure de Sg 16,1–17,1 a mis en valeur une correspondance entre la première et la dernière strophe (16,1-4 et 16,25-29) sur le plan du désir: Sg passe du désir de nourriture ordinaire au désir spirituel, le désir de la Parole. Or le désir est au cœur et à l'origine de la prière de demande.

La première strophe (Sg 16,1-4) présente un désir commun aux Hébreux et aux Égyptiens qui n'est en soi ni bon, ni mauvais [24]:

«Pour satisfaire son ardent appétit, tu as préparé une nourriture... afin que ceux-là, désirant une nourriture, ... perdent même l'appétit naturel, mais que ceux-ci ... reçoivent en partage un aliment au goût merveilleux». Pour les Hébreux, ce désir, — sans doute suggéré volontairement par l'épisode des serpents —, est purifié par une conversion (ἐπιστρέφω v. 7), alors que, pour les Égyptiens, la répulsion (ἀποστρέφω v. 3) prend la place de la conversion, car la conversion n'est pas un dégoût, mais un retour vers le Seigneur.

La dernière strophe (Sg 16,21) traduit par la richesse de son vocabulaire l'évolution de la qualité du désir dans le cœur des croyants: la manne se met au service du désir (ἐπιθυμία) des enfants de Dieu, purifié par l'épreuve, pour répondre au choix (ἐβούλετο) des justes: le désir se fait alors décision. Enfin en Sg 16,25, la décision devient volonté (θέλησιν) qui s'exprime dans la prière de demande (δεομένων).

La progression des termes employés indique une évolution de l'attitude intérieure. L'homme passe progressivement du simple désir à la demande: ἐπιθυμέω ou ἐπιθυμία (désir: v. 2,3,21); βούλομαι (délibérer, décider: v. 21); θέλησις (volonté: v. 25); δέομαι: (rechercher, demander: v. 25).

Le verbe δέομαι assume ici une valeur plus forte que le simple fait *«d'éprouver un besoin»*, il exprime une demande liée à un manque [25], selon l'usage habituel de ce verbe dans la LXX et celui de l'emploi précédent en Sg 8,21c. Les Israélites *voulaient* vraiment et *demandaient* à Dieu leur nourriture. Ainsi se comprend l'insertion de cette *«demande»* entre deux affirmations de foi: les Israélites sont successivement présentés comme *«ceux qui se confient en toi»* (v. 24c), *«ceux qui demandent»* (v. 25c) et *«ceux qui croient»* (v. 26c). Pour être exaucée, la prière de demande doit être le fruit d'une conversion du désir qui devient volonté appuyée sur la foi.

---

[24] Cf. LARCHER, *Le livre*, 891.
[25] Ibid., 937.

b) *L'action de grâces*

α) *Le phénomène merveilleux*

Avec l'accueil de la réponse divine, le croyant doit franchir une nouvelle étape spirituelle: passer de la prière de demande à l'action de grâces. La priorité de cette nécessité est exprimée avec force: «*Il faut (δεῖ) devancer le soleil pour ton action de grâces*». C'est encore δέω qui est ici employé, non plus dans sa forme moyenne, comme au v. 25, mais au présent impersonnel. Le même besoin fondamental qui a stimulé la prière de demande doit engendrer aussi l'action de grâces.

Sg se sert d'un nouveau «prodige dans le prodige» pour donner cet enseignement: en 16,19a, elle affirme: «*La flamme brûlait avec plus de force que le feu au milieu de l'eau*». En 16,22a, le miracle complémentaire est décrit: «*Neige et glace supportaient le feu sans se fondre*», mais en 16,27, un autre miracle, au sein du miracle précédent, est présenté: «*ce qui n'était pas détruit par le feu fondait, réchauffé simplement par un léger rayon de soleil*».

Ce v. 16,27 est relié tant à celui qui le précède, par la conjonction γάρ, qu'à la proposition finale qui lui succède. Il constitue donc à la fois une preuve supplémentaire de l'efficacité de la Parole divine, évoquée juste avant (v. 26), et un signe de la nécessité de l'action de grâces (v. 28). Le signe donné (v. 27) sert en fait de transition, de support visible à la compréhension: c'est parce que «*ta Parole fait subsister ceux qui croient en toi*» (v. 26), qu'«*il faut devancer le soleil pour ton action de grâces*» (v. 28); la fonte de la manne en est une preuve. Foi confiante et action de grâces sont donc inséparables. Par les prodiges manifestés dans le don de la manne, Dieu révèle à la fois sa «*libéralité nourricière universelle*» et l'attitude complémentaire par laquelle l'homme peut recevoir les dons de Dieu: la Foi qui s'épanouit dans «*l'action de grâces*» de ceux qui «*devancent le soleil*».

Le phénomène de la fonte de la manne est décrit en Sg 16,27 par des termes tellement proches de ceux d'Ex 16,21 qu'il ne peut s'agir que d'une citation implicite:

Ex 16,21: «*tôt le matin... lorsque le soleil réchauffait, cela fondait*».
   (πρωὶ πρωὶ... ἡνίκα δὲ) διεθέρμαινεν ὁ ἥλιος, ἐτήκετο

Sg 16,27: «*Simplement réchauffé sous un léger rayon de soleil, cela fondait*».
   (ἁπλῶς ὑπὸ βραχείας ἀκτῖνος) ἡλίου θερμαινόμενον ἐτήκετο

Sg se distingue du texte d'Ex par son insistance sur la délicatesse du premier rayon de soleil effleurant la manne au lever du jour. Les mots ajoutés par Sg au texte de la LXX sont significatifs: ἁπλῶς (simplement) et βραχείας ἀκτῖνος (un léger rayon)[26]. C'est la puissance déployée dans cette délicatesse qui manifeste la volonté de Dieu dont l'action n'est pas proportionnée à la perception humaine des forces matérielles mises en jeu. La tradition rabbinique, en fixant le moment de la fonte à la quatrième heure du jour, où la chaleur commence à se faire sentir fortement, n'est pas plus fidèle que Sg, car le soleil commence à réchauffer la terre dès qu'il apparaît et Ex 16,21 insiste sur l'heure très matinale de la récolte: *babboqer babboqer* en hébreu ou πρωὶ πρωί en grec. Or ces expressions, surtout en raison de leur répétition, désignent une heure très matinale[27], sans doute le moment même où le soleil paraît.

β) *L'action de grâces: Sg 16,28*

«afin qu'il soit su qu'il faut devancer le soleil pour ton action de grâces et, lorsque se lève la lumière, te rencontrer»[28].

La tournure impersonnelle régie par un subjonctif présent (γνωστὸν ᾖ: qu'il soit su) exprime la portée universelle de l'affirmation, qui n'est pas réservée aux Hébreux contemporains de l'Exode. Le δεῖ (il faut) en fait un commandement, une nécessité vitale. La connaissance donnée sert donc à informer la volonté de tout homme.

Cette connaissance a une double dimension: elle concerne l'action de grâces et le moment auquel elle doit être rendue: l'aube. Une lecture isolée du verset pourrait mettre l'accent sur la dimension temporelle, mais le contexte et surtout le v. 29 invitent à la considérer comme secondaire. Elle ne sert qu'à renforcer l'urgence primordiale du devoir d'action de grâces qui précède toute activité du jour.

«*Devancer le soleil*» est, en effet, une expression traditionnelle, chère aux psalmistes[29]. Le Ps 119,147 expose avec des termes proches de Sg la

---

[26] Contrairement à ce qu'affirme Larcher, 940, il semble préférable de traduire βραχύς par *léger* ou *faible*: dans ce contexte, c'est la douceur du rayon, son incapacité à réchauffer qui caractérise le soleil de l'aurore, plus que sa rapidité, puisque les rayons sont destinés à demeurer tout le jour! Ce sens est d'ailleurs courant (Bailly, 377, 4: *petit, médiocre, humble, chétif, insignifiant, sans valeur*).

[27] Dans le Nouveau Testament plusieurs emplois de πρωί désignent un moment antérieur au lever du soleil (Mc 1,35; Jn 20,1) alors que d'autres emplois sont imprécis (Mt 21,18, Mc 11,20, 15,1...) ou désignent le moment où le soleil se lève (Mt 20,1; Mc 13,35 16,2). Ici la répétition πρωὶ πρωί renforce le terme et indique plutôt un moment précédant l'aurore.

[28] Pour respecter la concordance des temps avec le récit de Sg 16,27, le Codex B* lit ην au lieu de ᾖ, limitant ainsi la portée de l'enseignement donné au passé. Cette lecture contredit tous les autres documents et il faut considérer que Sg donne ici un enseignement valable pour tous les temps (cf. Larcher, *Le livre*, 940).

[29] Ps 5,4; 17,15; 30,6; 46,6; 49,15; 55,18; 57,9; 73,20; 88,14; 90,14; 130,6; 143,8 (TM)... La prière du matin se trouve aussi dans d'autres livres, comme en Is 50,4, Dn 5,11, Si 39,5.

prière du matin: «*Je devance l'aurore et j'implore, j'espère en ta parole*». La prière du matin est dans la tradition juive le signe de la primauté accordée à la louange de Dieu dans la vie du juste[30].

L'action de grâces (εὐχαριστία) est un terme quasi absent de la LXX (si l'on excepte trois mentions dans des textes d'origine profane)[31], alors qu'elle est une expression typique de la piété héllénistique[32]. Chez Aquila, le mot est souvent utilisé pour traduire la *Todah*, la prière d'action de grâces. Dans le texte de Sg, il pourrait donc s'agir soit d'une prière rituelle (comme chez Aquila), soit d'une attitude intérieure (comme chez Philon). Mais dans l'ensemble de Sg, l'intérêt pour la prière rituelle est absent, exception faite de Sg 18,20-25 où est présentée la figure d'Aaron; il n'y a donc aucune raison de penser que l'auteur se fasse ici l'écho de l'obligation morale d'une récitation matinale du *Shema* ou de quelque autre prière.

Le parallélisme entre Sg 16,28b et 16,28a vient éclairer le sens de cette εὐχαριστία: «*Lorsque se lève la lumière te rencontrer*» correspond à «*devancer le soleil pour te rendre grâces*». Plus que la description d'un culte orienté vers le soleil levant, «πρὸς ἀνατολὴν φωτός» (28b) est une indication temporelle[33], comme l'exige le parallélisme et surtout la cohérence de ce verset avec le reste du texte. En outre, la fidélité de Sg au message biblique et son rejet du culte des astres[34] pourraient difficilement s'accommoder avec un synchrétisme de ce style (cf. Ez. 8,6), à moins de supposer ici une influence essénienne ou thérapeute, mais sûrement pas dans l'image qu'en donne Flavius Josèphe[35]. Ἐντυγχάνειν σοι (28b) exprime avant tout une notion de «rencontre»[36]. Le verbe signifie: *trouver*, d'où *avoir un entretien, des relations intimes*; c'est seulement de façon dérivée que ἐντυγχάνω prend le sens de *solliciter, intercéder*, avec le datif.

Ce verbe n'est employé qu'en Sg 8,21c où il introduit la grande prière de Salomon, centre de tout le livre de la Sagesse[37]: «*Je m'adressai au (ou Je me mis en présence du) Seigneur et le priai*». Les similitudes de vocabulaire entre Sg 8,21 et Sg 16,28 sont d'ailleurs multiples: les deux versets

---

[30] *Ber* 9b, cf. Festugière, IV, 245.

[31] Εὐχαριστία ne se trouve qu'en Est 8,13 (12d); Si 37,11; 2 M 2,27. Εὐχαριστεῖν apparaît en Jdt 8,25; Sg 18,2; 2 M 1,11; 10,7; 12,31 (3 M 7,16). C'est seulement à partir du premier siècle, et en particulier dans le NT, que les mots de cette famille entrent abondamment dans la littérature sacrée et ses traductions. Cf. Laporte, *La doctrine eucharistique*, 32s et R. J. Ledogar, *Acknowledgment, Praise-Verbs in the Early Greek Anaphora* (Rome 1968), 101-106.

[32] Laporte, *La doctrine eucharistique*, 23ss.

[33] Cf. la discussion à ce sujet dans Larcher, *Le livre, 941*.

[34] Sg 13,2-4, étudié par Gilbert, *La critique*, 2-45.

[35] *Les Guerres des Juifs* II, 128. Cf. aussi Philon: *Contempl* 89.

[36] Bailly, 690; Liddell-Scott, 578.

[37] Gilbert, *Sagesse*, 72 et Bizzeti, 108.

commencent par une invitation à la connaissance à travers le verbe γιγνώσκω; χάρις (8,21b) évoque εὐχαριστία; δέομαι n'apparaît qu'en Sg 16,25 et 8,21, si l'on excepte Sg 18,2 où il est utilisé dans un contexte totalement différent. La notion de don divin est exprimée en Sg 8,21 à propos de la Sagesse (δῷ), comme en Sg 16,25 à propos de la manne. Ces similitudes ne sont sans doute pas fortuites. La prière de Salomon est centrée sur la demande de la sagesse, don divin. Elle est délimitée par une grande inclusion où la sagesse est présentée comme instrument de création (9,2) et comme instrument de salut (9,18c). Or la manne est, elle aussi, située comme supérieure à toute la création et, en Sg 19,21, elle est dite «*nourriture ambrosiaque*», donc source de salut. Si l'on ajoute que manne et sagesse ne s'obtiennent que dans la prière, il devient évident que la manne constitue un magnifique symbole de la sagesse que Dieu donne à son peuple; voilà sans doute pourquoi la finale du livre, sans reprendre le mot de sagesse, présente la *nourriture ambrosiaque* comme la manifestation suprême de la Sagesse par laquelle *Dieu a magnifié son peuple et l'a glorifié*[38].

L'εὐχαριστία dont il est question en Sg 16,28 assume donc une signification plus vaste que l'équivalent français «action de grâces», elle est la pleine reconnaissance que tout don vient de Dieu, elle est à la fois louange, remerciement, émerveillement, adoration et imploration confiante. Elle devient un véritable colloque avec Dieu, une réponse à son amour (Sg 16,26a) qui comble ceux qui s'adressent à lui (Sg 16,25c) et donne vie à ceux qui croient en lui (Sg 16,26c); l'εὐχαριστία est par conséquent une rencontre (ἐντυγχάνειν) de Dieu. Et c'est elle, plus encore que la demande, qui est le signe de la disponibilité à recevoir les dons de Dieu. La gratitude et la reconnaissance qui, par la foi, sont offertes à Dieu avant même la réception des dons, sont la condition de leur accomplissement.

γ) *L'ingratitude*

Dans la strophe conclusive B: 16,25-29, il n'est plus question de l'Égypte, mais seulement des «*fils que tu as aimés, Seigneur*». Cependant une autre dualité entre en jeu: face aux signes de l'amour de Dieu, les *fils* peuvent répondre par la reconnaissance ou par l'ingratitude. En Ex 16, l'avidité des fils d'Israël était blâmée, parce qu'elle représentait un manque de confiance. En Sg, c'est la négligence envers Dieu, l'ingratitude, qui est condamnée:

«*L'espoir de l'ingrat, comme le givre hivernal, fond et s'écoule comme une eau inutile*» (v. 29).

---

[38] BEAUCHAMP, «La cosmologie», 214 et 216.

Cette phrase, remarquablement construite de façon chiasmatique et avec un jeu d'assonances évident en grec[39] est un bel exemple de mariage entre la tradition hellénistique et la tradition biblique. Car si, chez Philon, le couple ingratitude-action de grâces revient souvent, témoignant de l'importance attachée par les Grecs à la gratitude[40], l'ingratitude n'en est pas moins blâmée dans la tradition biblique: elle est le motif central des grandes confessions nationales[41]. Quant à l'image de la glace ou de la cire qui fond, elle revient sans cesse pour signifier la vanité d'une chose[42]. Une référence directe au Ps 147,7 (LXX) est même probable, non seulement parce que le même vocabulaire y est utilisé[43], mais aussi parce que dans ce Psaume *la Parole* fait fondre glace, neige et givre, comme en Sg la fonte de la manne au premier rayon du soleil était le signe que «*Ta Parole fait subsister ceux qui croient en toi*». En utilisant le vocabulaire des Psaumes, Sg ne se contente pas de rappeler le devoir de louange, elle le pratique déjà.

Quel est donc «*l'espoir de l'ingrat*»? Sg 16,26 le dit: c'est subsister, vivre. Une confirmation est donnée par le Sg 5,14: «*l'espoir des impies est comme la balle emportée par le vent ... mais les justes vivent à jamais*»[44]. Il est surprenant de constater que l'image de l'eau qui s'écoule, signe de

---

[39] Cf. supra chap. I, § B. 2. *f*.

[40] LAPORTE, *La doctrine eucharistique*, 23-32.

[41] L'ingratitude est souvent conçue de façon éthique: c'est par ses actes d'infidélité qu'Israël manifeste son ingratitude: 1 R 8,47ss, Ne 9,5ss, Ps 78(77), Ps 106(105), Dn 9,4ss, Jr 44,21ss, Ba 1,17ss...

[42] Ps 58(57),8; 68(67),3-9; 97(96),5; Jb 11,16; Mi 1,14; Jdt 16,15... d'autres images équivalentes reviennent souvent: la balle que le vent disperse, l'herbe du matin qui fane le soir, les brumes du matin...

[43] La similitude entre les deux textes, remarquée par P. W. SKEHAN, «Borrowings from the Psalms in the Book of Wisdom» *CBQ* 10 (1948), 289-299, à la p. 296, mérite d'être approfondie: le vocabulaire désignant les phénomènes météorologiques est identique: χιών et κρύσταλλος (Ps 147,6 (LXX) = Sg 16,22); ὁμίχλην (Ps 147,5) est une traduction approximative de *kpwr* du TM. Ce mot est utilisé aussi en Ex 16,14 pour désigner la manne et traduit par πάγος dans la LXX. Πάχνη, en Sg 16,29 est de la même famille que πάγος (rac. Παγ); Sg traduit donc mieux *kpwr* que Ps 147,5 (LXX). Pour le reste du vocabulaire, ὑποστήσεται (Ps 147,6) correspond à ὑπέμεινε (Sg 16,22) et λόγον αὐτοῦ τήξει (Ps 147,7) à τὸ ῥῆμά σου... ἐτήκετο (Sg 16,26-27) enfin ῥυήσεται ὕδατα (Ps 147,18) correspond à ῥυήσεται ὡς ὕδωρ (Sg 16,29). De tels rapprochement peuvent difficilement être fortuits, d'autant que le verset précédent du Ps (Ps 147,3) dit: «*il assure ton sol dans la paix, de la graisse du froment te rassasie*», ce qui peut évoquer la manne et où le traducteur a sans doute fait un savant jeu de mots avec πυρός (le froment) évoquant bien sûr πῦρ (le feu). Ainsi il est possible de lire, de façon subtile, dans le Ps 147, un lien entre la *graisse du froment*, le feu et *la glace*. Mais il convient de noter que, dans ce Ps, la Parole est assimilée au vent ou souffle (πνεῦμα) alors qu'en Sg elle est mise en parallèle avec le soleil.

Le Ps 148,8 présente aussi des points de contact nombreux au niveau du vocabulaire avec Sg 16,27-29.

[44] REESE, *Hellenistic Influence*, 136. Le lien entre l'espoir et l'immortalité sera étudié davantage dans le chapitre suivant.

l'espoir vain des ingrats, reprend et prolonge celle de l'eau envoyée du ciel comme punition des impies. Le ciel envoie l'eau pour punir et la manne pour faire vivre, mais lorsque la manne n'est pas reçue, elle devient non pas *inexorable*, comme l'eau de la punition (16,16), mais *inutile*. Car la vie fuit entre les mains de ceux qui ne savent pas rendre grâces à Dieu qui la donne.

L'invitation de Sg à la gratitude et à la louange conduit plus loin que celle de Dt 8 au «*souvenir*»; comme Dt 8, Sg amène à ne pas s'attribuer les dons de Dieu et à observer ses commandements, mais elle exige surtout une attitude fondamentale de reconnaissance, ou mieux, un état d'action de grâces permanent, quotidien et prioritaire. Ce thème de la louange, loin d'être un motif isolé dans l'ensemble de Sg est, en fait, capital. C'est lui qui encadre toute la deuxième partie du livre, puisque en 10,20 la narration des prodiges de l'Exode débute par les verbes ὑμνέω et αἰνέω et que ce dernier verbe réapparaît en 18,9 et 19,9 pour célébrer la Pâque et le passage de la mer. La Pâque, le passage et la manne sont donc réunis dans un même élan de louange, comme le cantique de Moïse, en Ex 15, constituait un pont entre la Pâque et le Passage d'un côté (Ex 12-14), et le don de la manne de l'autre (Ex 16). C'est d'ailleurs le rappel de ce cantique en Sg 19,9 qui permet la récapitulation finale des événements de l'Exode.

Après cette récapitulation, la louange à Dieu pour ses merveilles constitue le cri ultime de Sg 19,22. Alors, puisque la manne est la plus grande merveille de Dieu, il est normal que Sg 17,1 conclue la péricope par une acclamation de louange similaire à celle de Sg 19,22, tant dans sa forme que dans son contenu:

Sg 17,1:   «*Oui, tes jugements sont magnifiques
                     et difficiles à décrire*»

Sg 19,22:   «*Oui, de toutes les manières tu as magnifié ton peuple et tu l'as
                     glorifié; et tu n'as pas négligé, en tout temps et en tout lieu de
                     l'assister*».

Conclusion

Dans les textes bibliques antérieurs à Sg, le don de la manne est une réponse de Dieu aux récriminations des Hébreux dans le désert. Le Peuple Saint n'a pas su le recevoir avec gratitude mais, petit à petit, dans la relecture de sa propre histoire, il en a fait une source permanente d'action de grâces.

Le judaïsme ancien y a vu une réponse à la piété des Pères ou à la prière des justes. Il n'a pas dégagé de façon claire une invitation à l'action de grâces, mais il a pu y lire une invitation à la prière quotidienne des enfants d'Israël vers leur Père Tout-Provident.

Philon a franchi un pas décisif en voyant dans la manne une allégorie des fruits de la contemplation, mais, prisonnier de son système allégorique, il n'a pas lu dans l'action de Dieu l'indication, pour les hommes, d'un chemin de rencontre avec lui et, quelle que soit l'importance de l'action de grâces dans son œuvre, il n'a pas établi de lien entre le don de la manne et l'action de grâces.

Sg, elle, a fait de cet épisode de l'histoire d'Israël un véritable guide de prière. En donnant les jalons par lesquels Dieu invite l'homme à passer des désirs ordinaires à la rencontre avec lui, en montrant la nécessité d'une action de grâces permanente et confiante comme sommet de la vie intérieure, elle présente la manière dont Dieu a donné la manne comme un support d'éducation à la prière. Pour ceux dont le cœur est dans la disposition requise, la quête de la manne devient la prière véritable, rencontre ineffable qui permet de «*goûter*» Dieu.

Chapitre VII

LA MANNE ET L'IMMORTALITÉ

1. Les données bibliques

Selon Ex, la peur de la mort est à l'origine du don de la manne: en arrivant dans le désert de Sin, les Hébreux furent épouvantés. *«Que ne sommes-nous morts de la main du Seigneur au pays d'Égypte...? A coup sûr, vous nous avez amenés dans ce désert pour faire mourir de faim toute cette multitude»* (Ex 16,3). Cette peur est aussi à l'origine des récriminations du peuple en Nb 11,6 et Nb 21,5: *«nous dépérissons, privés de tout, nos yeux ne voient plus que de la manne»*; *«Pourquoi nous avez-vous fait monter d'Égypte pour mourir en ce désert...?»*. En fait ce n'est pas de la faim que la mort viendra, mais des récriminations. Pour n'avoir pas accepté le salut envoyé par Dieu et avoir douté par convoitise, Israël est frappé à deux reprises d'une épreuve de mort: l'épisode des cailles, qui laisse son nom au lieu de la rebellion: *«Sépulcres de convoitise»* (Nb 11,34), et celui des *«serpents brûlants»*, qui se solde par *«une morsure qui fit périr beaucoup de monde en Israël»* (Nb 21,6). Ainsi, selon Ex et Nb, la manne n'est pas seulement une nourriture sauvant momentanément de la mort, elle est un signe du Salut divin: récriminer contre elle, c'est récriminer contre Dieu et mériter la mort.

Signe de contradiction, la manne est le support d'un affrontement entre la vie et la mort. Puissance de vie, elle est un signe qui doit être conservé *«pour toutes les générations»* dans un vase placé à l'intérieur de l'Arche d'Alliance (Ex 16,33-34; He 9,4). Ce besoin de conserver pour les générations futures la mémoire du salut opéré par la manne est aussi exprimé dans le Ps 78 et en Dt 8: *«Nous ne le tairons pas à leurs enfants, nous le raconterons à la génération qui vient»* (Ps 78,4-5), *«Garde-toi d'oublier le Seigneur ton Dieu..., quand tu auras mangé et te seras rassasié ... lui qui, dans le désert, t'a donné à manger la manne»* (Dt 8,11-16). Au stade de connaissance théologique où ils se situent, ces textes ne peuvent parler que d'une mémoire du peuple, ils ne font aucun lien entre la manne qui a sauvé l'homme sur la terre et l'espérance d'une vie éternelle: l'homme est *«cette chair, souffle qui s'en va et ne revient pas»* (Ps 78,39).

Dt 8,16 (TM) laisse ouverte la possibilité d'un développement eschatologique, — qui sera exploité par la LXX et les Targumim —, lorsqu'il affirme: *«il t'a nourri de la manne afin de t'humilier et afin de te mettre à l'épreuve pour te faire du bien dans ton avenir»*. Mais, évidemment, la

perspective d'une vie au-delà de la mort physique ne transparaît clairement et explicitement dans aucun texte biblique antérieur à l'époque hellénistique.

2. LE JUDAISME ANCIEN

a) *Le judaïsme palestinien*

Le *Tg. Néof.* et la LXX ont saisi l'occasion offerte par Dt 8,16
(TM)[1] et ont traduit: «*pour te faire du bien* dans ton avenir» par «à la fin
des jours» (*Tg. Néof.*) et ἐπ'ἐσχάτων τῶν ἡμερῶν σου: «*aux derniers de
tes jours*» (LXX). *Tg. Néof.* donne une orientation eschatologique collec-
tive et la LXX a une orientation apparemment plus individuelle, mais il
ne faut pas majorer cette nuance, puisque le «*tu*» du Dt est en fait une
manière de désigner chaque membre de la communauté[2].

Les écrits rabbiniques témoignent d'une tradition où la manne est la
nourriture des justes dans le monde à venir. Selon divers écrits, la manne,
gardée dans l'Arche, aurait été cachée par Josias en prévision de la destruction de Jérusalem. Seuls le Messie ou Élie la feront réapparaître à la
fin des temps[3]. Elle sera la nourriture du monde futur[4] et les hommes qui
ont goûté sur terre la nourriture céleste ont, en quelque sorte, participé
par anticipation à la nourriture du monde éternel[5]. En outre, en obser-
vant le Sabbat que Dieu lui a enseigné par le don de la manne, l'homme
peut déjà échapper au grand Jour du Jugement[6]. Aucun texte cependant,
dans le judaïsme palestinien ancien, n'établit de rapport explicite entre la
manne et l'incorruptibilité ou l'immortalité: nourriture céleste, nourriture
du monde à venir, la manne n'est pas forcément une nourriture d'immortalité.

b) *L'intertestament hellénistique*

Il est difficile de situer chronologiquement par rapport aux écrits
canoniques un certain nombre de livres apocryphes et pseudépigraphes
d'origine judéo-héllénistique, souvent regroupés sous le titre d'*intertestament*. Ces textes sont empreints d'une tonalité apocalyptique et caractéri-
sés par la préoccupation de la vie future. Ils reçoivent l'influence des milieux dans lesquels ils ont été écrits, principalement l'Égypte, et des reli-

---

[1] Cf. MALINA, 76-77. TM: *b'hritk*; TJI et TO: *bswpk*; TN: *bswp iwmiih*; LXX:
ἐπ'ἐσχάτων τῶν ἡμερῶν σου (Alexandrinus et Ambrosianus: ἐσχάτω σου = TM).

[2] Cf. P. BUIS, *Le Deutéronome* (Paris 1969), 30.

[3] *MekhY* 5,51 et 6,80. Cf. GINZBERG, VI, 19, n. 112.

[4] *MekhY* 4,50 et 5,64, *Hag* 12b. Cf. GINZBERG VI, 17, n. 97.

[5] Cf. *ExR* 25,3.8.

[6] *MekhY* 5,70 et 6,30.

gions mystériques en plein essor aux alentours du premier siècle. Toutes ces caractéristiques apportent à la relecture du don de la manne une dimension nouvelle.

Les *Antiquités Bibliques* présentent la manne comme venant du Paradis: «*Sachez que vous avez mangé le pain des anges pendant quarante ans*»; «*Dieu montra à Moïse le lieu d'où la manne est tombée pour le peuple, jusqu'aux sentiers du Paradis*»[7].

Pour *Baruch* II, la manne est la nourriture de la vie éternelle, dans le monde à venir: «*En ce temps, voici que descendra de nouveau le trésor de la manne et ils en mangeront pendant ces années-là, car ils seront parvenus à la fin des temps*»[8].

Les *Oracles Sibyllins* disent de façon équivalente: «*Ceux qui adorent le Dieu véritable hériteront la vie... ils se nourriront du doux pain du ciel étoilé*»[9].

Quant à *Baruch* III, il en fait une nourriture d'immortalité et de résurrection en la présentant comme la nourriture du Phénix qui renaît de ses cendres: «*L'ange me dit: 'Phénix est le nom dont on l'appelle — et que mange-t-il?' Et il me dit: 'La manne du ciel et la rosée de la terre'*»[10].

Joseph et Aseneth est considéré par beaucoup comme un véritable traité d'initiation aux cultes mystériques[11], et il est vrai qu'au-delà de son apparence romancée, ce récit véhicule un enseignement. Profondément influencé par l'Égypte, il ne nomme pas explicitement la manne, mais le *pain de vie* qu'il mentionne souvent présente des caractéristiques très proches de celles de la manne. Elles permettent de comprendre dans quel climat se situe la Sg lorsqu'elle parle du «*pain des anges*», bien que cet écrit lui soit certainement postérieur[12].

«Il ne convient pas à un homme pieux qui bénit de sa bouche le Dieu vivant et qui mange le pain béni de la vie *et qui boit la coupe bénie de l'immortalité et qui est oint de l'onction bénite d'incorruptibilité d'embrasser une femme étrangère...».*

---

[7] *Ant. Bibl.* XIX,5.10 et XX,8. La traduction des textes cités dans ce paragraphe est extraite de *La Bible, écrits intertestamentaires* (éd. A. DUPONT-SOMMER et M. PHILONENKO), (Paris 1987).

[8] *II Baruch* XXIX,8.

[9] *Oracles S., Fragments*, III,46-49.

[10] *III Baruch* VI,10-12.

[11] M. PHILONENKO, *La Bible, écrits intertestamentaires*, introduction générale, CXXIV et «Initiation et mystère dans Joseph et Aseneth», *Initiation, contributions* (Leyde 1965), 147-153. G. KUHN, «The Lord's Supper and the Communal Meal at Qumran», *The Scrolls and the New Testament* (éd. K. Stendhal) (New-York 1957), 65-93. La p. 75 et les n. 37-39 p. 261-262 de cet ouvrage affirment la valeur initiatique du roman. On peut consulter aussi A. M. DENIS, *Introduction aux Pseudépigraphes grecs de l'Ancien Testament* (Leiden 1970), 40-47.

[12] Cf. C. BURCHARD-M. PHILONENKO, «Joseph et Aseneth, questions actuelles», *Littérature juive entre Tenach et Mischna* (Leyde 1974), 77-100.

«Revivifie-la de ta vie, qu'elle mange ton pain de vie *et boive ta coupe de bénédiction».*

«Tu mangeras le pain de vie *et tu boiras la coupe d'immortalité».*

«Le rayon était blanc comme neige et plein de miel *et son odeur était comme la senteur de la vie».*

«Ce miel, *ce sont les abeilles du Paradis qui le font,* les anges de Dieu en mangent *et quiconque en mangera ne mourra jamais»*[13].

La nourriture de vie, semblable au pain ou semblable au miel, blanche, fabriquée au Paradis, nourriture des anges, est similaire à la manne; dans un texte de tradition juive, même sans mention explicite du terme «manne», le rapprochement est évident (il ne peut être question de *manne*, puisque le mariage de *Joseph et Aseneth* se situe à la fin de la période patriarcale, donc plusieurs siècles avant l'Exode). Or la nourriture dont il est question dans ce texte est la nourriture d'immortalité, telle qu'on la trouve dans les cultes mystériques. Si le roman se situait dans le contexte de l'Exode, il serait facile d'identifier cette nourriture d'immortalité avec la manne.

3. Philon d'Alexandrie[14]

Le thème de l'immortalité revêt chez Philon une importance capitale[15]. Il est donc surprenant de constater que, parmi les nombreux textes consacrés à la manne, un seul établit une relation explicite entre elle et l'incorruptibilité, *Her* 79: *«Israël a été instruit à tourner ses yeux vers la manne, qui est le logos divin* (θεῖον λόγον), *nourriture incorruptible venue du ciel* (τὴν οὐράνιον ἄφθαρτον τροφήν) *pour l'âme éprise de contemplation».* Pour Philon, incorruptibilité et éternité vont de pair (*Abr* 55). En fait, en présentant la manne comme le Logos et comme *nourriture de l'âme*[16], Philon sous-entend toujours que la manne est liée à l'immortalité, puisque le Logos est immortel, et il croit à l'immortalité de l'âme, si elle devient pure intelligence[17].

Pour lui, l'homme est corruptible et l'immortalité lui est impossible[18]; seule l'âme peut accéder à l'immortalité, *«quant à la résurrection des corps, il n'en parle pas»*[19]. La manne ne saurait donc procurer l'im-

---

[13] *Joseph et Aseneth*, VIII,5.11; XV,4; XVI,4.8.
[14] Cf. Beauchamp, «La cosmologie» et «Le salut corporel».
[15] Cf. Wolfson I, 395-412.
[16] *Her*, 91, *Leg All* II,86 et III,175, *Sacr* 86 etc...
[17] Bréhier, 240-242.
[18] *Abr* 55; *Mutat* 210.
[19] Lagrange, *Le Judaïsme*, 571.

mortalité du corps, mais elle représente la participation de l'âme au Logos par laquelle l'âme se purifie jusqu'à devenir immortelle. Ainsi le Logos, dont la manne est l'image, est pour l'âme la nourriture d'immortalité. Philon peut donc dire: «*Le ciel fait pleuvoir sur nous une nourriture meilleure que le nectar et l'ambroisie de la mythologie*»[20].

4. LE LIVRE DE LA SAGESSE[11]

a) *Le chapitre 16*

Une fois encore, il nous faut situer l'épisode de la manne dans l'ensemble de Sg 16,1–17,1, car plusieurs allusions à l'immortalité jalonnent le texte avant qu'il ne soit question de la manne.

Tout d'abord, face à la menace de mort — et à la mort effective — qui afflige les enfants d'Israël lors de l'envoi des serpents, Dieu se révèle «*Sauveur de tous*» (Sg 16,7) et sa «*Parole*» est présentée comme «*celle qui guérit tout*» (Sg 16,12). C'est donc de lui seul que peut venir la vie, l'espérance d'immortalité pour tout être.

Les bases de l'espérance sont posées: Dieu sauve et guérit. Mais, comme la structure permet de le supposer, c'est surtout la conclusion que l'auteur tire de l'épisode des serpents, en Sg 16,13-14, au terme de la première grande partie de Sg 16,1–17,1, qui éclaire la portée eschatologique de la finale de la deuxième partie du texte, concernant la manne, en Sg 16,28-29.

> «*Oui, c'est toi qui as le pouvoir sur la vie et sur la mort,*
> *qui fais descendre aux portes de l'Hadès et en fais remonter.*
> *L'homme, dans sa malice, peut bien tuer,*
> *mais il ne ramène pas le souffle une fois parti,*
> *et ne libère pas l'âme qui a été reçue*» (Sg 16,13-14).

Sg parle plusieurs fois de l'Hadès[22], séjour des morts ou puissance de mort[23] à laquelle l'homme se soumet librement, s'il refuse de vivre selon la justice[24], mais dont il peut être sauvé, s'il vit selon la justice immortelle (Sg 1,15). Les impies, pour justifier leur inconduite, doutent de la possibilité d'y échapper, en disant: «*On ne connaît personne qui ait délivré* (ou *qui soit revenu*) *de l'Hadès*» (Sg 2,1). En fait, l'Hadès répand ses ténèbres sur

---

[20] *Det* 156.

[21] Cf. BEAUCHAMP, «Le salut corporel», M. J. LAGRANGE, «Le livre de la Sagesse – Sa doctrine des fins dernières», *RB* 4 (1907), 85-104. R. SCHÜTZ, *Les idées eschatologiques du livre de la Sagesse*, Paris (1935).

[22] Sg 1,14; 2,1; 16,13-14; 17,14. SCHÜTZ, 187-195 commente Sg 16,13-14.

[23] OSTY, *BJ* p. 964, n. c).

[24] SCHÜTZ, 56-60. LARCHER I, 204s.

les impies, semant la terreur (Sg 17,14), mais il est impuissant sur les justes (cf. Sg 18,1, se référant à 17,14).

En Sg 16,13-14, l'Hadès est présenté comme un lieu clos, séjour des morts où Dieu seul peut à sa guise faire descendre l'homme et d'où il peut le faire remonter. L'Hadès manifeste l'impuissance fondamentale de l'homme, car seul Dieu a pouvoir sur la vie et la mort (Sg 16,13) et l'homme ne *«peut échapper à sa main»* (Sg 16,15). L'homme, quant à lui, peut faire partir l'âme ou l'esprit (*«il peut tuer»*), mais il ne peut les faire revenir (Sg 16,14).

Il n'est pas encore question de la manne dans ce texte, mais il prépare à contempler l'épisode suivant dans sa dimension eschatologique: le don de la manne doit être lu comme une intervention de ce Dieu qui a *«le pouvoir sur la vie et sur la mort»*. L'affirmation: *«Ta Parole conserve ceux qui croient en toi»* (16,26) reprend et complète les expressions précédentes: *«Tu es le Sauveur de tous»* (16,7) et *«Ta Parole guérit tout»* (16,12). *Sauver, guérir, conserver dans l'être* sont les trois étapes du don de la vie nouvelle. D'un autre côté, la même impuissance de l'impie (ou de l'ingrat) face à la mort est décrite: *«il ne ramène pas le souffle une fois parti»* (16,14) et *«L'espoir de l'ingrat... s'écoule comme une eau inutile»* (16,29).

A la lumière de ce parallélisme, la dimension eschatologique de Sg 16,26–17,1 se dessine:

> *«Les productions de fruits ne nourrissent pas l'homme,*
> *mais ta Parole* fait subsister *ceux qui croient en toi (...)*
> *Afin qu'il soit su qu'il faut* devancer le soleil *pour ton action de grâces et* lorsque se lève la lumière *te rencontrer.*
> *L'espoir de l'ingrat, comme le givre hivernal, fond*
> *et s'écoule comme une eau inutile.*
> *Oui,* tes jugements *sont grands et inexplicables».*

En Sg, l'espoir (ἐλπίς) est toujours lié à la vie et à l'eschatologie et *l'espoir de l'ingrat*, c'est l'espoir de vivre au-delà de la mort physique (cf. Sg 5,14-15). Contrairement à l'espoir des justes, dont *«les âmes sont dans la main de Dieu»* et des fils qui reçoivent le *«bel espoir»* de repentir (Sg 12,19), *«l'espoir des impies est vain»* (3,11), il est *«comme la bale»* (5,14) et les apostats *«n'auront pas d'espoir au jour de la décision»* (3,18), car *«ils n'espèrent pas de rémunération pour la sainteté, ... ils ne croient pas à la récompense des âmes pures, or Dieu a créé l'homme pour l'incorruptibilité»* (2,22)[25]. A l'inutilité de *l'espoir de l'ingrat* s'oppose l'expression *«Ta paro-*

---

[25] Sg 2,22; 3,4-5.11.18; 5,14; 11,7; 12,19; 13,10; 14,6; 15,6.10. Cf. S. Bartina Gassiot, «La esperanza en el libro de la Sabiduria», *La esperanza en la Biblia*, XXX Semana Biblica Española (Madrid 1972), 35-47. Certains passages des Proverbes laissent entrevoir une notion de l'espérance voisine de celle de Sg (Pr 10,28; 11,7; 23,18; 24,14).

le conserve *ceux qui croient en toi».* Dans ce contexte, il est légitime de penser que διατηρέω (conserver) concerne la vie éternelle et non une préservation momentanée de la vie terrestre. Ce passage est alors en plein accord avec des textes comme Sg 5,15 affirmant que *«les justes vivent à jamais, leur récompense est auprès du Seigneur»* ou Sg 3,4-5 parlant des justes dont *«L'espérance (ἐλπίς) est pleine d'immortalité».* Dans ce dernier cas, comme en Sg 16,29, ἐλπίς désigne plus le contenu, l'objet de l'espérance, que le fait d'espérer, comme cela arrive souvent[26].

Sg 16,13-14 montrait la suprématie de Dieu sur la vie et la mort, Sg 16,28-29 présente le sort différent des justes et des ingrats. C'est précisément dans cette différence de destinée entre d'un côté *ceux qui croient* et que *ta Parole fait subsister,* et de l'autre les *ingrats* dont *l'espoir fond et s'écoule,* que consistent *«les jugements grands et difficiles à décrire»* de Dieu (Sg 17,1).

Si l'on accepte cette ligne d'interprétation eschatologique, il n'est pas impossible de percevoir, avec certains commentateurs[27], une allusion au Jugement dernier ou à la Venue du Seigneur (qui est le grand *jour* attendu par l'Ancien Testament) dans la phrase *«Il faut devancer le soleil pour te rendre grâces et avant que se lève la lumière, te rencontrer»* (Sg 16,28), puisque cette lumière peut être mise en rapport avec *«la lumière incorruptible de la Loi»* (18,4), celle des Saints (18,1) ou même *«la lumière éternelle»* dont la Sagesse est le reflet (7,26) et dont *l'éclat ne connaît pas de repos* (7,11), *«la lumière de la justice»,* semblable au *Soleil qui se lève* (5,6).

Considérée dans tout le contexte eschatologique de Sg, la manne n'apparaît plus seulement comme une nourriture qui sauve la vie dans une situation périlleuse, elle est le symbole de *«Ta Parole qui conserve (dans l'être) ceux qui croient en toi»* pour le Jour de la Lumière, et le gage d'une *espérance pleine d'immortalité* pour *ceux qui croient* et rendent grâce.

b) *La finale de Sg*

La portée eschatologique du prodige de la manne en Sg 16 pourrait n'être qu'une hypothèse, si elle n'était confirmée par le rappel du prodige en Sg 19,21:

---

[26] G. SCARPAT, «Una speranza piena di immortalità (Sap 3,4)», *RivB* 36 (1988), 487-494. Cet auteur ne met pas en valeur que ἐλπίς désigne parfois plus la réalité attendue que l'attitude de l'âme en attente. Chez S. Paul le phénomène est fréquent: Ga 5,5; Col 1,5; Tt 2,13 (cf. He 6,18). La formule de Tt 2,13 est citée dans le missel de Paul VI: *«en attendant la bienheureuse espérance et l'Apparition (de la Gloire) de notre (grand Dieu et) Sauveur Jésus-Christ»* (Prière après le Pater).

[27] Par exemple Raban Maur, la 7e interprétation de Bonaventure, Hughes de Saint-Cher, Denys le Chartreux.

«En revanche, les flammes ne faisaient pas fondre les chairs des êtres vi-
vants fragiles qui s'y aventuraient et elles ne faisaient pas fondre l'aliment
ambrosiaque semblable à de la glace et facile à fondre»[28].

Ce verset est le dernier du livre avant l'exclamation finale. Le prodige de la manne résistant au feu y est rappelé au terme d'une récapitulation des prodiges de l'Exode par lesquels l'ordre cosmique a été modifié.
Ces prodiges constituent les prémices d'une nouvelle harmonie de la création. La manne, défiant les lois d'un monde qu'elle transcende, est le signe le plus important de ce nouvel ordre. Les derniers mots du verset la
désignent comme ἀμβροσίας τροφῆς, «*nourriture ambrosiaque*». Il ne
peut s'agir d'un hasard. Ces paroles constituent, en fait, une clef de lecture pour toute la syncrisis de Sg 11-19. Comme le dit P. Beauchamp, «*Si
jamais le dernier mot d'un livre a eu du poids, c'est bien ici*»[29].

Le terme «*nourriture*» *(τροφή)* est caractéristique du chapitre 16,
puisqu'il n'apparaît que deux fois en dehors (en Sg 19,21 et, sans valeur
spécifique, en Sg 13,12) alors qu'à six reprises ce terme et des mots de sa
famille sont utilisés en Sg 16. La mention de la nourriture à la fin du livre
ne surprend pas, si l'on songe à l'importance de la nourriture dans la tradition biblique, et si l'on remarque que plusieurs textes bibliques finissent
par le même sujet[30]. En revanche le qualificatif qui lui est joint, *ambrosiaque*, pose question.

Pour ce qui est de l'étymologie, ἀμβρόσιος est composé d'un ἀ-
privatif et de βρότος, mortel. La racine indo-européenne est *mer*,
signifiant mourir. Le suffixe -το indique généralement la possibilité:
ἄμβροτος signifie donc «qui n'a pas la possibilité de mourir». Ἄμβροτος
est souvent épithète de θεός mais il est aussi utilisé pour différents objets
divins. Ainsi «*ambroisie*» est devenu le nom propre de la nourriture des
dieux. L'homme qui la consomme peut participer de leur immortalité.
L'adjectif ἀμβρόσιος est fréquemment utilisé chez Homère pour qualifier
toutes sortes de réalités ou d'attributs appartenant aux dieux; il peut,
dans certains cas, avoir un sens causatif ou signifier l'origine d'une chose
procurée par les immortels. Par extension, il finit par désigner quelque
chose de divinement beau ou bon[31]. Ici le sens originel s'impose, car la

---

[28] Au niveau de la critique textuelle, en Sg 19,21c la grande majorité des témoins
lisent: οὐδὲ τηκτόν; Ziegler, sur la base de Lat, Syr et Arm, préfère οὐδ'ἔτηκον. Cette
lecture permet de conserver le parallélisme avec le stique précédent et de garder le même
sujet (φλόγες). En Sg 16,22a et 27b se trouve une forme verbale identique.

[29] Beauchamp, «Le salut corporel», 509.

[30] Ibid, 507s. La mention finale de la nourriture se trouve en Gn 1,30, au dernier soir
de la création, et dans les Ps 104 et 136.

[31] Ces informations sont extraites de E. Boisacq, *Dictionnaire Etymologique de la
Langue Grecque* (Paris 1923), 134; P. Chantraine, *Dictionnaire Etymologique de la Langue
Grecque* (Paris 1968), 197s. Cf. aussi A. B. Cook, *Zeus, a Study in Ancient Religion*, vol. III

manne n'est pas «divine» et tout le contexte invite à la considérer comme un moyen d'échapper à la mort, quelles que soient les conditions cosmiques. Sans cela, le choix d'un terme aussi spécifique dans un contexte de bouleversements eschatologiques ne se justifie pas.

Au terme d'un «*merveilleux voyage*» (Sg 10,17) auquel le «midrash» de l'Exode a servi de support, Sg mentionne la nourriture d'immortalité. Déjà offerte au cours du chemin, cette nourriture est encore là au final, dans une création bouleversée où les éléments ne s'opposent plus entre eux, et dont les prodiges de l'Exode ont donné le gage.

Dans la symphonie cosmique décrite par Sg 19,18-21, les êtres vivants vivent indépendamment du milieu naturel où ils subsistent ordinairement: «*les êtres terrestres devenaient aquatiques et ceux qui nagent se déplaçaient sur la terre*». Les forces du feu et de l'eau ne se contredisent plus[32]. Et «*en revanche les flammes ne consumaient pas les chairs des fragiles vivants se promenant en elles*» (Sg 19,21ab). Les *vivants* dont il est question ici (ζῷα) peuvent, évidemment, désigner les animaux, selon le sens courant de la parole; cependant une allusion aux hommes sauvés n'est pas à rejeter, de même qu'en Ez 1,5-21 et en Ap 4,7-11, les ζῷα ne désignent pas des animaux, mais des puissances de vie qui entourent la gloire de Dieu. Un autre indice de cette interprétation est que le deuxième stique du verset est quasiment identique à Dn 3,24θ' décrivant les trois jeunes gens dans la fournaise:

«καὶ περιεπάτουν ἐν μέσῳ τῆς φλογός» (Dn 3,24θ')
«φλόγες οὐχ ἐμάραναν σάρκας ἐμπεριπατούντων» (Sg 19,21)

Par ailleurs, les hommes, et surtout les justes, sont présentés par Sg comme des «vivants», même après leur mort[33], puisque Dieu est «*Maître ami de la vie*» (Sg 11,26). Les *chairs des vivants* dont il est question dans la création bouleversée ne pourraient-elles pas alors être celles des hommes qui ont franchi la mort, symbolisée par la mer Rouge, et que l'épreuve du feu ne peut atteindre dans la création nouvelle? La présence de la *nourriture ambrosiaque* et des *chairs des vivants* au sein d'un feu qui ne peut leur faire de mal pourrait être considérée comme une allusion subtile à la ré-

---

(Cambridge 1940), 496ss et Beauchamp, «Le salut corporel», 509, n. 2. Liddell-Scott, 79; Bailly, 95: *De nature divine: Homère, Hymne à Mercure, v. 230. Qui concerne les immortels, immortel, divin: Iliade 1,529, Hymne 27,18, Hésiode, Théogonie 69. Procuré par les immortels, immortel, divin: Il. 2,19.57, Hés., Œuvres et jours, 728. Par extension, divinement beau ou bon, Odyssée 18,198. Euripide, Médée 983.* L'ambroisie n'était pas seulement une nourriture des dieux, elle était utilisée par eux pour procurer l'incorruptibilité ou l'immortalité: Il. XVI, 670-680; XIX, 38, Théocrite, XV, 108, Ovide, Métamorphoses XIV, 605.

[32] Le jeu des expressions employées en Sg 16 et en Sg 19 ne peut être fortuit: 19,20a: πῦρ ἴσχυεν ἐν ὕδατι τῆς ἰδίας δυνάμεως et en 16,23b: (πῦρ) τῆς ἰδίας ἐπιλέλησται δυνάμεως. Sg 16,17a et 19,20b présentent aussi les prodiges en des termes semblables.

[33] Sg 1,13; 10,8; 18,12; 18,23; après la mort: 4,10, 5,15.

surrection de la chair. La manne reçue dans le désert, nourriture merveilleuse faisant goûter à l'homme la douceur de Dieu et lui enseignant la prière d'action de grâces, serait une anticipation de la nourriture de vie éternelle qui permet une participation à la *substance* et la *douceur* mêmes de Dieu[34].

5. LA SAGESSE ET LES MYSTÈRES[35]

En présentant la manne comme «*nourriture ambrosiaque*», ἀμβροσίας τροφῆς (Sg 19,21), Sg fait une allusion directe à l'ambroisie de la religion grecque. A la veille de l'ère chrétienne, le culte grec était caractérisé par la floraison des mystères qui se répandaient dans tout le bassin méditerranéen. Alexandrie, confluent entre l'antique religion égyptienne et les cultes mystériques «importés», si l'on peut dire, par l'envahisseur grec, était devenue une terre de prédilection pour le syncrétisme qui se manifestait en un foisonnement de sectes tel que Ptolémée IV Philopator, dans les deux dernières décennies du troisième siècle, dut intervenir pour y mettre bon ordre[36].

---

[34] BEAUCHAMP, «Le salut corporel», 508: «*Les chairs vivantes résistent à l'épreuve du feu, comme par une prérogative angélique; et la manne, que l'auteur avait appelée plus haut «nourriture des anges» (16,20) se révélait elle aussi à l'épreuve du feu et incorruptible. Elle pouvait donc nourrir des chairs incorruptibles et les maintenir telles, d'où le nom qui lui est donné de nourriture 'ambrosiaque'*».

[35] Cf. principalement: A. LOISY, *Les mystères païens et le Mystère chrétien* (Paris 1914) (fortement critiqué par M.J. LAGRANGE, *RB* 29 (1920), 420-446); P. FOUCARD, *Les mystères d'Eleusis* (Paris 1914); M.J. LAGRANGE, «Les mystères d'Eleusis et le christianisme», *RB* 16 (1919), 157-217; «La régénération et la filiation divine dans les mystères d'Eleusis», *RB* 38 (1929), 63-81 et 201-214; *L'Orphisme* (Paris 1937); L. CERFAUX, «Influence des mystères sur le judaïsme alexandrin avant Philon», *Muséon* 37 (1924), 29-88; F. CUMONT, *Les religions orientales dans le paganisme romain* (Paris 1929); M.P. ROUSSEL, «L'initiation préalable et le symbole éleusinien», *BCH* 54 (1930), 51-75; E.R. GOODENOUGH, *By Light, Light. The Mystic Gospel of Hellenistic Judaism* (Londres 1935); H. RAHNER, *Mythes grec et mystère chrétien* (Paris 1954); A. DELATTE, *Le cycéon. Breuvage rituel des mystères d'Eleusis* (Paris 1955); K. PRÜMM, *Mystères, DBS* VI (1960), col. 6-225; G.E. MYLONAS, *Eleusis and the Eleusinian Mysteries* (Princeton 1961); C. LARCHER, *Etudes*, 254-259; M. ÉLIADE, *Histoire des croyances et des idées religieuses*, vol. II (Paris 1978), 474ss; A.J. FESTUGIÈRE, *L'idéal religieux des Grecs et l'Evangile* (Paris 1981), 116-142; J. LECLANT, «Aegyptiaca et milieux isiaques: recherches sur la diffusion du matériel et des idées égyptiennes», *ANRW* II, 17 (3), 1692-1709 et avec G. CLERC, *Inventaire bibliographique des Isiaca* (IBIS) I-III, (EPRO 18), (Leiden 1972, 74, 85); L. BOUYER, *Mysterion. Du mystère à la mystique* (Paris 1986); R. TURCAN, *Les cultes orientaux dans le monde romain* (Paris 1989); PLUTARQUE, *Œuvres morales, Isis et Osiris*, Tome V, 2e partie. Texte établi et traduit par C. FROIDEFOND (Paris 1988). La *Notice* de cet ouvrage (pp. 14-177) est remarquable. Voir aussi l'abondante bibliographie de W. BURKERT, *Antichi culti misterici*, Rome-Bari (1989).

[36] Le texte du décret a été publié par M. SCHUBART, *Amtliche Berichte aus den Kön Kunstsammlungen* XXXVIII (1916-1917), col. 189-197, repris par M.P. ROUSSEL, *Comptes*

Les juifs, nombreux à Alexandrie, essayèrent aussi de présenter leur religion comme un mystère, le seul véritablement transmis par une tradition remontant aux Chaldéens, par Abraham, et révélé historiquement par le Seigneur lui-même. Cette tentative est bien antérieure à Philon[37]. Les récits du Pentateuque, et principalement de l'Exode, eurent une grande importance dans cette présentation originale du judaïsme où Moïse est considéré comme le grand hiérophante[38].

Philon se sert généralement du vocabulaire mystérique dans un sens assez polémique, puisqu'il cherche à montrer l'excellence de la religion juive[39]; Flavius Josèphe emploie aussi une terminologie initiatique, mais il est plus catégorique dans sa distinction entre la religion juive et les mystères[40].

Souvent, dans les mystères, une nourriture était proposée aux initiés et, comme l'ambroisie, elle pouvait donner accès à l'immortalité: «*la manducation est une forme très ancienne de l'union avec le Spirituel, pratiquée en vue d'obtenir des propriétés surnaturelles*»[41]. Puisqu'en suivant l'initiation, «*c'est l'immortalité bienheureuse qu'on cherchait avant tout*»[42], la nourriture sacrée était l'un des éléments essentiels de cette quête d'éternité.

---

rendus de l'Académie des Inscriptions et B. L. (1919), 237ss. Pour la diffusion des cultes mystériques isiaques: F. DUNAND, *Le culte d'Isis dans le bassin oriental de la Méditerranée* (Leiden 1973), vol. I à III.

[37] CERFAUX, «*Influence*», 59: «*Avec Philon, qui n'a d'estime que pour la philosophie et la mystique personnelle, les thèmes mystérieux ne sont que littérature: nous pensons avoir établi qu'ils furent frappés à une époque antérieure au philonisme, quand il y avait encore honneur et profit à faire figure dans le monde des mystères*».
Divers documents sont mis en valeur par Cerfaux: l'édit de Ptolémée IV Philopator, imposant aux juifs le culte Dionysiaque, transmis par 3 M 2,27 (cf. récemment la discussion sur sa valeur historique dans A. KASHER, *The Jews in Hellenistic and Roman Egypt* (Tubingen 1985), 214-220), le récit qu'Eusèbe attribue à Artapan (M. L. WEST, *The Orfic poems* (Oxford 1983), 33-35), la *Lettre d'Aristée* et les diverses formes du *Hiéros Logos* juif transmis par Justin (*Cohort. ad Graecos*), Clément d'Alexandrie (*Strom. V, 14, 123*) et Eusèbe (*Praep. ev. XIII, 12, 5*).

[38] Cf. Philon, *Plant 26, Gig 54...* (BRÉHIER, 101). Moïse est identifié à Mouséos, précepteur d'Orphée dans le récit cité par Eusèbe, il est appelé «*l'enfant du fleuve*» dans le *Hiéros Logos* orphique, et la Loi est une succession d'oracles (Aristée, 31, Philon, *Leg All III,219*). CERFAUX, «*Influence*», 73-80.

[39] C. RIEDWEG, *Mysterienterminologie bei Platon, Philon und Klemens von Alexandrien*, Untersuchungen zur antiken Literatur und Geschichte, 26 (Berlin-New York 1987). A. D. NOCK, «The Question of Jewish Mysteries», *Gnomon* 13 (1937) 156-175 et M. SIMON, «Conceptions et symboles sotériologiques chez les Juifs de la Diaspora», *La soteriologia dei culti orientali nell'Impero Romano*. Atti del colloquio internazionale (éd. U. Bianchi – M. J. Vermaseren), EPRO 92; Leiden, 1982), 781-800, ont rectifié les excès de Goodenough, *By Light*, qui soutenait l'existence d'une véritable initiation à un mystère juif chez Philon.

[40] *Contra Ap.*, II, 190.

[41] A. DIETERICH, *Eine Mithrasliturgie*, 3e éd. (1923), 102, cité par DELATTE, 48.

[42] FESTUGIÈRE, *L'idéal, 132.*

Les mystères, comme leur nom l'indique, ont été protégés par un secret rigoureux, car il n'était permis, sous peine de mort, *ni de scruter ni de divulguer les augustes cérémonies* des rites initiatiques[43]. Seule leur existence et leurs buts pouvaient être évoqués. Les éléments qui affleurent çà et là dans la littérature et l'iconographie ne permettent pas d'avoir une connaissance exacte de ces rites. Pourtant ce que nous connaissons des mystères porte à établir un lien entre leur conception de la nourriture rituelle et celle qu'offre Sg à propos de la manne. Les mystères d'Éleusis, en particulier, présentent de nombreuses affinités avec Sg 16[44].

Le lien entre le culte d'Isis et celui de Déméter est clairement établi et indiscutable, confirmé par Plutarque[45] et par la découverte de statuettes d'Isis dans des tombes d'initiés aux mystères d'Éleusis[46]. Hérodote et Plutarque affirment même que les mystères d'Éleusis sont d'origine égyptienne[47]. Or la déesse Isis est vénérée initialement en Égypte — lieu de composition de Sg — et de nombreuses expressions de Sg 6 à 10 sont voisines ou identiques à celles des prières adressées à Isis[48].

Isis est la déesse qui conduit sur le chemin de l'immortalité, comme Coré, fille de Déméter, est la reine de l'Hadès. La raison fondamentale d'une probable évocation discrète d'Isis en Sg est sans doute que l'auteur voulait *«attribuer au Dieu des Pères toute Sagesse, non seulement la connaissance scientifique contemporaine sur l'univers, mais aussi, et c'est la raison la plus importante, l'accès à l'immortalité»*[49].

Le rapport entre Sg et les mystères a attiré depuis longtemps l'attention des chercheurs, mais le rôle du chapitre 16 en ce domaine n'a guère été souligné[50]. Il faut se rappeler néanmoins que la *critique des dieux* (Sg 13 à 15) est précédée (12,23ss) et s'achève par une critique de la zoolâtrie égyptienne, qu'il est question de *mystères* et d'*initiation* (μυστήρια καὶ

---

[43] Homère, *Hymn. in Cererem*, vv. 478-479.
[44] Les mystères d'Éleusis n'ont jamais quitté la Grèce, mais leur influence sur les mystères d'Isis à Alexandrie dès le IIe s. av. J. C. est certaine. Cf. LARCHER, *Etudes*, 256ss. FROIDEFOND, 46 et 174ss, PRÜMM, 132, BOUYER, 69.
[45] Cf. FROIDEFOND, 149. MYLONAS, 206.
[46] F. DUNAND, *Le culte d'Isis*, vol. II (*le culte d'Isis en Grèce*), 3, n. 3. F. LE CORSU, *Isis, mythes et mystères* (Paris 1977), 97-98. G. SFAMENI-GASPARRO, Le religioni orientali nel mondo ellenistico-romano, in *Storia delle Religioni* 6 (éd. G. Castellani), (Turin 1971), vol. III, 423-564.
[47] Hérodote II,171; Plutarque, Fr. 84 (éd. Didot, V, p. 55).
[48] REESE, *Hellenistic influence*, 46-49, complété par J. S. KLOPPENBORG, «Isis and Sophia in the book of Wisdom», *HTR* 75 (1982), 57-84. Cf. aussi B. L. MACK, *Logos und Sophia*, Göttingen (1973).
[49] REESE, 49.
[50] GOODENOUGH, *By Light*, 268-276 ne s'intéresse malheureusement qu'à la première partie de Sg.

τελεταί) en Sg 14,15 et 23[51], et que toute la *syncrisis* de Sg 11-19 oppose Israël et l'Égypte. Des références à la religion égyptienne dans l'un des sept contrastes entre Israël et l'Égypte ne seraient donc pas hors de propos, loin de là, d'autant plus que les mystères sont une expression privilégiée du syncrétisme entre l'Égypte et l'héllénisme dans lequel baigne l'auteur de Sg. Ajoutons encore qu'Isis est la déesse du port d'Alexandrie[52] et qu'elle permet aux hommes de traverser la mer sans encombres, comme le fit Dieu pour son peuple quittant l'Égypte (Sg 10,18; 14,1-4; 19,7)!

L'insistance sur les serpents, en Sg 16,5-14, s'explique par le rappel de Nb 21. Or cet épisode est interprété par l'auteur de Sg comme un signe du *pouvoir de Dieu sur la vie et sur la mort* (16,13), et tel est précisément le sens symbolique du serpent en Egypte, particulièrement dans le cycle d'Isis et Osiris et dans le cycle solaire d'Héliopolis[53]. Mis entre les mains de la divinité, le serpent, représentation animale du cycle de la vie, signifie le pouvoir divin sur la vie et la mort et il constitue souvent l'un des attributs d'Isis dans l'iconographie. C'est même sous la seule forme d'un serpent qu'elle est représentée dans de nombreuses sculptures de l'époque gréco-romaine[54].

---

[51] Cf. GILBERT, *La critique*, 146ss (en part. 154, n. 165) et LARCHER, *Le livre*, 827-829. Larcher pense à une évocation du culte dionysiaque, sans pour autant se prononcer sur l'identification des mystères auxquels Sg fait référence. Le terme μυστήριον est aussi utilisé en Sg 2,22 et 6,22 dans un sens religieux, puisqu'il s'agit des «*secrets de Dieu*» et des «*secrets de la sagesse*». Une attitude polémique vis-à-vis des cultes à mystères est possible: «*ils ignorent les mystères de Dieu, ils n'espèrent pas de rémunération pour la sainteté*»; «*Je ne vous cacherai pas les mystères, je mettrai sa connaissance en pleine lumière, sans m'écarter de la vérité*».

Dans la thèse qu'il a présentée à l'Institut Biblique et dont il a eu la gentillesse de me confier les ébauches, Luca MAZZINGHI montre sans ambiguïté les liens entre Sg 17 et les initiations aux mystères.

[52] A. ERMAN, *La religion des Egyptiens*, 444s. R. A. WILD, *Water in the Cultic Worship of Isis and Serapis*, (EPRO 87) (Leiden 1981).

[53] «*Quant au cobra, parce qu'il ne vieillit pas et se meut sans membres, avec aisance et souplesse, ils ont vu en lui l'image d'une étoile ou de l'éternité*», Plutarque, *De Iside*, 381A.

[54] La représentation d'Isis par le serpent est généralisée au IIe s. av. J.C., mais le serpent était déjà précédemment l'emblème de Bouto, compagne du dieu solaire, protectrice de la royauté, et de l'Uraeus. Renenoutet, déesse des moissons (comme Demeter-Isis), avait aussi l'aspect d'un serpent. Ces différentes divinités ont été absorbées dans le culte d'Isis à laquelle leurs fonctions et leurs symboles ont été attribués. Cf. ERMAN, 69 et LE CORSU, 92 (n. 1) et 212. En fait les représentations de serpents dans l'iconographie montrent que l'origine de sa vénération se perd dans la nuit des temps. Notons encore que le «serpent d'airain» vénéré à la basilique Saint-Ambroise de Milan comme étant celui de Moïse a justement la forme du cercle d'éternité, comme celui que l'on rencontre souvent autour du disque solaire d'Horus, l'Uroboros. Voir l'iconographie dans l'ouvrage de LE CORSU, celui de E. HORNUNG, *Der Eine und die Vielen, Ägyptische Gottesvorstellungen* (Darmstadt 1973) et celui de V. TRAN TAM TINH, «État des études iconographiques relatives à Isis, Serapis et Sunnaoi Theoi», *ANR W* II, 17 (3), 1710-1738.

Dans les prières, Isis est invoquée «*avant le lever des étoiles*» (*Oxy. Litany* 159-161) et la manne «*enseigne qu'il faut rendre grâces avant le lever du soleil*» (Sg 16,28) [55].

Isis-Déméter est la déesse de la Terre-mère et des moissons, qualifiée de καρποφόρος ou καρποτόκος, «*celle qui a porté aux hommes les fruits de la terre*» [56]. Or l'insistance de Sg 16 sur l'inutilité des récoltes, fruits de la terre d'Égypte, par rapport à la manne, est frappante:

> «*Détruire les productions d'une terre inique*»
> *(γῆς γενήματα)* (16,19)
> «*Détruire les récoltes (καρπούς) des ennemis*» (16,22)
> «*Ce ne sont pas les productions de fruits (καρπῶν) qui nourrissent l'homme*» (16,26).

Un lien très étroit unit Isis et l'élément eau, signe de fécondité [57]. Dans le culte de Déméter, à Éleusis, l'un des rites consistait en une invocation pour obtenir la pluie aux cris de «*Fais pleuvoir!*», adressé au ciel, et «*conçois!*», adressé à la terre [58]. De même l'élément eau joue un rôle considérable en Sg 16,15-29, non plus comme signe de fécondité, mais comme élément destructeur.

Isis est appelée Κυρία, σωτείρα, πανσωτείρα; l'épithète εὐχάριστος lui est appliqué [59]; elle est la déesse de la médecine, capable de rendre vie par les herbes et les onguents. Tous ces titres et attributs sont conférés à Dieu et à sa Parole en Sg 16.

La pratique des mystères n'a qu'un but, l'acquisition de l'immortalité; voilà pourquoi ceux qui ont été initiés à Éleusis peuvent affronter

---

[55] REESE, 49. Des affinités avec l'*hymne à Hathor au lever du jour* (Hathor est l'une des nombreuses divinités assimilées à Isis) sont remarquables:
> «*Salut à toi, déesse auguste*
> *dont l'autorité est plus vénérable que celle des Dieux.*
> *Disque qui se lève dans l'horizon,*
> *dont l'admiration est grande,...*
> *dont la douceur est vénérée dans le sein des déesses.*
> *Ton amour règne à travers pays et rivages,*
> *Tu es priée par les Rekhyt.*
> *Tous les hommes sont occupés à implorer ta majesté,*
> *ils se lèvent de bon matin pour adorer ton Ka*».
(A. BARUCQ – F. DAUMAS, *Hymnes et prières de l'Egypte ancienne* (Paris 1980), 450).
[56] F. DUNAND, I, 85; III, 267, dans l'*Hymne de Kymé*: «*je suis celle qui a porté aux hommes les fruits de la terre*» (III, 267).
[57] Plutarque, *De Iside*, 372C, 364C, 365C. Il est intéressant de noter que Proclus, sous le nom d'Orphée, fait remonter à Déméter le partage de la double nourriture des dieux et l'invention de l'Ambroisie (*In Crat. 161*), ce qui accentue le lien entre la «*nourriture ambrosiaque*» de Sg 19,21 et le culte d'Isis-Déméter.
[58] MYLONAS, 270.
[59] DUNAND, I, 129 et 158. KLOPPENBORG, 67-73.

l'Hadès sans crainte: «*Trois fois heureux ceux des mortels qui, après avoir contemplé ces mystères iront dans la demeure d'Hadès; car ceux-là seuls posséderont la vie; pour les autres, il n'y aura que souffrance*»[60]. Le culte de Déméter est intimement lié à celui des divinités de l'Hadès. Sa fille, Coré-Proserpine, en est devenue la déesse, et Déméter la chercha inutilement par toute la terre avant de s'arrêter à Eleusis. Il semble que les mystères d'Isis, de leur côté, comportaient une représentation signifiant la descente à l'Hadès et la remontée vers la lumière, correspondant à la quête du corps d'Osiris par Isis dans la mythologie égyptienne[61]: on retrouve ici un écho des nombreuses καταβάσεις de la littérature grecque[62]. Comment ne pas songer à Sg 16,13: «*C'est toi qui as pouvoir sur la vie et sur la mort, qui fais descendre aux portes de l'Hadès et en fais remonter*» et à la nuit terrifiante de Sg 17?

Pour en venir à la manne, il faut reconnaître que les documents manquent pour établir un lien entre les mystères isiaques et la *nourriture d'immortalité* dont parle Sg. Tout au plus pouvons-nous dire que «*la véritable connaissance des dieux, la garantie d'immortalité, c'est certainement par les rites d'initiation que les fidèles la reçoivent, plutôt que par la participation à la Kliné*» (le repas sacré ordinaire sans valeur initiatique)[63]. Mais ces rites d'initiation isiaques sont restés secrets. Il faut donc recourir aux maigres informations disponibles concernant les mystères d'Éleusis.

Avant de s'arrêter à Éleusis, Demeter jeûna neuf jours. A Éleusis ce jeûne fut rompu par l'absorption d'un breuvage fait de farine d'orge, d'eau et de plantes aromatiques, le Cycéon. L'existence de ce breuvage rituel est sans doute antérieure au culte de Déméter[64]. Pour les initiés

---

[60] Sophocle fr. 348 (éd. Didot). Cf. aussi *Hymn. in Cererem*, v. 480-483 et Pindare cité par Clément d'Alexandrie, *Strom.* III. (Textes cités par Foucard, 362).

[61] Apulée, *Mét.* XI,23: «*J'ai touché la frontière de la mort, et, après avoir foulé le sol de Proserpine, je suis revenu porté à travers tous les éléments...*». Ce voyage à travers les éléments n'est pas sans rappeler le «*Merveilleux voyage*» à travers les éléments bouleversés dont parle Sg 10,17 et 19,5. L'identification entre les deux mythes (remembrement d'Osiris et descente aux enfers) n'a été réalisée que tardivement. A l'origine, leur portée symbolique diffère: la recherche de l'unité perdue en Égypte, la victoire sur le monde inférieur en Grèce.

[62] Le thème de la descente aux Enfers est à la base du mythe Orphique. Celle d'Ulysse se trouve dans la *Nekuia* d'Homère (*Odyssée* XI) et celle d'Énée chez Virgile (*Énéide* VI). Orphée, Pythagore (Lucrèce, *De Rer. Nat.* III, 978-1023), Heraclès et tant d'autres ont suivi le même chemin, avant que le Christ n'accomplisse ce que le mythe préfigurait. Chez Platon, *Gorgias*, 523 et *Rep* X, 12, 14 rapportent le même enseignement. Cf. F. Cumont, *After Life in Roman Paganism* (New York 1922) et «Lucrèce et le symbolisme pythagoricien des enfers» *Rev. de Phil.* XLIV (1920) 229-240. B. Zannini Quirini, «L'aldilà nelle religioni del mondo clasico», *Archeologia dell'inferno del mondo classico* (éd. P. Xella) (Vérone 1987), 263-307.

[63] Dunand, III, 267.

[64] Delatte, 6-7.

d'Éleusis la consommation du Cycéon constituait l'un des rites les plus importants, donnant accès aux grands mystères: elle était précédée d'un jeûne de neuf jours, pendant lesquels l'initié ne mangeait rien tant que le soleil brillait[65]. En fait, la formule-clef (σύνθημα) des mystères éleusiniens commence par ces mots: *«J'ai jeûné, j'ai bu le Cycéon...»*[66]. Sg 16,3 et 16,28 pourraient fort bien faire allusion à ce rite ou à un rite similaire pratiqué à Alexandrie: *«Ceux-ci, après avoir un peu de temps connu la faim, reçurent en partage une nourriture merveilleuse» (ἐπ' ὀλίγον ἐνδεεῖς γενόμενοι καὶ ξένης μετάσχωσι γεύσεως); «Il faut devancer le soleil pour ton 'action de grâces' (εὐχαριστία)».*

L'absorption du Cycéon étant une étape indispensable du chemin initiatique conduisant à la possession de l'immortalité divine, le Cycéon peut être légitimement appelé *«nourriture ambrosiaque»*, bien qu'aucun document ne nous ait laissé cette terminologie. Son assimilation ne constituait pas seulement pour les initiés un acte symbolique, elle avait une vertu agissante, comme tous les rites initiatiques[67]. Les informations manquent pour préciser la valeur effective attribuée à cet acte, mais, dès lors qu'il s'agit d'un rite symbolique efficace *au niveau de l'acquisition des propriétés divines*, il est possible de le comparer à un «sacrement». Plusieurs auteurs sont allés jusqu'à parler de «communion» à la divinité[68]. L'affirmation est hardie, elle n'est pas partagée par tous[69] et elle va

---

[65] Foucard, 284. Ovide, *Fast.* IV, 536.6; cf. Sg 16,28.

[66] Clément d'Alexandrie, *Protreptique*, II, 21,2. Arnobe, *Adversus nationes*, V, 24.

[67] Cf. Festugière, *L'idéal*, 132.

[68] Loisy, 69: *«La communion des initiés à Déméter était signifiée et opérée par un double symbole, celui de la participation au Kykéon, breuvage mystique, sacré, divin, nourriture d'immortels, et par le contact d'objets... Les rites ne deviennent pas de purs signes; ils sont les moyens sacramentels de l'union mystique à Déméter».* Pour d'autres exemples, cf. Delatte, 46. Lagrange, *La régénération*, 214, s'oppose à cette affirmation: *«Peut-on nommer l'initiation un sacrement? L'essentiel est de s'entendre sur les concepts... Le sacrement catholique n'agit pas seulement ex opere operato, ce que les païens croyaient de leurs rites magiques, c'est essentiellement un signe sensible institué par J.-C. pour nous sanctifier. Ce principe sanctificateur, cette vie divine acquise par le baptisé, le païen ne pouvait même pas en avoir le soupçon».* En ce sens, en revanche, la relecture de la manne par Sg peut être considérée comme une véritable préfiguration sacramentelle. Sur la manducation de la divinité dans les religions antiques, cf. A. E. Crawley, «Eating the God», *Encyclopaedia of Religion and Ethics* (éd. J. Hasting) (Edinburgh 1912ss), V, 136-139.

[69] Avec Lagrange, Foucard, 194; Delatte, 47; Festugière, *L'idéal*, 136 sont plus réservés que Loisy. Le manque de documentation rend cependant excessive l'affirmation inverse de L. Bouyer: *«Il faut souligner derechef que ces mystères, pour ceux qui les célébraient, c'étaient et ce n'étaient que des rites: juste ce rituel dont nous savons si peu de choses»* (p. 40).

L. Bouyer tend d'ailleurs à minimiser, voire à ridiculiser les traditions mystériques. Certains rites sont effectivement difficiles à accepter, d'autres témoignent d'une déviation spirituelle, mais l'originalité, la perfection et la supériorité du mystère chrétien sur les mystères païens ne doit en aucun cas faire oublier la connaissance métaphysique antérieure au

au-delà de ce que les documents permettent d'affirmer, mais il n'est pas impossible, si l'on songe au mythe de l'ambroisie et à la théophagie du culte de Dionysos, que certains rites des mystères isiaques aient été considérés par leurs initiés comme une participation à l'immortalité divine grâce à la consommation d'une nourriture sacrée.

Sg attribue à la manne toutes les vertus du Cycéon et il y avait certainement à Alexandrie des cultes isiaques proches de celui d'Éleusis, puisque celui-ci est l'héritier d'une tradition spirituelle antique proche de la tradition égyptienne dont elle provient peut-être[70]. A l'heure actuelle, une démonstration absolue est impossible, par manque de documents, mais tant d'indices convergents permettent de supposer que Sg a voulu montrer à ses contemporains comment l'histoire d'Israël récapitule ce qu'il y a de juste dans les autres cultes, et qu'il est vain de chercher ailleurs que dans la tradition biblique une nourriture d'immortalité. En suggérant cela par le rappel de la manne, Sg se présente vraiment comme héritier de la Tradition primordiale du Dieu, au *nom incommunicable (Sg 14,21)*, vénéré *à l'origine (Sg 14,13)* et plus puissant que les divinités et les idoles égyptiennes, qui ne sont que néant, servies par des rites dégénérés, *«leurs rites infanticides, leurs mystères occultes ou leurs orgies furieuses aux coutumes extravagantes» (14,23)*. Ce Dieu unique a seul le pouvoir de conférer *l'immortalité* à ceux qui *connaissent sa puissance* (Sg 15,3).

Conclusion

Sg répond à la recherche fondamentale de tout homme, qui est de vivre, au-delà de la mort inéluctable vers laquelle il marche. A l'époque de Sg divers textes juifs ont établi des liens entre la manne et la vie future, mais l'auteur de Sg, sans doute poussé par le milieu ambiant face auquel il avait à répondre de sa foi, a montré qu'en Israël, un jour, par la manne, le Dieu unique avait comblé ce besoin de vie inscrit au cœur de l'homme, révélant ainsi la puissance de sa Parole et son pouvoir absolu sur la vie et la mort. L'espérance d'une vie autre offerte au Peuple saint ne se base pas sur un système philosophique ou sur des rites humains, mais sur le gage d'une révélation divine, historique et sensible.

---

christianisme et la valeur préparatoire des religions anciennes, hors d'Israël, malgré les erreurs, excès et déviations qui ont parfois dénaturé les plus belles voies de sagesse et taché leur image – mais ne pourrait-on pas en dire autant, en regardant l'expression historique du Christianisme? La récapitulation et l'achèvement apportés par le Verbe incarné dans le Christ sont une réponse à l'attente juste de toute l'humanité, ils intègrent nécessairement les lumières offertes par l'Esprit aux hommes de tous les temps qui ont cherché Dieu «à tâtons», mais avec droiture.

[70] Cf. note (46) à (48) et le chap. 1 de FOUCARD.

CHAPITRE VIII

CONCLUSION:
LA MANNE EN Sg 16,15–17,1a,
SYNTHÈSE ET ORIGINALITÉ

1. Sg 16,15–17,1 COMME SYNTHÈSE

Le judaïsme ancien, palestinien ou hellénistique, a développé le thème de la manne sous de nombreux aspects. Cependant aucune des facettes majeures du prodige n'a été laissée de côté par Sg. En cherchant à comprendre le sens du miracle, bien au-delà de ce que les données bibliques antérieures pouvaient laisser prévoir, mais sans pour autant les contredire, Sg a incorporé des traditions midrashiques et utilisé le vocabulaire ou les données scientifiques communes du monde hellénistique. Elle a même été jusqu'à montrer que la révélation divine donne plus que ce que les religions environnantes proposent à l'homme[1]. Plusieurs auteurs se sont déjà attachés à étudier les liens existant entre Sg et l'Ancien Testament, Sg et le monde grec, Sg et Philon[2]; leurs études montrent que ces liens sont profonds et réels. La manière originale avec laquelle Sg aborde le prodige de la manne est une illustration de la synthèse que cet écrit a su réaliser. Mais attention, *synthèse* ne signifie nullement *syncrétisme*: l'auteur ne renie pas son identité de membre du Peuple Saint (Sg 15,2); profondément croyant, il exalte la Révélation historique de Dieu, sans pour autant la figer dans la lettre d'un texte.

Les nombreux témoins des traditions sur la manne que nous possédons sont sans doute tous — hormis les textes bibliques — postérieurs à Sg dans leur rédaction actuelle, même s'ils véhiculent des traditions anciennes. Pourtant, ils n'ajoutent rien d'essentiel à Sg: tout y est dit, synthétisé en quelques versets. Une telle densité surprend, face aux longs chapitres de Philon ou des textes rabbiniques. Sg a, sans hésiter, reconnu dans le don de la manne une signification prodigieuse: elle le dépeint en quelques lignes comme un chemin de vie spirituelle, mais son récit est

---

[1] *«Ce juif tenait de la tôrah un enseignement religieux qu'il ne songeait pas à couper avec les eaux dérobées de la sagesse païenne. Il a pris son bien où il l'a trouvé, mais avec cette conviction qu'il annexait des terres qui lui appartenaient de droit. Autrement dit, jamais il n'a eu conscience de céder au prestige des Gentils, et il n'en eut même pas la tentation».* DUESBERG-FRANSEN, *Les scribes inspirés*, 763.

[2] LARCHER, *Etudes*, 86-178.

construit de telle façon que tout est dit en un minimum de mots, sans qu'il soit besoin, pour le lecteur qui cherche Dieu, d'un déluge d'explications.

L'auteur de Sg a même réalisé plus qu'une synthèse. Ayant su reconnaître Dieu agissant à travers le prodige, il s'est mis à l'écoute de l'Essentiel pour transmettre son enseignement: le message de Sg n'est pas d'ordre mental ou religieux, il est avant tout spirituel. Il apporte une réponse aux grandes interrogations de l'homme de tous les temps: «d'où vient le don de la vie et comment le conserver?», «quel est l'ordre du monde?», «où est la source de la connaissance véritable?», «comment rencontrer Dieu?», «comment acquérir la vie éternelle?». Aucun texte ancien n'a dit plus que Sg sur la manne; elle surpasse toutes les traditions, car elle a su lire dans ce signe divin un enseignement nouveau, unique, dans chacun des domaines qu'elle a abordés.

2. L'ORIGINALITÉ DU CONTENU

a) *La nourriture vitale*

Le besoin de nourriture, rappelé par l'épisode des cailles comme par celui de la manne, est vital pour l'homme. Mais la manne n'est pas une nourriture ordinaire, comme l'étaient les cailles; elle ne répond pas seulement à un besoin, elle révèle aux hommes quelque chose de leur rapport avec Dieu et, par conséquent, de leur propre dignité.

A travers deux prodiges, principalement, Dieu invite l'homme à ne pas se contenter de la nourriture terrestre dont il est le Créateur provident: le prodige des goûts et celui de la résistance au feu.

Le prodige des goûts rappelle à l'homme que Dieu n'est pas seulement capable de répondre à tout *besoin*, — les cailles auraient suffi —, mais qu'il veut aussi combler tout *désir* juste. Le Dieu de Sg n'est pas uniquement le Grand Nourricier universel, il est aussi le Dieu de la Révélation, l'*ami des hommes. Cependant il n'impose jamais ses dons, il les donne à la mesure de la capacité du bénéficiaire, et la capacité de l'homme, c'est son désir. Ce désir peut être purifié et devenir jaillissement intime de la volonté, engendrant la vraie prière de demande. Alors la manne, «substance de Dieu»,* devient la réponse de Dieu à l'aspiration profonde de l'être. Car, si elle possède la *force de tous les goûts,* elle ne les actualise qu'en fonction de celui qui la reçoit. Elle peut nourrir tout dans l'homme, mais elle se soumet à son désir: la qualité du désir est la porte de la bonté divine pour l'homme. La manne fait bien plus que combler des désirs matériels, elle peut combler le désir suprême du cœur humain: participer à la douceur même de Dieu. En assimilant la manne, l'homme peut accéder, par le sens du goût, à quelque chose de Dieu lui-même, mais l'intensité et la profondeur de cette perception dépendent, une fois encore, de son désir véritable: la manne se conforme au niveau d'être de celui qui l'assimile, alimentant l'homme à tous les niveaux, jusque dans sa vie intérieure et spirituelle.

Le prodige de la résistance, de son côté, manifeste que ce don de la libéralité divine n'est octroyé qu'en fonction de la justice. Les deux prodiges sont donc complémentaires, car justice et bonté, en Dieu, sont inséparables: alors que «*les récoltes d'une terre injuste*» sont détruites, Dieu nourrit les *justes* envers et contre tout. La *libéralité* infinie de Dieu se plie aux exigences de sa justice et son amour même est le reflet de sa justice, puisque les «*fils de Dieu*» sont «*les justes*».

Réponse à un besoin vital, manifestation de la douceur de Dieu qui s'adapte aux désirs de ceux qui placent en lui leur confiance, signe tangible de la justice divine, la manne peut réellement être appelée «*substance de Dieu*», car elle manifeste dans une réalité perceptible à l'homme certains attributs divins.

L'originalité principale de Sg réside dans cette participation directe et sensorielle de l'homme à la «*substance*» de Dieu et à «*sa douceur*». A travers elle, l'homme «goûte Dieu», un Dieu doux et juste.

Aucun texte sur la manne, en dehors de Sg, ne présente cette participation de l'homme à la nature divine avec une telle intensité. Aucune tradition antérieure à Sg ne parle du prodige des goûts. Grâce à lui, le don de la manne n'est pas seulement, pour Sg, l'occasion de montrer la tendresse paternelle de Dieu, attentif et bon, désireux de se communiquer à l'homme et toujours profondément juste. Ce prodige révèle un Dieu Père qui communique à ses enfants quelque chose de lui-même. En cela Sg constitue l'un des sommets de la Révélation vétérotestamentaire. Car la manne, par laquelle Dieu laisse «goûter» certains de ses attributs de façon sensible, préfigure l'Incarnation du Verbe. Elle est donc quasi «sacramentelle», *pain des anges venu du ciel* et substance par laquelle Dieu *révèle sa douceur à ses enfants, les justes*.

b) «*Le sommet de la hiérarchie cosmique*»

La structure de Sg 16,1–17,1a met la manne en relation avec tous les êtres du cosmos. Avec les animaux, dans la première partie du texte (16,1-14), puis avec les éléments et enfin avec le soleil.

Les éléments eux-mêmes se plient devant la manne, car «*la création se met au service de ta libéralité nourricière universelle*», mais, au premier rayon du soleil, elle fond, pour signifier que «*c'est ta Parole qui conserve ceux qui croient en Toi*». Pour donner la manne, Dieu n'hésite pas à remodeler, un temps, la création, mais la manne, à son tour, si subtile soit-elle, demeure une créature éphémère. Placée au sommet de la création matérielle, «*pain des anges*», elle est soumise à un ordre du monde qui n'est pas matériel mais spirituel, dépendant à la fois de la volonté divine et de la réceptivité humaine. Elle opère ainsi, par sa nature même, une discrimination entre les *justes*, dont *«le cosmos est le champion»*, et les *«ingrats»*.

Comme la manne vient du ciel sur la terre, le soleil, créature céleste lui aussi, peut seul la faire fondre par ses rayons. Or le ciel est le domaine du spirituel, la terre celui du matériel. La manne joue, en quelque sorte, un rôle d'intermédiaire, de messsager du ciel vers la terre. *«Pain des Anges»*, c'est-à-dire des *«messagers»*, elle est elle-même angélique (comme le souligne l'opposition entre 19b et 20a), puisque porteuse d'un message divin.

Si elle était seulement une réalité terrestre perceptible donnant accès à une réalité céleste, la manne serait un symbole, mais, par sa position dans la création, elle est plus qu'un symbole: elle réunit en elle le monde céleste dont elle provient et le monde terrestre où elle est reçue. Placée au *«sommet de la hiérarchie cosmique»*, elle est à la fois pont du ciel vers la terre et de la terre vers le ciel.

Ni le judaïsme palestinien, ni Philon n'ont donné à la manne cette place remarquable dans la cosmologie, signe d'une position unique sur le plan ontologique: lien sensible entre ciel et terre, la manne n'est comparable qu'à la Sagesse ou à la Parole de Dieu.

c) *La manne, symbole de la Parole*

La manne est envoyée pour enseigner: les prodiges qui lui sont liés sont donnés *«pour que tes fils apprennent»* (16,26) et *«afin qu'il soit su qu'il faut...»* (16,28). Cet enseignement est aussi un commandement: *«il faut»*. Enseignement et commandement, le don de la manne est une Parole de Dieu adressée à l'homme, l'expression d'une Loi divine.

En effet, contrairement à Dt 8,3, Sg n'oppose pas la manne (le pain) à la Parole, elle les place en parallèle dans une même opposition aux *«productions de fruits»* (16,19 et 26). Comme la Parole, la manne est une nourriture qui ne vient pas de la terre et qui ne nourrit pas seulement sur le plan terrestre.

La Parole est envoyée pour *«faire subsister ceux qui croient en toi»*, comme la manne s'adresse à *«ceux qui demandent»*; le don de la manne et celui de la Parole ne peuvent se recevoir que dans l'abandon confiant de la Foi.

La manne n'est pas identifiable à la Parole, elle en est une manifestation sensible, un signe de son efficacité. La Parole est le principe du Salut, de la vie, de la guérison, elle maintient dans l'être. La manne, elle, reçue dans l'action de grâces, est un témoin privilégié et sensible de cette force de vie cachée dans la Parole.

Symbole actif de l'efficacité de la Parole, la manne manifeste le mystère invisible de son action dans le monde, comme source de vie, mystère évoqué par Isaïe en des termes similaires à ceux de Sg: *«comme la pluie (ὑετός) et la neige (χιών) descendent du ciel (οὐρανός) et n'y retournent pas sans avoir arrosé la terre (γῆ), sans l'avoir fécondée et fait germer pour fournir ... le pain (ἄρτος) à manger, ainsi en est-il de ma parole (τὸ ῥῆμά μου) qui sort de ma bouche»* (Is 55,10-11).

La manne est une image riche de signification. Assimilée, mangée, comme peut l'être la Parole de Dieu (Ps 19,11, Jr 15,16), elle *«se change en tout... sert la libéralité toute nourricière de Dieu»*. Cette insistance sur le «tout» montre sa portée universelle car la *«libéralité toute-nourricière de Dieu»* peut nourrir tout homme et tout dans l'homme.

La manne n'est donc pas seulement *une* parole de Dieu parmi d'autres, elle signifie *la* Parole du Dieu *Sauveur de tous* (16,7), *elle qui guérit tout* (16,12). Les traditions judaïques, palestinienne et alexandrine, ont perçu ce lien intime entre la manne et la Parole, déjà suggéré par l'Écriture. Mais, pour Philon, la Parole est devenue le Logos, dans le sens philosophique du terme, c'est-à-dire tantôt une puissance intermédiaire immanente au cosmos, tantôt un guide personnel du sage, situé entre Dieu et le monde[3]; pour le judaïsme, la Parole est Torah, Loi écrite à laquelle l'homme doit sans cesse revenir, qu'il doit *«ruminer»*. La Sagesse, elle, a gardé la dynamique biblique, elle n'a réduit la Parole ni à un concept philosophique, ni à un écrit. La Parole est le message permanent et actif de Dieu qui se révèle et qui donne vie au monde; par Elle, le monde a été créé (Sg 9,1), mais c'est seulement dans la foi qu'elle peut être accueillie par les *«enfants de Dieu»* (16,26)[4]. La manne ne constitue donc pas une allégorie du Logos des philosophes ou de la littéralité de l'Écriture, mais un symbole actif de la Parole de Dieu envoyée aux croyants, c'est-à-dire de la Révélation de Dieu qui intervient sans cesse dans l'histoire des hommes pour les garder en vie.

d) *La manne, école de prière*

Pour être reçue et assimilée, la manne enseigne d'abord le chemin d'une vraie prière de demande, conversion du désir en une volonté ajustée, appuyée sur la foi. Comblant tous les désirs des croyants qui implorent Dieu avec foi, elle ne répond à leurs besoins vitaux que de surcroît, car elle est une manifestation de la *douceur* divine, surabondance de la *li-*

---

[3] Cf. Bréhier, 83-109, en part. 83-84.

[4] Sur ce point, la présentation de la Parole en Sg 16 évoque fortement le Prologue du quatrième Evangile: *«Tes fils que tu as aimés l'apprendraient... c'est ta Parole (ῥῆμα) qui conserve ceux qui croient en toi»* (Sg 16,26) annonce *«A tous ceux qui l'ont accueilli, il (le Verbe) a donné le pouvoir de devenir enfants de Dieu, à ceux qui croient en son nom»* (Jn 1,12). Pour le rapport entre Sg et Prologue, cf. par exemple: A. Feuillet, *Prologue* dans *DBS* VIII, col. 623-688, en part. 669. S. Schulz, *Komposition und Herkunft der johanneischen Reden*, (Stuttgart 1960). H. Ringgren, *Word and Wisdom*, (Lund 1947).

béralité toute nourricière de *«Celui dont la puissance agissant en nous est capable de faire infiniment au-delà de ce que nous pouvons demander ou même imaginer»* (Ep 3,20).

La manne enseigne surtout la nécessité de l'action de grâces ou plutôt de l'εὐχαριστία, réalité plus vaste que l'action de grâces, puisque ce nom désigne l'attitude fondamentale de l'homme reconnaissant que tout bien vient de Dieu. Cette attitude ouvre la porte à la rencontre du Seigneur. Sg identifie la récolte de la manne et l'εὐχαριστία: *«ce qui n'était pas détruit par le feu fondait à la simple chaleur d'un léger rayon de soleil, afin qu'on sache qu'il faut devancer le soleil pour l'εὐχαριστία et te rencontrer dès le lever du jour»* (Sg 16,27-28). Le lecteur attendrait, logiquement, *«il faut devancer le soleil pour* la récolte de tes dons» ou «de la manne». Ceci signifie à la fois que l'εὐχαριστία est une récolte, et que la manne est un support de la rencontre avec Dieu. La récolte de la manne est ainsi une image de la quête intérieure conduisant l'homme à rencontrer Dieu lorsqu'il reconnaît en vérité son état de créature totalement dépendante de lui. A ceux qui entreprennent cette quête, et à la mesure de leur désir, Dieu donne la vraie nourriture qui est une rencontre. Aucun texte n'avait affirmé avec une telle profondeur cette conception de la prière comme rencontre de Dieu, assimilation de ses dons. *«Rassasie-nous de ton amour au matin»* (Ps 17,15), *«au réveil je me rassasierai de ton visage»* (Ps 90,14), chante la prière d'Israël; Sg invite à cette rencontre, à cette assimilation des dons divins, mais elle affirme aussi que Dieu a réalisé cette merveille par une figure sensible et qu'en donnant la manne, il a permis à l'homme de goûter *sa douceur, son amour, son visage*, dans l'εὐχαριστία.

e) *La nourriture ambrosiaque*

La manne est la nourriture des justes, tant sur le chemin qu'au terme du *«merveilleux voyage»* quand *«Dieu remet aux saints le salaire de leurs peines»* (Sg 10,17; cf. 19,5). Incorruptible au milieu des flammes, cette *«nourriture des anges»* est *«ambrosiaque»*, c'est-à-dire non seulement incorruptible en elle-même, mais aussi capable de conférer l'immortalité à ceux qui la reçoivent dans l'εὐχαριστία.

Sur le chemin de l'Exode, la traversée de la mer conduit à *une mort étrange* pour les impies, mais elle est un *merveilleux voyage* pour *ceux que protège la main de Dieu*: la mer devient un *«libre passage»* (Sg 19,7), les *enfants* de Dieu voient *«la création entière, en sa propre nature, façonnée encore et à nouveau (πάλιν ἄνωθεν)»* (19,6) et ils *«contemplent ses admirables prodiges»* (19,8). Au terme de ce voyage, un remodelage total de l'univers peut être vu, dont les signes de l'Exode sont l'image, mais *qu'on peut se représenter exactement en regardant ce qui est arrivé*. Le prodige des chairs inaltérables et la nourriture ambrosiaque (19,21), au-delà du grand passage, sont le couronnement des signes annonciateurs d'une nouvelle création. Ils en sont le gage, mais leur accomplissement n'est pas encore réalisé. Ces signes adviennent ἀνάπαλιν, c'est-à-dire soit en contradiction avec tout ce qui les précède *(«de façon nouvelle»)* soit pour la deuxième fois *(«à nouveau»)* [5]. L'auteur joue peut-être sur les mots, mais il est certain que ces deux derniers prodiges sont différents de ceux qui les ont précédés; ils constituent un bouleversement nouveau dans les bouleversements du cosmos, un *«paradoxe dans le paradoxe»*. Or, puisque l'auteur de Sg affirme que *«par la vision de ce qui est advenu on peut exactement se représenter»* (19,18) la nouvelle harmonie des éléments, et que celle-ci se manifeste pleinement dans l'incorruptibilité de la *chair des vivants* et l'indestructibilité de la *nourriture ambrosiaque*, c'est que la manne, gage d'immortalité, est le signe suprême d'une nouvelle harmonie où la chair est indestructible. On peut voir ici l'annonce discrète d'une résurrection de la chair, au-delà du passage de la mort, car il ne faut pas oublier que les merveilles du passé, racontées en Sg 10-19, ont pour but fondamental de montrer que la Sagesse de Dieu a été manifestée aux hommes dans l'Histoire pour leur instruction dans le présent. Connaissant alors la Volonté de Dieu, les hommes peuvent accéder au salut futur (Sg 9,17-18).

3. Une lecture originale de l'histoire du salut

Sg 11-19 a souvent été classé comme un midrash [6] et il est vrai que sa manière de relire les événements du passé présente des affinités avec le style midrashique. Pourtant de nombreuses divergences ne permettent pas de définir ces chapitres comme «midrash», en particulier l'impossibilité d'établir un lien précis entre le texte biblique et l'interprétation que Sg en donne, tant en ce qui concerne la chronologie des évènements que leur contenu détaillé. L'aspect artificiel des parallèles établis entre les plaies d'Égypte et les dons faits à Israël distingue aussi nettement Sg des midrashim: jamais un midrash ne pourrait se permettre une telle liberté par rapport au texte biblique et à l'histoire [7].

Philon, quant à lui, emploie presque toujours la méthode allégorique et, même si parfois elle cède la place à une exposition plus littérale des faits, comme dans le *De Vita Mosis*, il est clair qu'il la préfère à tout autre [8]. Le

---

[5] LIDDELL et SCOTT, 114-115; BAILLY 133; MAGNIN-LACROIX, 112.

[6] Pour un résumé de la question cf. REESE, 97s, BIZZETI, 27s et LE DÉAUT, *Introduction*, 13. Récemment encore J. R. B. SAÍZ présente Sg 11-19 comme un midrash: «La intención del midras del libro de la Sabiduría sobre el Exodo», *Salvación en la Palabra*, en memoria del profesor A. Díez-Macho (Madrid 1988), 63-78.

[7] REESE, 98.

[8] WOLFSON, I, 115-137. J. PÉPIN, «Remarques sur la théorie de l'exégèse allégorique chez Philon», *Colloques Nationaux du C.N.R.S.*, Paris (1967), 131-167.

propre de l'allégorie est d'être subjective, donc pluraliste[9]. Par conséquent cette méthode d'étude ne peut pas se définir comme «exégétique».
Elle s'attache au texte sacré, mais substitue au sens littéral des termes ou
des images employés un autre contenu, souvent conceptuel. Cette substi-
tution est conventionnelle, arbitraire, sans qu'il existe, la plupart du
temps, un lien réel entre l'image biblique et ce dont elle est considérée
comme la représentation. L'«*exégèse*» allégorique privilégie le texte par
rapport à l'événement, puis elle interprète le texte en fonction d'une
convention fixée par l'auteur. Si, comme c'est parfois le cas chez Philon,
la convention change en cours de lecture, l'allégorie devient incohérente
et cette incohérence trahit le fait que l'auteur utilise son texte de départ
pour transmettre une doctrine personnelle. Ainsi la manne peut tour à
tour, et suivant les besoins du moment, signifier le Logos, la piété, la vertu... Il suffit à l'auteur de le signaler au lecteur. C'est pour défendre un tel
système que Philon finit par considérer l'exégèse littérale comme «*l'ombre
des oracles bibliques, alors que les valeurs qui s'en dégagent sont les réalités
véritables*»[10]; ainsi le sens littéral devient «*inférieur*», voire même
«*mythique*», il peut, à l'extrême, être considéré comme une «*fiction athée*»
qui est «*incompréhensible*» et doit être récusée[11]!

L'allégorie diffère radicalement du symbole, même si certains symboles sont utilisés par les allégoristes, car le symbole peut être dégradé
en allégorie dès lors qu'il n'est plus support de compréhension spirituelle. L'allégorie n'est qu'un code de lecture où le signifiant et le signifié
sont liés par une convention. Le symbole, lui, est un langage analogique
qui permet, comme son nom l'indique, de faire le saut entre la réalité
sensible et la réalité spirituelle. Il donne, à travers l'image sensible, une
connaissance analogique de la vérité spirituelle. Il est donc un langage
subtil permettant de communiquer une vérité que les mots ne peuvent
transmettre. La compréhension du symbole dépend du niveau intérieur
de celui qui le reçoit: c'est une question d'intelligence spirituelle plus
qu'une question de savoir.

Le style apocalyptique utilise fréquemment le symbole, mais Sg n'est
pas une apocalypse[12]. L'apocalypse emploie surtout le symbolisme numé-

---

[9] Pépin, 155ss.

[10] *Confus.* 38.

[11] Pépin, 143-150. «*Il lui arrive de dégager de la lettre un sens allégorique qui en est de
tout point l'opposé. On se demande presque pourquoi, disposant d'une méthode qui offrait de
telles facilités, Philon a parfois éprouvé le besoin de manipuler le texte de l'Écriture; aussi
bien avoue-t-il tout crûment, dans une formule révélatrice, qu'il faut "adapter la lettre du
texte" au contenu allégorique*» (p. 150). Cf. aussi J. Daniélou, *Philon d'Alexandrie*, Paris
(1968), 119-142.

[12] J. Fichtner, «Die Stellung der Sapientia Salomonis in der Literatur und Geistesgeschichte ihrer Zeit», *ZNW* 36 (1937), 113-132; P. Grelot, «L'Eschatologie de la Sagesse
et les Apocalypses juives», *A la rencontre de Dieu*, mémorial Albert Gelin (Le Puy 1961).

rique et animal, elle est caractérisée souvent par des bouleversements cosmologiques et accentue la dimension de secret et de mystère qui entoure une révélation. Les bouleversements cosmiques que Sg présente évoquent les apocalypses, nombreuses à cette époque, et suggèrent une lecture eschatologique de Sg, mais Sg n'a pas les autres caractéristiques du style apocalyptique. L'apocalypse emploie le symbolisme pour traduire un événement historique, passé, présent ou futur, et lui donner une portée universelle en le plaçant au-delà du temps: l'apocalypse est une traduction de l'événement en symbole, son approche est donc diamétralement opposée à celle de Sg, qui dégage le symbolisme de l'événement.

La lecture de l'histoire que fait Sg n'est donc ni midrashique, ni allégorique, ni apocalyptique; elle est symbolique. En effet, Sg part du réel, sans chercher immédiatement à l'identifier avec telle ou telle réalité abstraite, mentale: elle ne dit jamais que la manne est ceci ou cela. Elle décrit l'événement en gardant présent à l'esprit le principe fondamental que toute intervention de Dieu dans l'histoire est une manifestation de son être, car il ne peut intervenir sans se révéler et par là-même enseigner. Elle veut donc, en relisant l'Histoire du Salut, comprendre ce que Dieu a manifesté de lui-même. Le but de Sg n'est pas, par conséquent, d'interpréter *un texte*, en analysant chaque mot et chaque phrase, mais *une action*. La tradition, tout autant que le texte, est sacrée pour Sg, parce que tous deux véhiculent la mémoire de la manifestation divine. Pour Sg, il n'est pas question de mesurer cette révélation à la lueur des connaissances philosophiques, en cherchant à identifier les événements avec des catégories de la pensée grecque, mais d'exposer la réalité historique avec le langage de son temps et d'en suggérer discrètement le sens spirituel.

L'épisode de la manne donne un exemple merveilleux de cette manière d'aborder l'Histoire du Salut. L'auteur part de prodiges divins communément acceptés dans son milieu, qu'ils soient d'origine biblique ou midrashiques, puis il essaie d'en dégager le message. Mais, aussi bien dans sa description que dans ses conclusions, il n'oublie jamais que les prodiges sont des manifestations divines. Ce faisant, il découvre en tout la présence de Dieu: tout est *signe* par lequel Dieu «*manifeste*», «*enseigne*», «*fait connaître*», «*fait apprendre*» quelque chose sur lui-même et sur l'homme,

---

J. COLLINS, «Cosmos and Salvation, Jewish Wisdom and Apocalyptic in the Hellenistic Age» *Hist. of Relig.* 17 (1977-1978), 121-142, ne met pas en valeur la différence de regard sur l'histoire et d'utilisation du symbolisme qui sépare Sg et les apocalypses, mais il note avec à-propos: «*The earlier Hebrew wisdom shares the emphasis on understanding but does not yet relate history and eschatology to cosmology in the explicit manner found in the Wisdom of Solomon... The explanation of the common emphasis on the cosmos which Jewish apocalyptic shares with the Wisdom of Solomon and which distinguishes both from the earlier biblical tradition must be sought in their common environment in the Hellenistic age*» (p. 142).

sa créature. Non seulement les événements et les prodiges, mais la manne elle-même, — parce qu'elle vient de lui—, sont le support d'une connaissance de Dieu. Par ses qualités propres, accessibles aux sens humains, la manne fait percevoir à l'homme quelque chose de Dieu. La seule connaissance que nous puissions en avoir jaillit des signes qu'il a donnés. Tel est justement le principe de la connaissance symbolique, analogique.

La manne constitue un cas particulier de cette connaissance symbolique, car le support de connaissance est d'origine directement divine, il appartient à la fois au monde spirituel et matériel; le support matériel est ici indissociable de la réalité spirituelle qu'il contient et signifie. Ce n'est donc plus seulement un symbole, c'est une réalité sacramentelle. Non pas que la manne soit Dieu, mais elle est un don céleste, *angélique, une substance de Dieu* qui ne vient pas de la création dans laquelle l'homme évolue habituellement. C'est à cause de cette pénétration merveilleuse du divin dans l'humain que l'homme peut, par ses sens, approcher Dieu. La connaissance reçue n'est donc pas seulement théorique, elle est expérimentale, directe.

Une telle manière de présenter le prodige de la manne est proprement révolutionnaire, voire scandaleuse, si l'on y songe bien, tant pour le judaïsme religieux que pour le monde philosophique. Elle relève beaucoup plus de l'approche de Dieu telle que la conçoivent les mystères, où certains rites initiatiques consistaient dans l'assimilation d'éléments sacrés en vue d'obtenir l'immortalité. L'auteur de Sg n'a pu ignorer les cultes mystériques; en plaçant à l'ultime de l'ouvrage ce terme de «*nourriture ambrosiaque*», il a donné à la manne une dimension nouvelle, qui ouvre la porte à la réalité des sacrements. Sg a ainsi fait pénétrer dans la tradition biblique, avant le christianisme, un élément indispensable à la compréhension du grand Mystère chrétien, le sacrement de l'Eucharistie, à la fois symbole efficace et réalité divine cachée dans le symbole.

TROISIÈME PARTIE

Utilisation et interprétation de Sg 16,20–17,1a

CHAPITRE IX

Sg 16,20–17,1a ET LE NOUVEAU TESTAMENT

L'absence de citations certaines de Sg a conduit différents auteurs à s'interroger sur l'influence réelle de Sg dans le Nouveau Testament[1]. La dépendance d'expressions ou de structures littéraires du Nouveau Testament par rapport à Sg ne peut jamais être affirmée avec certitude, même si l'évangile selon Jean et plusieurs lettres de Paul présentent «*des affinités profondes*»[2] avec certains passages de Sg. Le contraire serait surprenant: le Nouveau Testament peut, en fait, être considéré comme une collection particulière d'écrits judéo-hellénistiques et sa distance d'avec Sg n'est guère supérieure à un siècle[3]. Peut-on cependant parler d'influence d'un texte sur l'autre? Personne n'a répondu de façon satisfaisante à cette question. Sans prétendre la résoudre, il est possible de relever certaines affinités par lesquelles Sg 16,20–17,1 et des textes néotestamentaires s'éclairent mutuellement.

1. *Sg 16,20–17,1a et Jn 6*

Il n'est pas question de reprendre en quelques lignes l'étude de Jn 6[4], mais seulement de noter certains points de contact intéressants entre deux textes.

---

[1] Pour une recension des travaux sur ce sujet, voir LARCHER, *Etudes*, 11-30. En part. cf. HEINISCH, XLII-XLVI.

[2] LARCHER, *Etudes*, 11.

[3] G. SCARPAT, «Ancora sull'autore del libro della Sapienza», *RivB* 15 (1967), 171-189 soutient la thèse d'une datation tardive, aux environs de l'an 40 ap. J.C., ce qui rendrait la rédaction de Sg voisine de celle des premiers écrits du N.T. mais c'est une position extrême. Il a confirmé cette position en 1989 dans l'introduction de son commentaire.

[4] Cf. par exemple: MALINA, 102-106; BORGEN, 59-86 et 147-192; MAIBERGER, 246-254; X. LÉON-DUFOUR, «Le mystère du pain de vie (Jean VI), *RSR* 46 (1958). A. FEUILLET, «Thèmes bibliques majeurs dans le discours sur le pain de vie (Jn 6)», *NRT* 70 (1960), 805-814, 918-930, 1043-1053. R. LE DÉAUT, *La nuit pascale* (Rome 1963), 324-332. F. M. BRAUN, *Jean le Théologien (vol. II)* (Paris 1964), en part. p. 188-193. R. E. BROWN, *The*

Ziener[5] a sans doute forcé le parallélisme entre la description des événements de l'Exode en Sg et l'utilisation qui en est faite chez Jn, mais son travail a le mérite de mettre en lumière une *même attitude*[6] de Jn et de Sg face au récit du Pentateuque: il s'agit pour les deux écrits de comprendre de façon spirituelle les événements par lesquels Dieu s'est révélé, de manifester leur portée sotériologique et eschatologique. L'Histoire d'Israël est perçue par Sg et par Jn comme un «signe» de Dieu à décrypter. Jean cependant connaît la clef de l'histoire, le Christ, alors que Sg ne peut que lire spirituellement les événements. Dans sa quête, elle pressent le message de Dieu, mais il n'est pas encore réalisé pleinement[7].

L'exemple le plus frappant de cette approche commune de l'Exode est l'interprétation de l'épisode du Serpent d'airain, qui précède celui de la manne tant chez Jn qu'en Sg[8]. Mais la compréhension de la manne en Jn 6 présente, elle-aussi, bien des affinités avec Sg 16,20ss[9].

Gospel according to John (AB 29), I (New York 1966). D. Mollat, *Etudes johanniques* (Paris 1979), 111-122.

[5] G. Ziener, «Weisheitsbuch und Johannesevangelium» in *Bib* 38 (1957), 396-418 et *Bib* 39 (1958), 37-60. Cet article est critiqué par Feuillet, *«Thèmes bibliques»*, 815, n. 27. H. Sahlin, *Zur Typologie des Johannesevangeliums*, Uppsala (1950) avait ouvert la voie au travail de Ziener en accentuant fortement les rapprochements entre Jn et le récit de l'Exode. D. K. Clarck, «Signs in Wisdom and John», *CBQ* 45 (1983), 201-209 approfondit l'étude de la correspondance entre les «signes» décrits en Sg 11-19 et ceux présentés par Jean, laissant clairement apparaître une identique manière de relire l'Exode. Le rôle prééminent de Jn 6 et de Sg 16,15-17,1 n'est malheureusement pas souligné.

[6] Feuillet, *«Thèmes bibliques»*, 812.

[7] Larcher, *Etudes*, 26: *«Après tout, si le Christ lui-même a voulu reprendre à son compte les textes concernant la Sagesse divine, pourquoi n'aurait-il pas connu, d'une certaine manière, le dernier en date des Sages inspirés?... Il suffit d'admettre qu'un mode de connaissance plus immédiat ou plus divin était aussi à sa disposition. Il s'agirait alors d'une sorte d'intuition profonde des vérités développées en Sg., sur ce plan divin d'où procède l'inspiration même du livre. La transcription de ces mêmes notions en termes humains se serait faite d'une façon originale sur les lèvres de Jésus, et l'Evangéliste n'aurait fait que prolonger à sa manière cette autre transcription humaine du contenu principal de Sg... Ce n'est pas sans un certain étonnement qu'on voit le Christ johannique donner tout leur relief à des figures de l'A.T. que l'auteur de Sg avait déjà mises en évidence d'une façon toute spéciale: le serpent d'airain et la manne».*

[8] Jn 3,14-17: *«Comme Moïse éleva le serpent dans le désert, ainsi faut-il que soit élevé le Fils de l'homme, afin que quiconque croit ait par lui la vie éternelle... Car Dieu n'a pas envoyé son Fils dans le monde pour juger le monde, mais pour que le monde soit sauvé par lui».*

Sg 16,5-13: *«...Ils périssaient sous la morsure de serpents tortueux, ... mais c'est par manière d'avertissement et pour peu de temps qu'ils furent inquiétés, et ils avaient un signe de salut pour le rappel du commandement de ta loi, car celui qui se tournait vers lui était sauvé, non par ce qu'il avait sous les yeux, mais par toi, le Sauveur de tous... ta miséricorde leur vint en aide et les guérit... C'est toi qui as le pouvoir sur la vie et sur la mort».*

En Jn 3,18, Jésus demande de *«croire au Nom du Fils unique»*, or ce nom, au sens strict, c'est *Jésus*, *«Dieu Sauveur»* (cf. Sg 16,7!).

[9] Outre une identique position dans la description des signes (cf. note 5 supra), les mêmes thèmes se retrouvent, cf. Feuillet, *«Thèmes bibliques»*, 808-812.

Tout le «Discours du Pain de Vie» vise à faire passer les auditeurs de Jésus — et les lecteurs de Jean — du prodige de la manne à ceux de l'Incarnation et de l'Eucharistie, à la lumière de la multiplication des pains, nouvelle manifestation divine. La seule citation explicite du discours, relative à la manne, est mise dans la bouche des juifs. Elle est tirée du Ps 78,24 ou de Ne 9,15[10]: «*Il leur a donné à manger un pain venu du ciel*». Mais si l'on considère l'ensemble du chapitre, on remarque les mêmes thèmes qu'en Sg 16,20ss. Lors de la multiplication des pains, Jésus «*donna les pains*» (διέδωκεν τοὺς ἄρτους) «*en rendant grâces*» (εὐχαριστήσας) (6,11.23) or la manne de Sg apprend «*qu'il faut devancer le soleil pour l'action de grâces*» (εὐχαριστία) (Sg 16,28) et que Dieu a «*donné par bouchées*» (ἐψώμισας) ou «*fourni*» (παρέσχες) «*du pain*» (ἄρτον) dans sa «*libéralité*» δωρεά) (Sg 16,20.25)[11].

L'importance donnée à la compréhension du prodige en Sg 16,20–17,1a se retrouve dans les paroles du Christ en Jn 6,26: «*Vous me cherchez, non parce que vous avez* vu (εἴδετε) *des signes, mais parce que vous avez mangé du pain...*». Dans tout l'Evangile de Jean, voir, comprendre et croire sont profondément liés; Jn 20,8-9 en est une magnifique illustration: «*il vit et il crut, car ils n'avaient pas encore compris l'Écriture...*».

Le thème de la vie et de la vie éternelle comme fruit de la compréhension ne cesse de revenir dans le discours du Pain de Vie, dès l'instant où le Christ annonce: «*Travaillez non pour la nourriture qui se perd, mais pour la nourriture qui demeure en vie éternelle*» (Jn 6,27), or ce thème est fondamental en Sg 16[12], avec des accents voisins de ceux de Jn: «*Ce ne sont pas les diverses espèces de fruits qui nourrissent l'homme, mais c'est ta Parole qui conserve ceux qui croient en toi... L'espoir de l'ingrat...il s'écoule*» (Sg 16,26-29). Comment ne pas penser à la «*nourriture ambrosiaque*» de Sg 19,21, lorsque Jn 6,58 déclare: «*Voici le pain vivant descendu du ciel, il n'est pas comme celui qu'ont mangé les pères et ils sont morts; qui mange de ce pain vivra à jamais*»? L'exclamation de Pierre: «*Tu as les paroles de la vie éternelle, et nous, nous avons cru...*» (Jn 6,68) évoque fortement Sg 16,26: «*Ta parole conserve ceux qui croient en toi*». Cet enseignement sur la foi qui donne la vie est d'ailleurs présent tout au long du discours de Jésus: «*quiconque croit en lui a la vie éternelle*» (Jn 6,40.47). Le *pain des-*

---

[10] Ibid., 808.

[11] D'autres contacts de vocabulaire peuvent être plus fortuits: κόσμος (Jn 6,33.51 = Sg 16,17 mais dans un sens différent), θέλημα (Jn 6,38-40 = Sg 16,25), *le pain venu du ciel:* ἐκ τοῦ οὐρανοῦ (Jn 6,32... = Sg 16,20), μαθών (Jn 6,45 = Sg 16,26), ῥῆμα (Jn 6,63.68 = Sg 16,26). En revanche, il est intéressant de noter que Jean n'emploie jamais les composés de τρέφω, comme en Sg 16, mais ceux de φαγεῖν ou τρώγω, pour tout ce qui se rapporte à la nourriture.

[12] Cf. supra IIe partie, ch. III et VII.

cendu du ciel donne la vie au monde (Jn 16,33) dit Jésus. L'universalité du don est marquée avec insistance au v. 40 et 45 par la répétition du mot «πᾶς»: «Tout *(homme) qui voit le Fils»*, *«Ils seront* tous *enseignés...* Tout *(homme) qui écoute le Père»*; de façon analogue, en Sg 16, était révélée, *la libéralité* toute *nourricière* de Dieu (v. 25), *Sauveur de* tous et dont *la parole guérit* tout, vv. 7 et 12.

Si aucune allusion au prodige des goûts n'est perceptible dans le discours de Jésus, l'évangéliste a cependant soin de noter dans le récit de la multiplication des pains que «*Jésus distribua... autant qu'ils en voulaient ὅσον ἤθελον)»* (Jn 6,11), ce qui évoque Sg 16,25: «*selon la volonté (πρὸς τὴν θέλησιν) de ceux qui demandaient»*.

Sans forcer les ressemblances entre les deux textes, il est aisé de voir que la similitude d'approche du prodige de la manne entre Sg et Jn n'est pas seulement une question de méthode, mais qu'elle touche aussi le contenu. L'importance de l'action de grâces, de la compréhension des signes, de la dimension eschatologique, de l'universalité et de la nécessité de la foi ne se comprend pas seulement par la récurrence de thèmes sapientiels communs aux deux écrits; ils proviennent probablement d'une tradition commune d'interprétation du prodige[13]. Grâce à une compréhension profonde de l'action divine, cette tradition a été fixée dans un texte biblique qui préfigure ce que Jésus réalise pleinement. Sg 16 sert donc de trait d'union: elle annonce le futur en contemplant le passé pour saisir l'éternelle portée de tout acte divin. Le Christ assume cette lecture, mais le don divin dépasse amplement toute attente. Il manifeste ainsi que la lecture sapientielle, lisant au-delà des faits concrets, était devenue prophétique.

2. *Sg 16,20–17,1a et 1 Co 10,1-6*[14]

«Je ne veux pas que vous l'ignoriez... Tous ont mangé le même aliment spirituel, et tous ont bu le même breuvage spirituel — ils buvaient en effet à un rocher spirituel qui les accompagnait, et ce rocher, c'était le Christ... Ces faits se sont produits pour nous servir de types...».

Encore une fois, Sg sert de trait d'union entre l'Ancien et le Nouveau Testament car *«ces versets deviennent beaucoup plus faciles à comprendre quand on se souvient de ce que la Sagesse du Pseudo-Salomon dit des mêmes événements de l'Exode»*[15].

---

[13] La plupart des thèmes que nous relevons ici correspondent à ceux signalés par Ziener, en part. 49-57.

[14] Cf. MALINA, 94-98; MAIBERGER, 255-264; A. FEUILLET, *Le Christ Sagesse de Dieu* (Paris 1966), 87-111; G. MARTELET, «Sacrements, figures et exhortations en 1 Co X, 1-11», *RSR* 44 (1956), 323-359 et 515-559. R. LE DÉAUT, *La nuit pascale*, 319-324.

[15] FEUILLET, *Le Christ*, 88.

Le «midrash» paulinien est introduit par une formule sapientielle, courante chez Paul, qui rappelle celles de Sg 16,22.26 et 28: *«Je ne veux pas que vous l'ignoriez...»*.

La *nourriture* et le *breuvage* sont qualifiés de «*spirituels*». L'interprétation de l'adjectif πνευματικός s'éclaire si on lit Paul en gardant à l'esprit la présentation de la manne en Sg, comme «*pain du ciel*» et «*nourriture des anges*»[16]: cette nourriture ne peut être confondue avec les nourritures ordinaires, car elle a pour origine directe la main même de Dieu. C'est donc seulement par l'esprit que ce don peut être assimilé et compris. Aucun texte de l'Ancien Testament n'a transposé le prodige historique sur le plan spirituel comme l'a fait Sg. Quand bien même Paul n'aurait pas connu cet écrit, la lecture spirituelle qu'il fait de la manne est de même nature que Sg 16,20ss, puisqu'il voit en elle une préfiguration des biens spirituels, un «type» des dons du Christ, Rocher d'où jaillissent tous les dons divins (pour ce qui est de l'eau jaillie du rocher, il faudrait comparer Sg 11,4-5 et 1 Co 10,4).

Il semble clair d'ailleurs que la manne est pour Paul, comme pour Jean, le type de l'Eucharistie, puisque, juste avant qu'il soit question de cet «*aliment spirituel*», le passage de la mer Rouge est présenté comme un *baptême*, en 1 Co 10,2, et que les versets suivant le «midrash» parlent de «*la coupe de bénédiction que nous bénissons, communion au sang du Christ*» et du «*pain que nous rompons, communion au corps du Christ*» (1 Co 10,16). Il faut donc admettre que ce type de relecture spirituelle de l'Exode, dans la lignée de Sg et de Philon, était répandu dans les communautés chrétiennes d'origine judéo-hellénistique du premier siècle et que les chrétiens relisaient l'Exode en clef christologique.

Il est encore possible de noter que, comme tous les signes de Dieu en Sg, l'Eucharistie a, selon Paul, un double effet: elle est salut pour les justes et condamnation pour les impies, *«Celui qui mange et boit, mange et boit sa propre condamnation, s'il ne discerne le Corps»* (1 Co 11,29). Ainsi en 1 Co 11,27-34, comme en Sg 16, Paul emploie un vocabulaire de jugement pour parler de l'Eucharistie: les notions d'injustice (ἀναξίως), de jugement (κρίμα et tous les composés de κρίνω), de correction par les jugements du Seigneur (κρινόμενοι δὲ ὑπὸ τοῦ κυρίου παιδευόμεθα) et de discernement (διακρίνων) sont identiques à celles de Sg 16, même si le vocabulaire diffère légèrement: *«Ils ont été châtiés... châtiment»* (κολάσεως) en Sg 16,1–2,9 et 24; *«justement»* (ἀξίως) (v. 1); *«les justes»* (δίκαιοι) (v. 17) et *«les injustes»* (ἄδικοι) (v. 24); *«par avertissement»* (εἰς νουθεσίαν) (v. 6); *«le jugement de Dieu»* (κρίσις) (16,18 et 17,1) etc...

---

[16] Pour le sens de πνευματικός et son lien avec les expressions de Sg 16,20-21, cf. FEUILLET, 97-99.

Que Jean et Paul aient eu connaissance de Sg ou non, ils ont utilisé un mode de lecture dont Sg est le plus ancien témoin canonique. Il y a cependant une différence majeure entre ces textes et Sg: alors que Sg fait à peine allusion aux aspects négatifs de l'Exode (seul Sg 16,5-6 et 18,20ss les évoquent comme un *«avertissement»* *(νουθεσία)* ou une *«expérience»* *(πεῖρα)* de la Colère), ils sont fortement soulignés chez Jean, pour montrer la suprématie du don apporté par le Christ, et chez Paul, pour mettre en garde les croyants (1 Co 10,6-13). Ainsi Paul répète à propos des conséquences désastreuses de l'Exode ce qu'il a dit à propos des événements eux-mêmes: *«Cela leur arrivait pour servir d'exemple (v. 5: τύποι; v. 11: τυπικῶς), et a été écrit pour notre instruction, à nous qui touchons à la fin des temps»* (1 Co 10,11)[17]. Or tant chez Paul que chez Jean, le résultat produit par le don de la manne n'est pas la vie, mais la mort, contrairement à ce qu'affirme Sg. *«Vos pères, dans le désert ont mangé la manne et ils sont morts»*, répète par deux fois le Christ en Jn 6,49.58, et Paul confirme: *«Ce n'est pas le plus grand nombre d'entre eux qui plut à Dieu, puisque leurs corps jonchèrent le désert»* (1 Co 10,5). Sg, en parlant de *nourriture ambrosiaque* (Sg 19,21) négligeait donc la portée des fautes d'Israël pour ne contempler que l'action divine. Ce faisant, elle annonçait le Christ, véritable *«Parole qui conserve dans l'être»* (Sg 16,26), parce que lui seul a *«les paroles de la vie éternelle»* (Jn 6,68).

3. *Sg 16,20–17,1a, l'Institution de l'Eucharistie et He 1,3*

Il n'existe pas de lien direct entre Sg 16,20ss et les différents récits de l'Eucharistie. Cependant le nom même d'Eucharistie vient de la répétition, pour chacune des quatre narrations[18], de l'expression *«εὐχαριστήσας»; «en rendant grâces»*. Le même verbe est employé lors de la multiplication des pains en Mt 15,36, Mc 8,6 et Jn 6,11.23. Or Sg 16,28 parle de *«devancer le soleil pour ton action de grâces» (ἐπ' εὐχαριστίαν σου)*[19]. Le verbe et le nom issus d'une même racine sont utilisés dans les différents textes avec un sens voisin: Jésus commence par *rendre grâces* avant de distribuer le pain, c'est à

---

[17] Le même terme νουθεσία («avertissement») est employé en 1 Co 10,11 et en Sg 16,6 pour tirer la leçon de l'épisode des serpents.

[18] Pour les récits de l'institution de l'Eucharistie:

Mt 26,27: λαβὼν ποτήριον καὶ εὐχαριστήσας ἔδωκεν αὐτοῖς = Mc 14,23.

Lc 22,19: λαβὼν ἄρτον εὐχαριστήσας ἔκλασεν καὶ ἔδωκεν αὐτοῖς.

1 Co 11,24: ἔλαβεν ἄρτον καὶ εὐχαριστήσας ἔκλασεν.

Ce verbe n'est pas employé dans les récits de la première multiplication des pains, en Mt 14,19 et Mc 6,41, mais dans les trois autres:

Mt 15,36: ἔλαβεν... ἄρτους καὶ εὐχαριστήσας ἔκλασεν καὶ ἐδίδου τοῖς μαθηταῖς.

Mc 8,6: λαβὼν... ἄρτους εὐχαριστήσας ἔκλασεν καὶ ἐδίδου τοῖς μαθηταῖς.

Jn 6,11: ἔλαβεν τοὺς ἄρτους (...) εὐχαριστήσας διέδωκεν τοῖς ἀνακειμένοις.

[19] Cf. supra, IIe partie, chapitre VI.

dire par se tourner vers Dieu, le Père, tout comme les *Fils de Dieu*, en Sg, sont invités à rencontrer Dieu dans l'action de grâces, en recevant le pain du ciel. Prière d'action de grâces et don de la nourriture spirituelle sont indissolublement liés, tant en Sg que dans les récits de l'Institution, puisque, dans tous les cas, l'action de grâces est une rencontre de Dieu qui se manifeste de façon sensible dans une communion à la Nourriture Divine.

D'autre part la *libéralité (don) toute nourricière* de Dieu dont parle Sg 16,25 se révèle magnifiquement dans le *don* de son *corps* que le Christ livre «*pour la multitude*» et dans son invitation: «*buvez-en tous*». Ainsi l'universalité du don christique est annoncée par la contemplation sapientielle.

Ce *corps livré* n'est-il pas, d'ailleurs, comme la manne de Sg, «*la substance*» de Dieu donnée à *ses enfants?* Substance signifie en Sg réalité tangible, «incarnée», elle se manifeste, comme le don que le Christ fait de lui-même, sous la forme d'un pain offert en nourriture. Certes, Sg n'offre qu'une image lointaine du sacrifice parfait, mais l'emploi des mots «*ta substance*» en Sg 16,21 évoque irrésistiblement l'unique récurrence biblique de cette expression en He 1,3 pour désigner le Fils Ressuscité: «*Le Fils, ... resplendissement de sa Gloire, effigie de sa Substance*» (ce verset d'He est d'ailleurs un tissu d'expressions utilisées par Sg 7,25-26). Quand le Christ institue l'Eucharistie et s'offre lui-même sous la forme du pain, c'est sa propre substance, *son Fils*, que Dieu donne à *ses fils*. «*Sa substance*» en He pourrait avoir la même signification de base qu'en Sg: lorsque Dieu donne la manne, il manifeste et offre quelque chose de *sa substance*, et quand le Fils de Dieu vient dans le monde, qu'il s'offre par la Croix, c'est encore *l'empreinte de sa substance* que Dieu manifeste à ses fils. Il ne cesse de la leur donner, par l'Eucharistie. L'emploi d'un même terme pour désigner la manne et le Fils est un indice de plus montrant que le don de la manne, présenté par Sg, est le type de tout don véritablement divin. Le Christ réalise cette annonce par son Incarnation et dans l'Eucharistie; He 1,3 nous donne une clef de compréhension de cet accomplissement.

4. *Sg 16,20–17,1a et la quatrième demande du Pater*[20]

C'est sans doute avec la quatrième demande de l'oraison dominicale que le rapprochement entre Sg et le Nouveau Testament est le plus évident, surtout dans la version Matthéenne. Il suffit de comparer les textes:

---

[20] Cf. surtout le remarquable travail de J. CARMIGNAC, *Recherches sur le Notre Père* (Paris 1969); J. P. BOCK, *Le pain quotidien du Pater* (Paris 1912); J. DE FRAINE, *Oraison dominicale*, DBS VI (1960), 788-800. A. SOLIGNAC, *Pater Noster*, Dic. Sp. XII (1984), 388-413 et FEUILLET, «Thèmes bibliques» n. 25, 814.

Luc 11,2-3:

«Πάτερ... τὸν ἄρτον ἡμῶν τὸν ἐπιούσιον δίδου ἡμῖν τὸ καθ' ἡμέραν»
(Père, notre pain, *celui qui est «épiousios», donne-nous quotidiennement).*

Matthieu 6,9-11 et la Didaché VIII,2:

«Πάτερ ἡμῶν ὁ ἐν τοῖς οὐρανοῖς...
ὡς ἐν οὐρανῷ καὶ ἐπὶ γῆς
τὸν ἄρτον ἡμῶν τὸν ἐπιούσιον δὸς ἡμῖν σήμερον...»
(Père de nous, celui des cieux...
comme au ciel, *ainsi sur terre;*
notre pain, *celui qui est «épiousios»,*
donne nous aujourd'hui»)

Sagesse 16,20-21:

«Ἕτοιμον ἄρτον ἀπ' οὐρανοῦ παρέσχες αὐτοῖς ἀκοπιάτως...
ἡ ὑπόστασίς σου τὴν σὴν πρὸς τέκνα ἐνεφάνιζεν γλυκύτητα»
(C'est un pain *préparé que, du* ciel, *tu leur as fourni sans relâche*
...ta substance manifestait ta douceur envers tes enfants».

L'allusion à la manne dans le Pater a été notée depuis les origines[21]. Comme dans Sg, le «pain» dont il est question n'est autre que la manne comprise dans sa dimension spirituelle. Les similitudes entre les deux textes sont nombreuses:

— Il s'agit d'un *pain,* qui dans les deux cas n'est autre que la manne spirituelle.

— il est *fourni du ciel,* selon Sg et est *donné* par le *Père, celui qui est dans les cieux,* selon le Pater.

— *fourni sans relâche,* selon Sg, il est demandé *pour aujourd'hui* ou *quotidiennement* dans le Pater.

— Ce pain est donné à *tes enfants,* appelés aussi *tes fils que tu as aimés* en Sg 16,26, alors qu'il est demandé à *Notre Père* en Mt 6.

— Ce pain est défini par Sg comme une *«nourriture des anges»* et comme un *«pain fourni du ciel»;* or la clef de voûte du Pater, transition entre la première série de trois demandes et la deuxième série de quatre demandes est *«comme au ciel, ainsi sur terre».* L'expression conclut les trois demandes précédentes et annonce la quatrième: le don du pain est le signe de cette adéquation de la terre au ciel, la réalisation sur terre de ce qui advient dans le monde angélique. Encore une fois Sg 16,20 et le Pater concordent parfaitement.

---

[21] Cf. CARMIGNAC, 191-210.

— Une seule expression du Pater reste à clarifier, le fameux *épiousion* qui est un casse-tête exégétique depuis toujours[22]. Le parallélisme entre les deux textes provient d'une manière commune d'appréhender le prodige de la manne. Cette constatation permet d'apporter non une réponse, mais une lumière nouvelle sur l'adjectif ἐπιούσιος: le pain de Sg est ἕτοιμον, c'est-à-dire *préparé* et *prêt à la consommation*[23]; il est défini aussi comme «*Ta substance*» qui «*manifestait ta douceur*». Si l'on accepte le lien existant entre le pain du Pater et la manne et si l'on reconnaît la proximité des deux textes, le pain ἐπιούσιος serait la nourriture que Dieu lui-même, dans sa providence inépuisable, a préparé à l'avance pour ses enfants, le pain qu'il sait nous être nécessaire et qui vient directement de lui. Adéquation de la Terre au Ciel, il n'est pas la nourriture des «*produits de la terre*» — à laquelle s'oppose le pain de Sg, mais celle qui est «*ta Parole qui fait subsister ceux qui croient en toi*»; c'est une «*nourriture angélique*», la «*substance*» par laquelle l'homme peut goûter la «*douceur de Dieu*», le Père. Alors qu'ἐπιούσιος est généralement perçu du côté humain: le pain «*nécessaire*», «*quotidien*», «*sur-essentiel*» etc..., Sg invite à regarder le terme en se plaçant du côté de Dieu: c'est un pain divinement *préparé*, sans commune mesure, par conséquent, avec les réalités terrestres, *sur-essentiel*, non pas parce que supérieur à l'essence humaine, mais parce que d'une essence venue d'en haut. Le pain que l'homme demande et que Dieu lui donne n'est donc pas seulement celui dont l'homme a besoin pour vivre, sur quelque plan que ce soit, il est celui qui fait goûter la *douceur* surnaturelle de Dieu et que Dieu veut donner à *ses fils*. Ce pain ne répond pas d'abord à une nécessité, comme on le croit trop souvent, mais, au-delà de la nécessité, il manifeste l'amour infini, provident et bienveillant de Celui qui veut partager sa nature divine. Comme tel, il comble tout l'être dans une mesure débordante. Alors, par réflexion, se comprend aussi l'insertion du prodige des goûts en Sg 16,20c: le pain «*a la force de toutes les délices et est adapté à tous les goûts*» justement parce qu'il est «*préparé par Dieu*», «*tout prêt*» à être assimilé.

Cette explication de ἐπιούσιος n'est pas étymologique, mais, faisant appel au sens plénier de l'Écriture, elle permet d'éclairer la compréhension d'un terme obscur: le pain que les disciples du Christ demandent au Père comble au-delà de l'indispensable vital, à tous les niveaux de l'être, car il est «*préparé*» par Dieu. Appartenant au monde céleste, mais envoyé sur terre, il est un pain «*sur-essentiel*» et permet à l'homme, dans chaque «*aujourd'hui*» (cf. He 3,13), de participer à la «*substance*» divine. Sg, ins-

---

[22] Ibid., 121-143 et 214-221. W. Foerster, Ἐπιούσιος, in *Theologisches Wörterbuch zum Neuen Testament*, ed. G. Kittel, II, 587-595; G. W. Lampe, *A Patristic Greek Lexicon* (Oxford 1961), 529.

[23] Cf. supra, IIe partie, chapitre III.

pirée par l'Esprit au seuil de l'ère chrétienne, annonçait la réalisation d'une attente dépassant largement les limites du peuple d'Israël. Il est étonnant qu'un parallélisme aussi fort n'ait pas retenu davantage l'attention des chrétiens.

En rapprochant les deux textes pour les laisser s'éclairer mutuellement, il n'est pas question de projeter un texte sur un autre, mais puisque la tradition sur la manne, dont Sg 16 n'est qu'un maillon, rejaillit dans le Pater, il est normal de lire la prière du Seigneur à la lumière du texte qui en est le plus proche, tant sur le plan du contexte que sur le plan chronologique. La proximité des deux passages est telle, dans leur relecture du prodige de l'Exode, qu'elle confine avec une reprise mot à mot. Aucun texte ne peut donc éclairer le sens d'$\dot{\epsilon}\pi\iota o\dot{\nu}\sigma\iota o\varsigma$ autant que Sg 16,20. Il est possible de remarquer en passant une autre similitude textuelle entre le Pater et Sg 16: la dernière demande du Pater est «*délivre-nous du mal*» ($\dot{\rho}\tilde{\nu}\sigma\alpha\iota$ $\dot{\eta}\mu\tilde{\alpha}\varsigma$ $\dot{\alpha}\pi\dot{o}$ $\tau o\tilde{\nu}$ $\pi o\nu\eta\rho o\tilde{\nu}$), et la nouvelle liturgie catholique de la messe, reprenant la *Didaché* 10,5 et les *Constitutions des Apôtres* VII,10,4, a ajouté: «*délivre-nous de tout mal*», une phrase qui reprend mot à mot Sg 16,8: «*C'est toi qui délivres de tout mal*» ($\sigma\dot{\nu}$ $\epsilon\tilde{\iota}$ $\dot{o}$ $\dot{\rho}\nu\acute{o}\mu\epsilon\nu o\varsigma$ $\dot{\epsilon}\kappa$ $\pi\alpha\nu\tau\dot{o}\varsigma$ $\kappa\alpha\kappa o\tilde{\nu}$).

Il serait possible de considérer les affinités entre Sg 16,20ss et d'autres textes, mais rien de très important ne mérite d'être signalé. Même les deux mentions de la manne, dans la lettre aux Hébreux et l'Apocalypse[24] ne présentent pas de lien notable avec Sg 16. A propos de l'Apocalypse, il faut cependant souligner la dimension eschatologique attribuée à la manne. Le parallélisme avec les autres dons accordés au «*vainqueur*» met en évidence que la «*manne cachée*» est la nourriture de la vie éternelle. Le Christ lui-même offre ce don: «je *lui donnerai la manne cachée*». Ce que Sg 19,21 avait amorcé en présentant la manne comme «*nourriture ambrosiaque*» et en suggérant une lecture eschatologique des évènements de l'Exode, signes révélateurs du monde à-venir, l'Apocalypse le pousse à l'extrême, puisque, comme dans la littérature rabbinique et l'apocalyptique inter-testamentaire, elle fait de la manne une anticipation ou une préfiguration de la vie future, mais aucun contact littéral entre les deux textes ne peut être relevé.

Sg 16,20ss appartient donc à une tradition d'interprétation spirituelle et eschatologique que l'on retrouve dans le Nouveau Testament, développée de façon différente, chez Paul et Jean. Mais, en fait, aussi surprenant que cela puisse paraître, le texte le plus proche de Sg 16,20-21 est le Pater, sur lequel Sg jette une étonnante lumière.

---

[24] Ap. 2,17; He 9,4 (cf. 2 M 2,4-8). Sur Ap. 2,17, voir l'article de A. GANGEMI, «La manna nascosta e il nome nuovo», *RivB* 25 (1977), 337-356.

Chapitre X

Sg 16,15–17,1a CHEZ LES PÈRES DE L'ÉGLISE

L'utilisation de Sg 16,15–17,1 chez les Pères de l'Église reflète l'histoire de l'insertion de Sg dans le Canon des Écritures sacrées: jusqu'à la fin du deuxième siècle, on ne trouve aucune citation explicite[1]. En Orient, Sg n'est citée comme «Écriture» qu'à partir de Clément d'Alexandrie (par exemple en *Strom.* II,2,6 et VI,11,91), et en Occident Tertullien est le premier à la mentionner (*Adv. Valentinianos* II,2). La persistance des doutes sur la canonicité de Sg est manifeste dans le refus de Jérôme de traduire le livre en latin[2]; elle explique la réticence de certains auteurs à le citer jusqu'après l'époque patristique, tant en Orient qu'en Occident. En outre, même par ceux qui n'ont pas de doutes sur la canonicité de Sg, Sg 16 est peu cité, comme l'ensemble du midrash sur l'Exode: ce sont surtout les données eschatologiques et christologiques de Sg qui intéressent les Pères, puisqu'elle est l'un des seuls écrits vétérotestamentaires, avec les livres des Maccabées, à témoigner ouvertement d'une foi en la vie éternelle et la rétribution des hommes au-delà de la mort.

Il faut donc glâner çà et là quelques rares mentions de Sg 16,15–17,1a. Les vv. 20 et 21 surtout ont retenu l'attention des Pères. Pour ce qui est du v. 20, les allusions sont faciles à repérer: il est le plus ancien témoin, et le seul dans les Écritures canoniques, de la tradition du prodige des goûts. Saint Augustin le souligne dans les *Rétractations:*

> «*Ce que j'ai dit de la manne, 'qu'elle avait pour chacun, dans sa bouche, le goût correspondant à sa propre volonté', je ne vois pas d'où je pourrais le prouver, sinon du Livre de la Sagesse, que les Juifs ne reçoivent pas comme écriture canonique*»[3].

---

[1] Larcher, *Etudes*, 37.

[2] Jérôme, *Préface aux livres de Salomon selon la LXX*, PL XXIX, 403-404, le *Prologue à la traduction sur l'hébreu des livres de Samuel et des Rois*, PL XXVIII, 547ss, celui *sur la traduction sur l'hébreu des livres de Salomon*, PL XXVIII, 1241ss ainsi que la *lettre 107, à Laeta*, PL XXII, 876-877 (CSEL LV, 302-303). Cf. encore Origène, *De Principiis* IV,IV,6 (ed. P. Koetschau), la *39e Festale* d'Athanase, PG XXVI, 1436-1440. La question de l'introduction de Sg dans le canon est présentée par Larcher, *Etudes*, 30-69. Il est intéressant de constater que, durant la deuxième moitié du septième siècle, le Pseudo-Augustin d'Irlande, dans son *Traité sur les miracles de l'Ecriture Sainte, XXIII* (PL XXXV, 2168-2170) ne cite jamais Sg, alors qu'il commente les mêmes prodiges qu'elle, en particulier celui de la résistance au feu et de la fonte au soleil.

[3] Augustin, *Retractationes II,20* (CCL LVI, p. 106, l. 10-16). «*Unicuique secundum propriam voluntatem in ore sapiebat*».

Le v. 21a revient aussi fréquemment, puisque la mention de la «*Substance de Dieu*» qui révèle la «*douceur de Dieu*» offrait un argument de choix dans les controverses anti-ariennes.

Mais une lecture attentive permet aussi de repérer quelques citations, souvent implicites, de Sg 16,24-29.

1. *Les citations de Sg 16,24-29*[4]

«*La création, obéissant à Toi, qui as fait, se tend pour le châtiment des injustes et se détend pour le bienfait envers ceux qui se confient en toi*». *(Sg 16,24)*.

Dès la première moitié du troisième siècle, Origène semble citer ce verset:

«*Regarde à quel point, comme un bouffon, ce grave philosophe (Celse), tourne en ridicule la promesse divine d'un jugement*, châtiment pour les injustes, récompense pour les justes». *(C. Celsum, IV,30)*[5].

Méthode est plus explicite, dans un autre texte, lui aussi en rapport avec le jugement final: parlant d'un arbre de l'Olympe que le feu ne peut détruire, il y voit une préfiguration du Jugement:

«*Afin que nous sachions que lorsque pleuvra le feu du ciel... les corps de ceux qui resplendiront dans la pureté et la justice, ne seront pas blessés par le feu, comme par l'eau froide. Il est bien vrai, ô Maître très utile et munificent, que* «*la création... ceux qui croient en toi*» (citation intégrale du v. 24). *(De Res. 2,23)*[6].

Augustin, dans les premiers livres du *De Trinitate*, utilise en abondance le verset, souvent de façon allusive[7], mais aussi de façon explicite,

---

[4] On peut encore signaler une allusion à Sg 16,18-19 et 19,19-20 chez Grégoire le Grand dans les *Dialogues III,18,3* (SC 260, p. 346) pour présenter un miracle d'enfants sauvés de la fournaise semblable à celui de Dn 3: «*in obsequium iustorum et haberet flamma virtutem suam ad solacium et non haberet ad tormentum*».

[5] Origène, *Contra Celsum IV,30* (SC 136, p. 256, l. 30-34). «περὶ κολάσεως μὲν τῆς 'κατὰ τῶν ἀδίκων' γέρως δὲ τοῦ εἰς τοὺς δικαίους».

[6] Méthode d'Olympe, *De Resurrectione 2,23 (XIV)* (PG 18, 288b). «ἡ κτίσις... πεποιθότων» (sans modifications).

[7] Augustin, *De Trinitate II, III, IV* (CCL L)
2,6: «*creatura serviente creatori et ad nutum eius...*» «*ad nutum*», absent dans la Vg, mais cité par ailleurs, semble provenir d'une traduction nord-africaine.
2,15: «*creatura serviente creatori...*»
2,16: «*non creaturam Deo servientem...*»
3,1: *In libro Sapientiae scriptum est: "Creatura enim tibi factori deserviens extenditur (1) in tormentum adversus iniustos, et lenior fit ad benefaciendum (2) his qui in te confidunt.*

au début du troisième livre (III,1), en lui adjoignant même le v. 25. Le texte est toujours cité dans un même contexte: il s'agit de montrer que les différentes manifestations de Dieu dans le monde (les pas dans le jardin d'Éden, la colonne de nuées, la colombe et le feu de l'Esprit) ne sont pas Dieu lui-même, mais des éléments créés dont Dieu s'est servi pour manifester sa présence, car *«la créature est à son service»*. Augustin reprend encore ce verset dans le *De spiritu et littera*[8], un texte qui doit dater sensiblement de la même époque que les premiers chapitres du *De Trinitate*[9]. Le contexte du *De spiritu et littera* est plus proche de celui de Sg 16, puisqu'Augustin y affirme:

> *«On peut ajouter aussi les choses qu'on lit dans le livre de la Sagesse: Dieu pourrait infliger aux impies des tourments nouveaux,* la créature lui obéissant selon ses ordres, *et cependant il ne les inflige pas».*

Le verset 26 est cité par Clément d'Alexandrie. Il y voit une invitation à considérer la charité d'ici-bas comme une préparation à celle du ciel:

> *«Les réjouissances d'ici-bas ont comme une étincelle de charité qui habitue à passer de la nourriture vulgaire à la nourriture éternelle. La charité n'est donc pas un repas, mais il faut que le festin dépende de la charité.* "Que tes fils apprennent en effet, *dit le texte,* tes fils que tu as aimés, Seigneur, que les diverses espèces de fruits ne nourrissent pas l'homme, mais que ta parole garde ceux qui croient en toi"»[10].

Le v. 28 est cité par Athanase et Jean Chrysostome dans des commentaires au Ps 5,5[11], en gardant le sens littéral du verset. Jean Chry-

---

Propter hoc et tunc in omnia se transfigurans (3) *omnium nutrici gratiae tuae deserviebat ad voluntatem horum* (4) *quia te desiderabant* (5)".»
* noter les différences avec la Vg: (1) excandescit (M*) ou exardescit (CM*ΩSagrelsc) (2) pro his... (3) avec L mais généralement transfigurata (4) eorum (5) qui a te desiderabant selon XZ*ΓA wc (le texte d'Augustin n'est pas très sûr et les éditeurs hésitent pour cette dernière expression).
3,2: *«ad nutum Dei serviat»*
4,21: *«serviens creatura»*.
    [8] *De Spiritu et littera 1,35* (62) (*PL* 44,242): *«ad nutum sibi serviente creatura»*.
    [9] Le *De Spiritu et littera* est daté de 412, et les premiers chapitres du *De Trinitate* doivent remonter aux années 399-410 (Cf. B. ALTANER, *Précis de patrologie*, Paris-Tournai (1961), 596-597.599).
    [10] Clément d'Alexandrie, *Le Pédagogue I,7,1-2* (SC 70, 20) «μαθήτωσαν γὰρ...διατηρεῖ». La différence de temps du verbe principal (ἵνα μάθωσιν dans le texte de Sg) est sans doute justifiée par une adaptation au contexte.
    [11] Athanase: *Expositio in Psalmum V* (PG 27,75C): «φθάνειν ἐν εὐχαριστίᾳ τὸν ἥλιον». Jean Chrysostome: *Expositio in Psalmum V* (PG 55,65) cite littéralement le texte, remplaçant vraisemblablement πρός par πρό.

sostome l'évoque à nouveau en commentant le Ps 109, mais cette fois le *'lever du soleil'* semble signifier le temps de l'Incarnation:

> «*En disant 'avant l'aurore je t'ai engendré', on parle de la génération éternelle du Christ. Il y a une différence entre la nature et l'opération. L'Écriture a l'habitude de distinguer, quand elle parle d'avant la nature ou d'avant l'opération; ainsi lorsqu'elle dit* «Il faut devancer le matin (ὄρθρον) pour ton action de grâces et avant le lever de la lumière te rencontrer», *elle parle ici du* «matin». *Elle ne dit pas, en effet, 'avant le soleil', mais avant 'le lever'; et non pas avant la nature, car avant la nature du Soleil, rien n'a été fait. Ainsi elle signifie l'aube...*» *(Exp. in Ps CIX)* [12].

Origène, dans son *Traité sur la Prière*, utilise ce même verset 28, pour indiquer la direction vers laquelle il convient de prier [13], après lui de nombreux Pères défendront cette coutume de prier en direction de l'orient; nos églises, tournées vers le soleil levant, ne font que continuer cette tradition.

Dans la littérature patristique occidentale, un passage d'Ambroise est particulièrement digne d'intérêt, puisqu'il fait allusion à ce verset en parlant de l'Eucharistie:

> «*Afin de révéler les mystères futurs, la manne conservée jusqu'au lever du soleil ne pouvait plus être mangée, c'est-à-dire qu'elle avait la grâce jusqu'à l'avènement du Christ, lorsque se lèverait le Soleil de Justice et que brilleraient les splendeurs du sacrement du Corps et du Sang du Christ*» [14].

D'autres allusions peuvent être relevées en Orient chez Origène et Épiphane [15].

Pélage invoque le v. 29 pour justifier sa doctrine, mais il le modifie légèrement, selon ses besoins, en remplaçant *spes* par *fides:*

> «*Même celui qui aura commis un seul péché sans s'être soumis à la satisfaction de la pénitence, qu'il n'oublie pas cette sentence:* "la foi (fides) des ingrats fondra comme la glace hivernale et se perdra comme une eau inutile... *celui qui est coupable d'un seul de ces péchés ne peut être participant du règne des cieux*" *(Ep. de malis doctoribus)*» [16].

---

[12] Jean Chrysostome, *Expositio in Psalmum CIX* (PG 55,275): «δεῖ φθάνειν τὸν ὄρθρον (ἥλιον*) ἐπ᾽εὐχαριστίαν σου, καὶ πρὸ (πρὸς*) ἀνατολῆς (ν*) φωτὸς ἐντυγχάνειν σοι» (* = texte biblique).

[13] Origène, *Libellus de Oratione* (PG 11,550B) cite littéralement le texte biblique.

[14] Ambroise, *Lettre 64* (PL 16,1222).

[15] Origène, *Selecta in Ps. 77* (PG 12,1542); *Ex. in Ps 77* (PG 17,144A); *Homélie sur l'Exode VII,8* (SC 321,233). Épiphane, *Panarium 50, 2,9* (PG 41,888).

[16] Pélage: *Epistola de malis doctoribus* (PL Supplément I, 1427). «*Ingrati enim fides tanquam hibernalis glacies tabescet, et disperiet tanquam acqua supervacua*».

De façon plus conforme au contexte de Sg, Jean Chrysostome, expliquant le sens du mot «*Eucharistie*», référé au sacrifice de la Cène, considère ce verset comme une invitation à l'action de grâces:

> «*Rien n'a autant perdu les Juifs que le fait d'avoir été ingrats: les plaies fréquentes et nombreuses ne signifiaient rien d'autre que cela: bien plus que les plaies, cela a perdu et ruiné leur âme.* L'espoir des ingrats est comme le givre hivernal, *dit-on (φησίν)*...»[17].

2. Sg 16,21a dans la controverse anti-arienne

«Ta substance *manifestait ta douceur pour tes enfants*».

Les mentions de «*substantia*» *(ὑπόστασις)* dans le texte biblique ont été soigneusement exploitées par les Pères pour lutter contre l'arianisme. Le texte de Sg 16,21a a donc, lui aussi, servi dans la défense de l'unité de substance entre le Père et le Fils, d'autant plus qu'une des traductions latines portait: «*Substantia mea dulcedo mea est*». A.M. La Bonnardière[18] a montré que ce verset faisait même partie d'un florilège anti-arien utilisé au quatrième siècle. Cependant, probablement en raison des doutes relatifs à la canonicité de Sg, certains auteurs utilisant le florilège se sont abstenus de le citer. Ainsi Athanase, Marius Victorinus et Ambroise ne mentionnent pas Sg 16,21[19]. En revanche Eusèbe de Verceil, Phoebade d'Agen et Grégoire d'Elvire l'utilisent; un peu plus tard, les *Testimonia*, Victor de Vita, l'auteur du *Contra Varimadum* et Fulgence de Ruspe y font encore référence[20]. L'utilisation du verset est, par conséquent, très spécifique et strictement occidentale. Les variations textuelles d'un auteur à l'autre au sein d'un même florilège prouvent que la traduction latine de Sg n'était pas fixée et que différentes versions circulaient contemporainement.

---

[17] Jean Chrysostome, *Homélie 25 sur Matthieu* (*PG* 57,332).

[18] A.M. La Bonnardière, *Biblia Augustiniana, A.T., Le Livre de la Sagesse* (Paris 1970), 132-135.

[19] Ibid. 134. Athanase, *Ep. Ad Afros 4*; Marius Victorinus, *Adv. Ar. I,30.59; II,3.5.12; IV,4.* Ambroise, *De Fide III,14-15.*

[20] Ibid. 133. Eusèbe de Verceil, *De Trinit. V,36-42 PL* 62,273); Phoebade d'Agen, *Contra Ar. VII* (CCL 64,30); Grégoire d'Elvire *De Fide Orth. 4* (CCL 69,233); *Testim. IV* (CCL 90,231); Victor de Vita, *Liber de Fide catholica II,58* (*PL* 58,220); *Contra Var. I,44* (*PL* 62,382); Fulgence de Ruspe, *Responsio contra Arianos 4* (*PL* 65,213). D. De Bruyne, «Etude sur le texte latin de la Sagesse», *RBen* XLI (1929) 101-133 note p. 117 que «Les mots *substantiam enim tuam et dulcedinem tuam* ne se trouvent que dans FEMS2; *ostendebas* est très fréquent, mais GJDC ont *ostendebat*. Nous avons ici un cas intéressant où beaucoup de nos manuscrits ont un texte meilleur que toutes les citations connues, et cependant on ne peut raisonnablement supposer que nos manuscrits représentent une correction sur le grec».

— * *«Substantia mea dulcedo mea est»*
(Eusèbe de Verceil, + vers 371)

— *(Salomonis sententiae) «Substantiam tuam et dulcedinem tuam»*
(Phoebade d'Agen, + après 392)

— * *(apud Salomonem) «Substantia mea dulcedo mea est»*
(Grégoire d'Elvire, + après 392)

— *«Substantiam enim et dulcedinem tuam quam in filios habes ostendebas»*
(Testimonia, Ve siècle)

— * *(in Salomone) «Substantia mea dulcedo mea est»*
(Contra Varimadum, milieu du Ve siècle)

— *(dicente Salomone) «Substantiam enim et dulcedinem tuam quam in filios (in Filio,* dans la plupart des témoins[21]*) habes ostendebas»*
(Victor de Vita, + 489)

— *(Sapientiae liber... dicens) «Esca angelorum nutristi populum tuum, praeparatum panem de cælo præstitisti eis, sine labore omne delectamentum in se habentem, et omnem suavitatis saporem: substantiam enim tuam et dulcedinem tuam, quam in filios habes ostendebas». Panem de cælo datum substantiam et dulcedinem Dei esse Scriptura testatur...»*
(Fulgence de Ruspe, + 532)

Deux textes très différents sont employés. La traduction (*) qu'utilisent Eusèbe de Verceil, Grégoire d'Elvire et l'auteur du *Contra Varimadum* est fort éloignée du texte original: *«Substantia mea dulcedo mea est» (ma substance est ma douceur)* transforme complètement le sens du verset grec: ἡ μὲν γὰρ ὑπόστασίς σου τὴν σὴν πρὸς τέκνα ἐνεφάνιζεν γλυκύτητα (littéralement: *ta subsance manifestait ta douceur pour (tes) enfants).* Quant à l'autre texte latin, il interprète aussi le grec: *«(Tu manifestais) ta substance et ta douceur».* Ces deux mauvaises traductions latines d'un verset sorti de son contexte expliquent son usage à des fins qui n'ont aucun rapport avec le sens littéral. L'absence totale du même verset dans la littérature grecque n'est pas due seulement aux doutes concernant la canonicité de Sg, elle vient surtout d'une meilleure intelligence du passage concerné: pour celui qui utilise le texte grec, il ne s'adapte en rien à la controverse anti-arienne.

---

[21] *PL* 58,220, n. *g.*

3. Sg 16,20 (+ 21b): La nourriture des anges et le prodige des goûts[22]

«*C'est une nourriture d'anges que tu as donnée à ton peuple et un pain préparé que, du ciel, tu leur as fourni inlassablement, ayant la capacité de toute saveur et adapté à tous les goûts... s'accommodant au goût de celui qui la prenait, elle se changeait en ce que chacun voulait*».

La mention de la *nourriture des anges*, du *pain des anges* ou du *pain des cieux*, dans certains passages de la littérature patristique, ne renvoie pas forcément à Sg 16,20, puisque les Ps 105,40 et 78,24 (TM) parlent de *Pain des cieux* (traduit '*pain du ciel*' dans la LXX et la Vulgate, le Ps 78,25 (TM) de '*pain des Forts*' (traduit dans la LXX et la Vulgate '*Pain des anges*') et que Jn 6 utilise aussi plusieurs fois l'expression '*pain du ciel*'.

En revanche, chaque fois qu'un auteur parle du prodige des goûts, il se réfère, selon toute vraisemblance, à Sg 16,20ss. Or ce prodige a été perçu par les Pères comme le type de diverses réalités de la Révélation chrétienne.

a. *La manne comme Parole*

La tradition biblique, suivie par Philon et le judaïsme palestinien, offre une première ligne d'interprétation du prodige de la manne: l'identification entre la manne et la Parole[23].

Il n'est pas toujours facile de distinguer, chez Origène, la limite entre le Logos comme Parole de Dieu contenue dans les Écritures et le Logos comme deuxième personne de la Trinité manifestée en Jésus-Christ[24].

---

[22] Quelques textes font mention du prodige sans l'interpréter: le Pseudo Clément, *Recognitiones I,35,3* (GCS 51,29): «*Manna quoque sibi pro pane cœlitus datum et ex sequenti petra poculum ministratum, qua cibi, per virtutem Dei, in quem quisque desiderasset verteretur saporem*»; Basile, *Lettre 190*, texte attribuant à Philon le récit du prodige des goûts, probablement parce que Basile attribue Sg à Philon; le Pseudo Jean Chrysostome, dans sa *Synopse des Écritures saintes* reprend textuellement Sg 16,20 (sur l'origine de ce texte, qui ne peut être attribué à Athanase, cf. J. QUASTEN, *Initiation aux Pères de l'Eglise*, Paris (1963) Tome III, 71 et 660); Cornely, 543 cite deux textes attribués à Ephrem: *in Exod. 10*: «*L'écriture expose que la manne avait l'aspect du coriandre, mais présentait le goût du miel, de telle sorte que nous comprenions, à partir de cela, que la manne réunissait tous les goûts*» et *in Num. 11, n. 2*: «*Il dit qu'elle est semblable au grain de coriandre, et par cela il insinue dans le même temps que toute nourriture était procurée à partir de la manne et qu'elle participait au goût, à la richesse et à la saveur de n'importe quel plat*»; à ces textes, il convient d'ajouter le *Commentaire sur l'Évangile concordant, VII,13*: il affirme que «*les pères des Israélites nourrissaient leurs corps de la nourriture des anges*» (SC 121,146s). Augustin fait, lui aussi, mention du prodige dans ses *Rétractations II,20* (texte déjà cité n. 3).

[23] Cf. supra, IIe partie, chap. V.

[24] La thèse d'Origène sur les diverses *incorporations du Logos* a été étudiée par H. DE LUBAC: *Histoire et Esprit, L'intelligence de l'Ecriture d'après Origène* (Paris 1950) ch. 8, 336-373 (en particulier 370-371) et par H. URS VON BALTHASAR dans *Parole et mystère chez Origène* (Paris 1954), 41ss.

L'interprétation que donne Origène du prodige de la manne reflète cette difficulté. Il ne s'agit pas forcément d'une limite dans la théologie d'Origène, mais plutôt d'une vision synthétique du mystère qui ne sépare pas les différents modes de Révélation. Cette polyvalence du concept de 'Verbe' apparaît, par exemple, dans la troisième homélie sur les Nombres[25]:

> «Le Verbe *de Dieu est notre manne; et la* parole *divine venant à nous, apporte aux uns le salut, aux autres le châtiment. Et c'est pour cette raison, je pense, que le Seigneur et Sauveur lui-même, qui est le* Verbe *de Dieu vivant, disait: 'je suis venu dans le monde pour un jugement...'. Il vaut mieux pour certains ne pas entendre* la parole *de Dieu que l'entendre avec malice ou avec hypocrisie».*

Certains passages d'Origène utilisent directement Sg 16,20:

> «Je pense que c'est à propos de la parole (λόγος) que l'on affirme ce que l'on pense être dit à propos de la manne: que 'Dieu a donné la manne en nourriture, ayant la force de tous les plaisirs et toutes les harmonies de goûts; servant le désir de celui qui la prenait, elle se changeait en ce que chacun voulait'»[26].
>
> «Autrefois, 'Dieu a donné à son peuple le pain du ciel, inlassablement. Ayant la force de tout plaisir, il se changeait en ce que chacun voulait'. C'est la nature du Verbe qui nourrit l'âme, se transformant selon la faculté (δύναμις) de celui qui le reçoit»[27].
>
> «Tout ce que le Verbe de Dieu fait pour chacun, il le fait selon la mesure ou le désir des participants: comme il est dit de la manne, qui, tout en étant une seule nourriture, offrait cependant à chacun le goût correspondant à son désir»[28].
>
> «Si tu veux manger la manne, c'est-à-dire si tu désires recevoir la Parole de Dieu... Quoi de plus doux, quoi de plus suave que les paroles du Seigneur...» «En qualité de 'Soleil de Justice', il fait lever son matin: ce matin où se rassasient de pain ceux qui adoptent ses préceptes. Et ne t'étonne pas que le Verbe de Dieu soit encore appelé 'chair' et 'pain', 'lait' aussi et 'légumes' et diversement nommé selon l'aptitude des croyants ou la capacité de ceux qui le reçoivent»[29].

---

[25] Origène, *Homélie sur les Nombres III* (SC 29,89).

[26] *Fragments sur l'Exode* in R. DEVRESSE, *Les anciens commentateurs grecs de l'octateuque et des Rois (Fragments tirés des chaînes)* (Cité du Vatican 1959), 43.

[27] *Ex. in Ps. 77* (*PG* 17,144C).

[28] *Commentaire sur le Cantique III* (*PG* 13,161C).

[29] *Homélies sur l'Exode VII,8* (SC 321,233). Cf. aussi le *Traité sur la prière* (*PG* 11,512CD-514C).

Dans un passage du *Commentaire sur Matthieu* qui présente des affinités avec Sg 16,15–17,1a, Origène présente une opinion trés étrange à propos de l'Eucharistie:

> «*Ce pain que Dieu le Verbe reconnaît être son corps est le verbe nourricier des âmes, verbe procédant du Dieu Verbe et pain céleste... Ce n'est pas ce pain visible qu'il tenait dans ses mains que le Dieu Verbe disait être son corps, mais la parole dans le mystère de laquelle il était en train de rompre ce pain... Car le corps du Dieu Verbe, ou son sang, qu'est-ce que cela peut être d'autre sinon le* verbe qui nourrit *et le verbe qui réjouit le cœur?*» [30].

Origène ne va sans doute pas jusqu'à nier ici la transformation du pain et du vin en Corps et Sang du Christ. Ce passage doit être compris dans la ligne de Jn 6,26-50 où le Christ identifie ses paroles au pain du ciel. Fidèle à sa théologie des incorporations du Logos, Origène privilégie le lien entre la divinité du Verbe et les paroles du Verbe-Incarné. En faisant référence à Sg 16,26, lorsqu'il parle de «*verbe qui nourrit*», il sort l'expression de son contexte. Sg 16,26, en effet, n'oppose pas la Parole nourricière et la manne, mais elle les unit dans une même opposition aux *produits de la terre* qui, eux, *ne nourrissent pas l'homme*. Elle fait de la manne, au contraire, un symbole de la parole [31].

Augustin interprète aussi la manne comme Parole de Dieu, mais de façon beaucoup moins exclusive qu'Origène, puisque, pour lui, elle symbolise également, selon la nécessité, l'Incarnation ou l'Eucharistie.

> «*Toi, donc, si tu veux manger la manne, c'est-à-dire si tu désires recevoir la Parole de Dieu... Elle a une certaine rigueur, c'est pourquoi elle est semblable au givre. Elle a la blancheur et une abondante douceur (dulcedinis plurimum)*» [32].
>
> «*Hâtons-nous donc maintenant de recevoir la manne céleste. Cette manne, en effet, produit dans la bouche la saveur correspondant à ce que chacun veut... Ainsi la manne de la parole de Dieu produit dans ta bouche n'importe quelle saveur que tu désires*» [33].

---

[30] *Commentaire sur Matthieu (A 85)* (*PG* 13,1734BC-1735A). Ce texte est analysé par H. DE LUBAC, *Histoire et Esprit*, 358s.

[31] Cf. supra, IIᵉ Partie, chap. V.

[32] Augustin, *Sermon 25,3 (alias De Tempore 91)* (*PL* 39,1794).

[33] Ibid. n. 6, col. 1795. Sur le thème du *Verbe de Dieu, pain des anges* chez Augustin, cf. J. GOULVEN-MADEC, *La Patrie et la Voie (Le Christ dans la vie et la pensée de Saint Augustin)*, (Paris 1989), 187s.

Même Jérôme s'appuie sur la tradition dont témoigne Sg (qu'il n'a pas voulu traduire avec les livres canoniques) pour identifier la manne et la parole:

> «*La parole divine (sermo) est très riche, et* possède en elle tous les délices *(omnes habet in se delicias). Tout ce que tu veux naît de la parole divine: ainsi le rapportent les Juifs, puisque la manne, quand ils la mangeaient, avait dans la bouche* le goût adapté à la volonté de chacun *(secundum voluntatem uniuscuiusque, sic sapiebat in ore). A cause du Verbe, quand quelqu'un mangeait la manne, s'il désirait des pommes, ou une poire, ou du raisin, ou du pain, ou de la viande, tel était le goût de la manne, selon la qualité et la volonté du consommateur*»[34].

Grégoire le Grand, lui aussi, répète à deux reprises dans sa *Morale sur Job* que la manne est la parole de Dieu:

> «*Chez certain sage, on dit à propos de la douceur de la manne: 'Tu leur as donné sans travail un pain du ciel préparé, ayant en lui-même tous les délices et la suavité de toute saveur'. Certes, la manne avait en elle-même tous les délices et toutes les saveurs; assurément dans la bouche des spirituels, elle donna une saveur adaptée à la volonté de ceux qui mangeaient, car la parole divine, accordée à tous sans différer de soi-même, condescend à la qualité de celui qui l'écoute...*»[35].

> «Assurément la manne est la Parole de Dieu, et tout ce que désire celui qui la reçoit avec bonne volonté, elle en a vraiment le goût dans la bouche de celui qui mange»[36].

---

[34] Jérôme, *Traité sur le Psaume 147* (CCL LXXVIII, 338). Il n'y a sans doute pas dans ce texte une citation littérale de Sg; si c'était cependant le cas, il ne serait guère aisé d'identifier la version latine utilisée par Jérôme: elle ne correspond à aucun texte connu et il s'agit sans doute d'une simple réminiscence personnelle, puisque, comme pour Si, Jérôme devait traduire directement à partir du texte grec (cf. M. GILBERT: «Jérôme et l'œuvre de Ben Sira», *Le Muséon 100* (1987), 109-120). Par rapport à la *Vetus latina: Omne delectamentum in se habentem* devient *omnes habet in se delicias* et *serviens uniuscujusque voluntati* est rendu par *secundum voluntatem uniuscujusque.* Pour l'étude du texte latin de Sg, outre DE BRUYNE, «Étude sur le texte latin», on peut consulter P. W. SKEHAN, «Notes on the Latin Text of the Book of Wisdom», *CBQ* IV (1942), 230-243 et J. ZIEGLER, «Zur griechischen Vorlage der Vetus Latina in der Sapientia Salomonis», *Lex tua veritas*, Festschrift f. H. Junker (Trier 1961), 275-291.

[35] Grégoire le Grand, *Morale sur Job, VI.22* (PL 75,741B). «*Paratum panem de cœlo præstitisti illis sine labore, omne delectamentum in se habentem, atque omnis saporis suavitatem*».

[36] Ibid. *XXXI, 29* (PL 76,589C).

Quelques années après Grégoire, Taius, évêque de Tarragone de 651 à 683, recopie littéralement le premier texte cité ici (Mor. 6,22) pour interpréter le verset de façon équivalente[37].

Ainsi, pour de nombreux Pères, le prodige des goûts, en Sg 16,20, doit être appliqué à la Parole de Dieu. Cette interprétation rejoint celle que propose Sg 16,26. Mais l'auteur de Sg n'est pas tombé dans l'allégorisme, il a simplement perçu un enseignement que le prodige suggérait, il a «vu» le signe donné par Dieu. Les Pères, au contraire, et surtout Origène, ont plutôt suivi une technique d'interprétation proche de celle de Philon. Il est d'ailleurs probable que les considérations de Philon sur la manne comme Logos ont influencé grandement Origène et ses successeurs.

b) *L'interprétation christologique*

La ligne d'interprétation christologique est donnée par le Christ lui-même en Jn 6. En se définissant comme «*Pain vivant descendu du ciel*», Jésus invitait ses auditeurs à lui appliquer tous les prodiges relatifs à la manne contenus dans la tradition juive. Cette ligne d'interprétation se retrouve en 1 Co 10,13.

Puisque pour Origène la manne est le Verbe, il est normal qu'il fasse allusion à elle en contemplant le mystère de l'Incarnation. Dans un passage où il distingue l'homme Jésus du Verbe de Dieu, il compare la Transfiguration au prodige des goûts et applique ce prodige à l'une et l'autre natures du Verbe Incarné:

> «*Une tradition nous est parvenue, affirmant qu'il n'y avait pas seulement en lui (le Christ) deux formes, l'une selon laquelle tous le voyaient et l'autre selon laquelle il fut transfiguré devant ses disciples sur la montagne, lorsque son visage resplendit comme le soleil, mais qu'encore il apparaissait à chacun à la mesure de ce dont il était digne. Selon ce qu'il est dit à propos de la manne, lorsque Dieu envoya du ciel aux fils d'Israël* un pain ayant en lui toute douceur et adapté à tous les goûts* quand,* se pliant au désir de celui qui prenait, il se transformait en ce que chacun voulait.* Et cette tradition ne me semble pas incroyable, soit de façon corporelle pour Jésus lui-même, qu'il apparaisse de telle ou telle façon aux hommes, soit pour la nature même du Verbe, qu'il n'apparaisse pas à tous de façon identique*»[38].

---

[37] Taius, *Commentarius in Sapientiam* (*PL* Supplément IV,1779s).

[38] Origène, *Commentaire sur Matthieu (A 100)* (*PG* 13,1750BC): «*Panem misit de cælo omnem delectationem habentem et ad omnem gustum convenientem quando desiderio offerentis obsequens ad quod quis voluerat vertebatur*».

Clément d'Alexandrie, à sa manière, présente aussi la manne comme une annonce de la venue du Christ, nourriture des croyants:

> «*La manne s'écoulait du ciel pour les anciens Hébreux,* nourriture céleste des anges... *Lorsque le Père plein d'amour et de bonté pour l'homme a répandu la rosée de son Logos, alors il est devenu lui-même la nourriture spirituelle des hommes vertueux»* [39].

Dans le *Panarium,* Épiphane présente les merveilles de l'Exode comme une anticipation des merveilles accomplies par le Christ et, comme Sg 11-19, il y voit un gage de notre propre résurrection. Parmi tant de merveilles accomplies, Dieu *apporta le pain des anges,* dit-il [40]. Dans un autre passage, il voit dans la cessation du prodige de la manne une préfiguration des conséquences de la Passion:

> «*Les divines Écritures témoignent par avance et prophétisent que dans la Passion du Seigneur due à leur reniement cesserait pour eux* la nourriture angélique et céleste, *qu'ils appelaient précisément la manne»* [41].

A la même époque, Grégoire de Nysse, dans sa *Vie de Moïse,* interprète le prodige des goûts comme une annonce de l'Incarnation du Verbe:

> «*On doit... recevoir en soi avec une âme pure la nourriture qui descend du ciel...* un pain préparé *(ἕτοιμος ἄρτος), sans semailles ni labours... Tu comprends quelle est la nourriture véritable dont cet épisode est la figure... C'est le mystère de la nativité virginale qui nous est annoncé à l'avance par ce miracle. Ce pain, qui n'est pas produit de la terre, est le Verbe. Il adapte sa vertu aux dispositions de ceux qui le reçoivent grâce à la diversité de ses qualités. Il sait en effet non seulement être pain, mais aussi devenir viande, légumes et tout ce qui peut être une disposition ou un* désir *(καταθύμιον) pour celui qui reçoit (τῷ προσφερομένῳ)»* [42].

Sévère d'Antioche, en revanche, en bon monophysite, refuse l'interprétation christologique de Sg 16,20, qui suppose une adaptation du Verbe à celui qui le reçoit. Confondant adaptation et changement, au lieu de voir dans ce prodige une manifestation de la toute-puissance divine, il y décèle une faiblesse incompatible avec la nature immuable du Verbe de Dieu:

---

[39] Clément d'Alexandrie, *Le Pédagogue I, 6,41,2-3 (SC* 70,187).
[40] Épiphane, *Panarium 64,69,3 (PG* 41,1192A).
[41] Ibid. *50,2,9 (PG* 41,888B).
[42] Grégoire de Nysse, *Vie de Moïse, Théorie II,138-140 (SC* 1bis, 72s).

«*Ce n'est pas à la façon dont la verge de Moïse (a été changée) en serpent, ni le fleuve du Nil en sang, ni la lumière de l'Égypte en ténèbres, ce n'est pas de cette manière que le Verbe de Dieu a été changé en la nature de l'homme. Ces choses, en effet, étaient créées et corporelles... elles sont transformées souvent également, en même temps et dans la même (ligne), pour les uns d'une façon, pour les autres d'une façon opposée, comme ce fut le cas pour les Égyptiens et les enfants d'Israël, selon le bon vouloir de Dieu.* Car c'est ainsi qu'également cette manne s'adaptait à son tour selon toute la gamme des goûts, satisfaisant le désir de chacun. *La nature divine au contraire, étant ce qu'elle est, est ferme, fixe, infinie et illimitée, elle est sans changement*»[43].

Plus tard, Jean Damascène, reprenant la lignée d'Origène, décrit le prodige de la manne comme un type de l'Incarnation du Verbe. Et, ce qui est rare, il utilise le mot même de Sg 16,21b: γλυκύτητα, la «*douceur*»:

«*Là (sur le Sinaï), la Parole de Dieu avait gravé la Loi sur des tables de pierre, par l'Esprit, ce doigt divin: ici, par l'action de l'Esprit-Saint et par le sang de Marie, la Parole elle-même s'est incarnée et s'est donnée à notre nature comme un remède de salut plus efficace. Là c'était la manne: ici Celui qui donna la manne et sa douceur*»[44].

En Occident, Ambroise et Augustin présentent tous deux la manne comme une «*ombre des réalités futures*» (Hb 10,1), celles du Christ, «*vrai Pain du ciel*»[45], mais sans citer explicitement Sg. Il est remarquable qu'Augustin — comme Cyrille d'Alexandrie, d'ailleurs — ne cite jamais Sg 16 en commentant Jn 6. Évidemment il serait possible de voir dans ces commentaires des allusions à Sg 16, mais aucune n'est vraiment certaine[46].

Césaire d'Arles attribue au Verbe les titres de «*Panis caelestis*» et «*Panis angelorum*» pour parler de l'Incarnation dans le contexte d'une homélie sur la Cène, ce qui suggère aussi un arrière-fond eucharistique[47].

---

[43] Sévère d'Antioche, *IIe Homélie catéchétique* (*P. Orientalis* 36, p. 51).

[44] Jean Damascène, *Homélie 6 sur la Nativité* (SC 80, p. 60) «ἐν ταύτῃ τὸ μάννα δοὺς τὴν γλυκύτητα».

[45] Cf. Ambroise, *Expositio in Psalmum 118* (PL 15,1462): «*Non erat verus ille panis, sed futuri umbra*»; *De Mysteriis I,8* (PL 16,405A): «*Illud in umbra, hoc in veritate*». Augustin, *Sermon 352* (PL 39,1552). La même expression sur la manne comme *ombre du Christ* se trouve chez Cyrille d'Alexandrie, *Commentaire sur l'Évangile de Jean, IV* (PG 73,564B).

[46] *Ibid. III-IV* (PG 73,498-598); Augustin, *Commentaire sur l'Évangile de Jean XXV-XXVII* (PL 35,1596-1621). Encore une fois Augustin reprend l'expression d'Ambroise: «*Manna umbra erat, iste veritas est*» (col. 1612).

[47] Césaire d'Arles, *De Cena Domini* (CCL CIV, 814s).

Enfin Grégoire le Grand cite explicitement Sg 16,20 pour affirmer que la suavité goûtée dans la manne annonçait celle de l'Incarnation:

> «*En fait 'manger' fut pour (chacun) garder dans le désir de l'esprit l'Incarnation divine et il ne se rassasia pas de ne pas voir la présence désirée... Car même si l'Écriture dit que* Dieu leur donna un pain ayant toute suavité et toute douceur, *elle parle ainsi de ce qu'ils ont reçu, selon ce qu'ils pouvaient désirer par le désir de l'amour en fonction de ce qu'ils pouvaient connaître par la Foi*»[48].

Tous ces textes reflètent une certaine compréhension du mystère de l'Incarnation: en s'incarnant le Verbe a voulu se donner totalement, être assimilé par les hommes, il s'est fait nourriture. Et l'efficacité de cette nourriture, comme celle de la manne en Sg 16, a la propriété divine d'être soumise à la volonté de celui qui la reçoit; voilà comment Dieu peut s'offrir à l'homme sans forcer en rien sa volonté. A la lumière de cette image de l'Ancien Testament, toute la vie du Christ peut être contemplée. Mais, aujourd'hui, le Christ se donne lui-même en nourriture dans le Mystère eucharistique et, pour certains Pères, le prodige décrit par Sg n'est pas seulement une image ou une allégorie préfigurant la venue du Verbe; elle trouve sa vraie valeur: celle d'un «*proto-sacrement*», un signe annonciateur possédant déjà une certaine efficacité, mais qui n'est encore qu'une préfiguration de la réalité sacramentelle, qui est, elle, un signe efficace accomplissant pleinement la réalité signifiée.

c) *L'interprétation eucharistique*

Jésus lui-même, à la fin du discours sur le Pain de Vie, en Jean 6, invite à approfondir la typologie de la manne et à ne plus y voir seulement une image de la Parole de Dieu ou un type de l'Incarnation: «*le pain que je donnerai, c'est ma chair pour la vie du monde...*» (Jn 6,51). L'Eucharistie est annoncée ici comme le nouveau *Pain descendu du ciel*. Certains Pères ont repris cette interprétation[49] et l'ont développée en se servant du prodige décrit par Sg 16,20s.

Lorsqu'Ambroise parle du Corps du Christ comme '*substance' de la vie éternelle* et *pain des anges*, il est possible qu'il fasse allusion à Sg 16,20s[50]. Augustin, lui, le fait de façon explicite dans l'une de ses lettres:

> «*L'un (Zachée) reçut le Seigneur dans sa maison avec joie, l'autre (le Centurion) disait: 'je ne suis pas digne que tu entres sous mon toit'. Le Seigneur les honora tous deux de façon différente et presque*

---

[48] Grégoire le Grand, *Sur le premier Livre des Rois I, 100-101* (CCL CXLIV, 114).
[49] Cf. J. Daniélou, *Bible et liturgie* (Paris 1951), 195-219.
[50] Ambroise, *De Mysteriis I,8* (*PL* 16,404C-405A).

contraire... Pour signifier cela, on peut aussi considérer le fait que dans le premier peuple 'la manne avait pour chacun le goût correspondant à sa propre volonté', ainsi en est-il de ce Sacrement dans le cœur des chrétiens» [51].

Aponius considère comme une évidence l'interprétation eucharistique du prodige des goûts:

«Il est l'arbre de vie, s'offrant aux différentes personnes avec des goûts divers, comme la manne pour les fils d'Israël dans le désert, dont personne ne doute qu'elle fut l'image de son corps, elle qui changeait de goût selon le désir des individus qui la mangeaient» [52].

Une lettre attribuée d'abord à Jérôme, puis à Césaire d'Arles, à Fauste de Riez ou Isidore de Séville et finalement placée dans le recueil d'homélies dites d'*Eusebius Gallicanus*, déclare pareillement:

«La manne... avait pour chacun le goût qu'il souhaitait par ses désirs: une chose était ce qui était mangé, une autre ce qui apparaissait, et de façon invisible ce goût était formé dans les sens des individus... Le don de cette pluie semblable au miel restaurait chacun par des goûts variés et inconnus... Ce que la délectation obtenait là dans la bouche, ici la bénédiction l'opère dans les sens. La puissance du consécrateur t'assure de connaître et percevoir le sacrifice du vrai corps du Seigneur et que ce qui était alors caché et préfiguré dans la manne te soit maintenant manifesté dans la grâce» [53].

En Orient, Cyrille d'Alexandrie est l'un des rares auteurs ayant utilisé Sg 16,20 pour parler de l'Eucharistie, dans une homélie pour la messe de la Sainte Cène:

«Têtez la richesse (lit. la graisse) de mon ambroisie et vous vous enrichirez (lit. vous engraisserez)... J'ai fait pleuvoir la manne pour Israël et j'ai envoyé du ciel sans fatigue un pain préparé, mais le peuple que j'aimais a tenu pour rien et rejeté ce miracle... mais je ne vous donne pas en partage mon corps de la même façon que ceux qui mangèrent la manne dans le désert et sont morts. 'Celui qui mange ce pain vivra éternellement'» [54].

---

[51] Augustin, *Lettre 54, 3* (*PL* 33,201).
[52] Aponius (ou Apponius): *Commentaire sur le Cantique III,32* (CCL 19,79).
[53] Pour les différentes attributions, cf. CCL CI, 192. *Homélie XVI de Pascha* (CCL CI, 199).
[54] Cyrille d'Alexandrie, *Homélie X sur la Cène mystique* (PG 77,1021C): «Θηλάσατε τῆς ἐμῆς ἀμβροσίας τὴν πιότητα, καὶ πιανθήσεσθε... καί ἕτοιμον ἐξ οὐρανοῦ ἄρτον κατέπεμψα ἀκοπιάστως». Ailleurs, sans citer Sg, dans son *Commentaire sur S. Jean IV, 2* (PG 73,564B), il affirme: *«La preuve la plus claire que ce n'était point là le vrai pain descendu du*

Une homélie anonyme antérieure au IXᵉ siècle, et peut-être même au Vᵉ, présente encore le *«pain des anges»* comme figure de l'Eucharistie:

> *«Il (le Juif) a mangé le pain des anges, donne-moi ton corps très saint... Ils obtinrent sans semailles un pain céleste»*[55].

d) *Les autres interprétations*

En marge des interprétations courantes de Sg 16,20, quelques Pères appliquent ce texte de façon originale à d'autres aspects du Mystère chrétien. Tertullien, par exemple fait allusion à ce passage pour présenter le don de l'Esprit:

> *«Reconnais donc aussi le Père, celui que tu appelles Créateur. Il est celui qui* sait ce que demandent ses fils. Car il donna la manne à ceux qui demandaient *du pain... C'est pourquoi il leur donnera aussi l'Esprit Saint»*[56].

De même, Cyprien semble faire allusion au prodige lorsqu'il parle de l'Esprit reçu au Baptême:

> *«L'Esprit Saint n'est pas donné selon une mesure, mais répandu totalement sur le croyant... Cette égalité du sacrement est célébrée dans l'Exode, lorsque la manne fut versée du ciel et qu'elle manifesta en préfiguration des réalités futures la nourriture du pain du ciel et l'aliment du Christ qui venait... La grâce spirituelle qui est reçue de façon égale par les croyants dans le Baptême augmente ou diminue par la suite, selon nos paroles et nos actes»*[57].

Dorothée de Gaza, gardant une lecture littérale, voit dans ce prodige un signe de la Providence divine:

> *«Les fils d'Israël ont mangé la manne au désert pendant quarante ans, et bien qu'elle fût d'une seule espèce, cette manne devenait pour chacun telle qu'il la désirait: salée, pour qui la désirait salée; douce, pour qui la désirait douce; se conformant, en un mot, au tempérament de chacun... Puisque Dieu, dans sa miséricorde, fournit à chacun ce qui lui est nécessaire, s'il donne à quelqu'un du superflu, c'est pour lui montrer l'excès de sa tendresse et lui* apprendre l'action de grâces *(εὐχαριστία)»*[58].

---

ciel, c'est qu'à en prendre, on ne gagnait nullement l'immortalité... La manne est prise comme l'image, ou plutôt comme l'ombre du Christ».

[55] *Homélie anonyme I, 9.14* (SC 146,68.74).

[56] Tertulien, *Adversus Marcionem, IV, 26* (PL 2,426C). La mention d'une *demande* de la manne est intéressante.

[57] Cyprien, *Lettre 76, 14 (De baptizandis Novatianis)* (PL 3,1149C-1150A).

[58] Dorothée de Gaza, *Instructions VII, 84* (SC 92, 295-296).

A deux reprises, Didyme l'Aveugle cite Sg 16,20 en gardant le sens littéral, pour expliquer des versets psalmiques, en particulier Ps 36,19:

> «*'Et aux jours de famine, ils seront rassasiés'. Selon l'histoire, cela arriva à plusieurs reprises. La famine s'empara de tout le peuple hébreu, dans le désert, et Dieu fit pleuvoir pour eux le pain du ciel et de la viande: "Au matin du pain et le soir de la viande". Bien que, cependant, selon l'histoire, cela n'arrivât pas, la manne, en effet, était versée le matin et le soir, mais cette manne était* une nourriture se changeant selon le désir de ceux qui la mangeaient. *Souvent on appelle "pain" toute nourriture... Tout homme juste a toujours eu Dieu pour le nourrir*»[59].

On peut encore signaler Maxime de Turin qui pousse l'allégorie à l'extrême en voyant dans la manne qui produit un ver une préfiguration de la Vierge Marie engendrant le Verbe, mais il ne fait sans doute pas référence à Sg, bien qu'il parle de *suavité* et de *nourriture plus douce que le miel*[60].

Grégoire de Nysse, quant à lui, présente l'évêque Mélète comme une «*arche contenant les saints mystères: une urne d'or pleine de la manne divine, pleine de cette nourriture céleste*»[61].

Cette rapide présentation de l'utilisation de Sg 16,15 à 17,1 dans la patristique ne prétend pas être exhaustive, encore qu'elle soit relativement complète en ce qui concerne les Pères Latins[62]. Cependant il faut reconnaître que le texte, victime des suspicions qui ont pesé sur la canonicité de Sg, n'a guère été mis en valeur, tant en Orient qu'en Occident, pendant la période patristique et même après.

Son utilisation reste généralement fidèle aux orientations données par le Christ sur la signification de la manne, en Jn 6. Trois grandes lignes se dessinent ainsi dans l'interprétation du prodige des goûts: la *nourriture angélique* est la Parole de Dieu, l'enseignement transmis; mais *le Verbe*

---

[59] Didyme, *Commentaire sur les Psaumes*, 249,18 (sur le Ps 36,19): «αὐτὸ τὸ μάννα τροφὴ ἦν μετακιρνωμένη πρὸς τὴν ἐπιθυμίαν τοῦ ἐσθιόντος». Cf. aussi l'allusion possible à Sg en 142,21 (sur le Ps 30,10) et la citation de Sg 17,1 dans le *Commentaire sur l'Ecclésiastique*, 288, 6 (Si 9,13b-15a), introduite par: «ἐν τῇ παναρέτῳ Σοφίᾳ ὁ σοφὸς εἴρηκεν οὗτος». Ces textes de Didyme sont publiés sous les titres: *Didymos der Blinde. Psalmkommentar*, Kleine Texte aus dem Tura Fund (éd. D. HAGEDORN – R. KASSEL – L. KOENER – R. MERKELBACH) (Bonn 1979), n° 8, 66 et n° 24, 132 et id. *Kommentar zu Ecclesiastes* (Bonn 1985), n° 34, 64.

[60] Maxime de Turin, *Homélie 45* (*PL* 57,330BC).

[61] Grégoire de Nysse, *Oratio funebris in Meletium episcopum* (*PG* 46,856D).

[62] Le peu d'index scripturaires existants pour les Pères Grecs rend difficile une étude plus approfondie. Outre les notes de W. THIELE, *Sapientia Salomonis (Vetus Latina)*, Fribourg-en-Bri. 1977s en ce qui concerne les auteurs latins, la *Biblia Patristica*, vol. 1 à 4, Paris (1975-1987) est particulièrement utile pour les trois premiers siècles.

s'est fait chair, il est donc, lui, le véritable aliment capable de s'adapter à tous les goûts, et comme le Verbe veut, aujourd'hui encore, se donner à nous en nourriture dans l'Eucharistie, celle-ci est donc pour les croyants le seul *pain du ciel qui porte en lui tous les plaisirs*, pain dont l'efficacité dépend du désir de celui qui le reçoit. Ces diverses interprétations ne se contredisent pas, mais se complètent. Révélation, Incarnation et Eucharistie sont inséparables: l'Eucharistie réalise en quelque sorte un prolongement du mystère de l'Incarnation, sommet de la Révélation.

Le prodige des goûts permet de comprendre comment Dieu, quel que soit le mode d'intervention dans l'histoire des hommes qu'il choisisse, respecte infiniment la liberté de l'homme. Le désir fondamental, expression de la libre volonté est la mesure selon laquelle l'homme peut recevoir Dieu qui ne cesse de se donner en nourriture. Ainsi se manifeste la *douceur* de Dieu. En appliquant à l'Eucharistie ce prodige, les Pères témoignent de la Foi de l'Eglise, non seulement en la Présence divine dans le pain consacré, mais aussi dans l'efficacité du Sacrement qui récapitule toute l'Histoire du Salut. La relecture sapientielle de la manne devient alors plus qu'un symbole, elle acquiert la valeur de proto-type de toute action de Dieu au milieu de son peuple.

Chapitre XI

Sg 16,20–17,1a DANS LES ÉCRITS MÉDIÉVAUX[1]

La limite entre la période patristique et les débuts de la théologie médiévale n'est pas nette. Cependant, vers la fin du VIIIe siècle, une période de déclin littéraire et théologique vient marquer une certaine coupure. Jusqu'à Bernard de Clairvaux, que d'aucuns appellent «le dernier Père de l'Occident», une même approche de l'Écriture, à la fois pastorale et spirituelle, continue malgré tout à dominer la littérature chrétienne. Après Bernard, la théologie scolastique met progressivement en jeu une nouvelle manière de lire la Bible, où le texte sacré est considéré davantage comme une source d'arguments théologiques que comme un corps vivant, témoin de la permanente Révélation de Dieu dans l'histoire. Sans exagérer les caractéristiques spécifiques à chaque période, il est donc possible de distinguer entre l'époque patristique et Thomas d'Aquin, trois grandes périodes: celle qui s'étend du VIIIe au XIe siècle, le XIIe siècle, les débuts de la théologie scolastique.

1. Du VIIIe au XIe siècle

A l'époque charnière qui marque la fin de la période patristique (vers 840), Raban Maur rédige le premier commentaire de Sg qui nous soit

---

[1] La Vetus Latina contient une traduction de Sg qui n'a pas été effectuée par Jérôme (cf. son *Introduction aux livres de Sagesse PL* XXVIII, 1242). Ce texte latin recèle plusieurs erreurs qui ont perturbé l'interprétation des auteurs occidentaux lorsqu'ils n'ont pas fait référence au texte grec. Voici les plus importantes:
— v. 16b: *Novis aquis* (les eaux nouvelles) traduit ξένοις ὑετοῖς (des pluies insolites), il est facile d'imaginer les commentaires allégorisants!
— v. 19b: *Ut iniquae terrae nationem exterminaret* (afin qu'il extermine la nation d'une terre inique) traduit ἵνα ἀδίκου γῆς γενήματα διαφθείρῃ (afin de détruire les produits d'une terre inique). Le parallèle est aisé avec Israël, «nation céleste».
— v. 25c: *Qui a te desiderati sunt* (ceux qui sont désirés par toi) remplace τῶν δεομένων (ceux qui implorent). Le don de la manne n'est plus perçu comme une réponse à la prière de demande et au désir des fils.
— v. 26b: *Nativitatis fructus* (les fruits de la naissance) traduit αἱ γενέσεις τῶν καρπῶν (les espèces de fruits).
— v. 28: *Opportet praevenire solem ad benedictionem (tuam) et ad orientem lucis te adorare* (il faut devancer le soleil pour ta bénédiction et t'adorer au (ou vers le) lever de la lumière) traduit fort maladroitement δεῖ φθάνειν τὸν ἥλιον ἐπ' εὐχαριστίαν σου καὶ πρὸς ἀνατολὴν φωτὸς ἐντυγχάνειν σοι (Il faut devancer le soleil pour ton action de grâces «eucharistie» et au lever de la lumière te rencontrer). Cette mauvaise compréhension du texte a privé la théologie occidentale d'un des passages les plus précieux pour la doctrine eucharistique, et la mystique d'une perle sur la prière d'action de grâces et de louange.

parvenu, ainsi qu'un recueil d'*Allégories sur la Sainte Écriture*, selon lequel la manne peut signifier trois réalités différentes:

> «*La manne est le Corps du Christ, selon le Psaume: 'il leur a donné la manne à manger'... La manne est l'Écriture sainte, comme dans le livre des Nombres: 'la manne était semblable à la semence de coriandre'... La manne est la béatitude céleste, selon l'Apocalypse...*»[2].

Dans son *Commentaire*, ch. IX, Raban Maur explique Sg 16,20ss par Jn 6. La manne est un signe de la consolation céleste que l'Écriture donne aux hommes religieux; elle préfigure le pain qui comble toute faim spirituelle et que seuls les justes peuvent recevoir, ce «*Pain vivant descendu du ciel qui donne vie au monde*». Mais dans ce chapitre, Raban Maur ne spécifie pas s'il applique le texte au Corps Eucharistique, à l'enseignement du Christ ou à sa personne[3]. Il faut attendre le chapitre XI du *Commentaire* pour découvrir enfin la clef de lecture précise de tout le passage. Là, Raban Maur explique les vv. 25-29 à la lumière de Dt 8,3 et 1 Co 10. Il considère alors la manne comme une image du Christ, Parole de Dieu envoyée aux hommes. Avec l'avènement du Christ qui est le Soleil levant, l'image de la manne se liquéfie, cédant la place au Verbe en personne. Les ingrats dont l'espoir fond sont le peuple juif dont l'espérance est désormais vaine, comme l'eau froide en hiver. L'interprétation du *Commentaire* est donc nettement et exclusivement christologique.

A la même époque, Ambroise Autpert, dans son *Commentaire sur l'Apocalypse* voit dans le passage de Sg 16,20 une image de la délectation et du rassasiement de l'âme dans la vision de Dieu:

> «*Et puisqu'elle rassasie pareillement la nature humaine et la nature angélique, cette réception de la vision est multiple de sorte que tout ce qui peut venir au désir de chacun, cette vision le soit pour lui... Mais ce n'est pas étonnant, alors que la manne elle-même, donnée du ciel aux fils d'Israël, par laquelle était figurée la satiété éternelle, cette manne, selon ce que dit l'Écriture, 'avait pour chacun dans la bouche le goût qui lui plaisait'*»[4].

Dans son douzième *sermon sur la Transfiguration*, il compare au prodige des goûts la transformation des eaux amères de l'Exode en eaux douces par le moyen d'un morceau de bois. Ces changements de nature dépendent de ceux qui reçoivent le don de Dieu; ils constituent une annonce

---

[2] Raban Maur, *Allegoriae in Sacram Scripturam*, «*Manna*», *PL* 112,995.
[3] *Commentariorum in librum Sapientiae libri tres*, *PL* 109,748s.
[4] Ambroise Autpert, *In Apocalypsin X (22,1-2)*, CCMed. XXVIIA, 837.

de la Passion du Christ, qui peut être à la fois salut ou condamnation pour les hommes, selon leurs dispositions face à la Croix du Christ. Autpert tire donc du prodige des goûts une loi applicable à toute intervention de Dieu envers l'homme[5].

Béatus de Liebane, quant à lui, y voit une préfiguration du Christ lui-même, sa personne constituant le cœur de sa doctrine:

> «*Les Juifs transmettent que lorqu'ils mangeaient la manne, elle avait dans la bouche le goût de ce que chacun voulait. A cause du Verbe, quand ceux qui mangeaient la manne voulaient des pommes, du raisin... tel en était le goût, selon la qualité et la volonté de ceux qui mangeaient. Ainsi en est-il de la chair du Christ, qui est la parole d'enseignement, telle est l'interprétation des Ecritures saintes: c'est selon ce que nous voulons que nous recevons la nourriture... Le livre, c'est le Christ*»[6].

Pascase Radbert a profondément marqué la théologie de l'Eucharistie. Dans son traité *De Corpore et Sanguine Domini*, chapitre IX, il applique au corps du Christ le prodige des goûts[7]:

> «*Tout ce que tu pourrais goûter spirituellement, tu le trouves totalement là... c'est ce que transmettent les Juifs, que la manne, quand ils la mangeaient charnellement, avait dans la bouche un goût correspondant à chacun, à cause du Verbe; s'ils voulaient une poire, des pommes, des œufs... toutes ces choses, la manne l'accomplissait dans la bouche de ceux qui désiraient...*»[8].

Aux environs de l'an mil, en Orient, Syméon le Nouveau Théologien fait référence à Sg 16,20 pour parler de la «*main de Dieu*», l'Esprit, reçu dans la prière, et surtout de la Chair et du Sang du Christ. Participer de ces réalités divines, c'est déjà goûter sur terre le Paradis, dont toutes les images de l'Ancien Testament sont une préfiguration:

> «*O douceur, o plaisir indicible, elle se faisait pour moi coupe d'une boisson divine, d'un flot immortel et en y buvant, je fus comblé de la nourriture céleste dont les anges seuls se nourrissent, entretenant ainsi leur immortalité*»[9].

---

[5] Id., *De Transfiguratione 12*, CCMed. XXVIIв, 1014.
[6] Beatus de Liebana, *Adversus Elipandum I, CXI*, CCMed. LIX, 84-85.
[7] Pascase Radbert cite aussi Sg 16,24 à deux reprises dans *In Matthaeum 4, 3 et 10 (Liber III)*, CCMed. LVI, 247 et 259.
[8] Id., *De Corpore et Sanguine Domini IX*, CCMed. XVI, 59, reprenant quasi littéralement Jérôme (cf. supra, ch. X n. 34).
[9] Syméon le Nouveau Théologien, *Hymne L*, SC 169,166-168.

«Cette manne, en effet, est appelée 'pain et nourriture des anges'... la chair de mon Maître, étant divinisée, ... rend immortel ... Mais ce n'est plus d'Égypte qu'il les fait sortir pour les transporter vers une autre terre qui produisait elle aussi pour les hommes des fruits corruptibles» [10].

«(la vision de Dieu) c'est là le pain de douceur, la boisson divine» [11].

«Ils (les saints) possèdent au milieu l'arbre de vie, sans compter, bien sûr, la nourriture même des anges, le pain céleste» [12].

Au regard de ces quatre textes, passé, présent et avenir se trouvent synthétisés dans l'image de la manne, comme déjà l'enseignait le Nouveau Testament: la nourriture donnée autrefois préfigure tous les modes de participation à la vie divine que l'homme peut recevoir aujourd'hui, mais ils ne s'accompliront pleinement que dans le monde à venir.

A peu près au même moment, Pierre Damien, parlant de la tradition d'une pluie de manne au moment de la sépulture de saint Jean, atteste qu'en Occident aussi l'interprétation commune de Sg 16,20 reste allégorique:

«Il est écrit au sujet de la manne, sans exclure (salvo) un mystère plus élevé, 'Tu leur as donné du ciel, Seigneur, un pain qui possède tous les délices...'» [13].

Guerric d'Igny, de son côté, applique le miracle à l'Incarnation du Verbe, reposant dans la mangeoire de Bethléem:

«Y a-t-il jamais eu âge d'or semblable en quoi que ce soit à la plénitude de ce temps où le 'pain des anges qui possède tout goût suave et tout délice' est offert même aux animaux... Tu vas jusqu'à devenir un foin qui remplisse les crèches des animaux» [14].

Amédée de Lausanne, pareillement, y voit une image du Verbe, arbre de vie porteur de manne:

«Au milieu... l'arbre de salut qui produit la nourriture de vie et la manne du ciel, manne 'qui possède tout délice et toute suavité'... Le Fils de l'homme atteste être lui-même ce pain-là...» «L'urne d'or, c'est

---

[10] Ibid., *Hymne LI*, 194.
[11] Id., *Hymne XIX*, SC 174,104.
[12] Id., *Éthique IV, 692ss*, SC 129,58.
[13] Pierre Damien, *Sermon LXIV,5*, CCMed. LVII, 379.
[14] Guerric d'Igny, *Quatrième sermon sur la Nativité, I (43ss)*, SC 166,206.

*la bienheureuse Marie... cette urne a renfermé la manne cachée,
puisqu'elle a porté dans ses flancs très saints le 'pain des anges'...»*[15].

Le sommet de l'interprétation spirituelle de Sg 16,20-21 est sans doute
atteint avec Baudoin de Ford, dans son *Traité sur le Sacrement de l'Autel*.
Synthétisant tous les écrits qui l'ont précédé, il analyse les figures de l'Eucharistie dans l'Ancien Testament et, en conclusion de toute son œuvre, il
expose la typologie des deux versets de Sg. Il présente ainsi Sg 16,20-21
comme la préfiguration la plus subtile de l'Eucharistie et jette les bases
d'une étude systématique des figures eucharistiques dans l'Ancien Testament (étude qui sera réalisée de façon plus complète par Thomas d'Aquin):

> *«Les principales figures qui annonçaient ce sacrement de l'autel
> furent le pain et le vin offerts par Melchisédech, l'agneau pascal et la
> manne»*[16].

Selon Baudoin de Ford, *«les saveurs multiples n'étaient pas à proprement parler en elle et le phénomène se produisait plutôt en ceux qui mangeaient la manne»*[17], et c'est ce qui advint aussi pour le don des langues à
la Pentecôte. Baudoin note encore que la manne ne répondait pas seulement à un besoin du peuple, mais qu'elle allait bien au-delà, *«surpassant
n'importe quelle saveur»*[18]. Baudoin applique ce prodige à la Personne du
Christ, mais c'est bien entendu cette Personne présente dans l'Eucharistie
qu'il évoque.

> *«Dieu, en effet, dont la nature est bonté, dont la substance est
> charité, dont l'essence est bienveillance, voulant montrer combien sa
> substance est de douce nature et combien la douceur qu'il avait envers
> ses fils est une bienveillance très suave, à cause de l'amour extrême
> dont il nous a aimés, a envoyé dans le monde son Fils, pain des anges».*
> *«Seul il suffit à tous les pieux désirs et les satisfait, il a en lui tout
> délice, toute saveur, tout goût délicieux, et s'adapte de manière diffé-
> rente aux uns et aux autres, selon l'envie de chacun, ses désirs et ses
> tendances».*
> *«Son inestimable douceur est le plus élevé des dons et la plus éle-
> vée des jouissances»*[19].

---

[15] Amédée de Lausanne, *Homélies mariales, I, 73s et 185s*, SC 72,59 et 65s.

[16] Baudoin de Ford, *Le Sacrement de l'Autel*, SC 93-94,416.

[17] Ibid., 562.

[18] Ibid., 564.

[19] Ibid., 564, 566 et 569. Le premier passage commence ainsi: *«Quant à la manne, aucune saveur ne lui manque, son goût est d'autant plus doux et délicieux qu'il surpasse tous les
désirs».* Baudoin note avec finesse que la douceur de Dieu, exprimée dans la manne, réside
en ce qu'il se plie aux désirs et même qu'il les dépasse; il peut donc constater que c'est
exactement ce qui se produit dans l'Incarnation et dans l'Eucharistie.

La nouveauté introduite par Baudoin de Ford réside surtout dans le fait qu'il ne mentionne plus seulement Sg 16,20-21 en passant, pour parler d'un autre sujet, mais il part du texte même pour en dégager toute la portée spirituelle, mettant en valeur les nuances qu'il contient. L'Écriture n'est pas considérée comme un argument, mais comme la source d'une compréhension plus profonde du mystère.

2. Bernard de Clairvaux et le XIIe siècle

Le XIIe siècle est hautement dominé par la figure de Bernard. Dans ses écrits, il est possible de repérer un certain nombre de références à Sg 16,20.

Pour lui, la manne symbolise avant tout la grâce:

> «*Le premier des pains, ... fut la conservation de la grâce, qui, bien qu'indigne, m'a préservé de nombreux péchés, alors que j'étais placé dans le siècle. J'en considère trois fragments, possédant absolument un grand délice savoureux et une nourriture de vie. Je me souviens en effet d'avoir été préservé du péché de trois manières...*»[20].

> «*Est-ce que la nourriture de l'âme n'est pas la grâce de son Dieu? Il est vraiment très doux, possédant en lui toute suavité et délice du goût...*»[21].

Mais cette grâce nous est donnée par la Parole de Dieu, qui est notre pain, «*il faut donc courir vers le pain*»:

> «*La parole de Dieu... est la manne, possédant toute saveur et délectation odorante, elle est le repos vrai et saint, suave et sain, joyeux et saint*»[22].

> «*Dieu le Père a semé la bonne parole, jaillissant de son cœur... Toute la Trinité a semé: le Père le pain du ciel, le Fils la vérité, l'Esprit-Saint la charité*»[23].

Et puisque cette Parole s'est incarnée dans le Christ, il est normal que les délices de la manne lui soient attribuées:

> «*Celui qui se donne aux anges pour la joie de la stabilité, s'est donné aux hommes comme remède pour la santé; et celui qui est la*

---

[20] Bernard de Clairvaux, *Domenica VI post Pentecostem, sermon 2,1*. Les citations de Bernard sont traduites sur la base du texte publié dans *Sancti Bernardi Opera*, vol. I-VIII (éd. J. Leclercq, C. H. Talbot, H. M. Rochais) (Rome 1957-1977).

[21] *In Annuntiatione, Sermon 3,1*.

[22] *In Psalmum «Qui habitat», sermon 4,2*.

[23] *In natali sancti Benedicti, 10*.

nourriture des anges s'est fait notre remède. Ce grain de froment est donc le verbe de la prédication...»[24].

«Il n'y a aucun inconvénient à représenter le Christ par différentes choses, suivant les divers motifs: par la puissance du bâton, le parfum de la fleur, la douceur du goût du fruit...»[25].

«Celui qui me mange aura encore faim et celui qui me boit aura encore soif (= Si 24,29(21)). Il disait cela à cause de la douceur de goût qui, une fois savouré, excite davantage l'appétit...»[26].

L'interprétation eucharistique de Sg 16,20 semble totalement absente chez Bernard, bien que pour lui «*l'Eucharistie est finalement le septième pain*», la plus haute nourriture donnée à l'homme par Dieu[27].

Dans la lignée de Bernard — ou tout au moins parmi ses contemporains et successeurs immédiats — d'autres auteurs font référence à Sg 16,20s. Et toujours les deux lignes christologique et eucharistique continuent à subsister parallélement[28].

Aelred de Rievaux, vers la moitié du douzième siècle, en commentant l'Épître aux Colossiens 3,1 à l'aide de Sg 16,20-21, applique le prodige des goûts à la vérité révélée par le Christ:

«'Si vous êtes ressuscités avec le Christ, recherchez les choses d'en haut'. Et (l'Apôtre) ajoute: 'goûtez aux choses d'en haut, non à celles de la terre'. Entre goûter et rechercher, qu'y-a-t-il? Vraiment beaucoup, frères. Si seulement tous ceux qui cherchent la vérité goûtaient la vérité même! Ainsi nous lisons que tous les fils d'Israël recueillaient la manne, mais qu'elle n'avait pas le même goût pour tous. Combien aujourd'hui cherchent la vérité et la trouvent, mais cependant ils n'ont pas le goût de la vérité même lorsqu'ils la trouvent! ... Sils goûtaient cette douceur *interne de la vérité qu'on a dans les Écritures, ils ne vivraient en aucune façon d'une manière aussi perverse et ruineuse»*[29].

Jean de Ford adopte l'interprétation christologique lorsque, commentant le Cantique, il attribue la douceur de Sg 16,20 à l'Époux qui est

[24] *Sententiae, III*e *série, 119.*
[25] *Sermones in Laudibus Virginis Matris, II, 6.*
[26] Ibid., *III, 6.*
[27] *Domenica VI post Pentecostem, sermon 1.*
[28] Les allusions d'Hildegarde sont trop vagues pour être retenues: *Scivias, Pars Secunda, vision 5* et *Pars Tertia, vision 3*, CCMed. LIII, 206 et LIIIA, 374. André de Saint-Victor parle aussi de Sg 16,20 comme d'un écrit apocryphe, dans son *Commentaire sur l'Exode*, CCMed. LIII, 127.
[29] Aelred de Rievaulx, *Sermon XL*, 16-17. CCMed. IIA, 322.

le Christ[30]. Un sermon anonyme de cette époque présente aussi le Christ comme *pain céleste* et *pain des anges*[31].

En revanche, quand le Maître Mauritius parle du prodige des goûts, tantôt il y décèle une préfiguration de la vision bienheureuse[32], tantôt il affirme que «*La manne signifie le sacrement de l'autel, le vrai Corps et Sang du Christ*»[33]. Arnauld de Bonneval, lui, dans un écrit longtemps attribué à Cyprien[34], reprend l'interprétation de Baudoin de Ford:

> «*Nous mangeons sur terre le pain des anges sous la forme du sacrement, nous le mangerons sans le sacrement de façon manifeste dans le ciel*». «*La manne qui a plu dans le désert fut une figure de ce Pain; ainsi cette nourriture manque à celui qui est parvenu au Pain véritable dans la Terre Promise... Ce pain des anges, par une admirable vertu, possède toute douceur; pour tous ceux qui le mangent avec dévotion et dignement* (à l'inverse de 1 Co 11,27) *il a le goût correspondant à leur désir, et bien plus que la manne, il remplit le désert et rassasie l'appétit de ceux qui le mangent*»[35].

Hermann de Runa est aussi clair dans ses affirmations:

> «*Ceci est le sacrement très sacré parmi toutes les choses sacrées, et il faut toujours s'approcher avec beaucoup de dévotion pour y communier. Ceci est en effet la manne céleste, le pain des anges, par cette suprême nourriture les anges se nourrissent, les archanges se rassasient...*»[36].

3. *Albert le Grand, Bonaventure et Thomas d'Aquin*

Parmi les premiers scolastiques, Anselme, Pierre Lombard et Alexandre de Halès ne font pas référence à Sg 16,20 lorsqu'ils parlent de l'Eucharistie. En revanche, Albert le Grand, Bonaventure et Thomas d'Aquin, eux, donnent du passage une interprétation résolument eucharistique que la liturgie de la fête du Saint-Sacrement scellera définitivement.

a) *Albert le Grand*

Dans l'ensemble de son œuvre, Albert le Grand cite Sg 16,20s des dizaines de fois dont une vingtaine dans le seul *Commentaire sur Matthieu*

---

[30] Jean de Ford, *In Canticum Canticorum, sermon II,2.* CCMed. XVII, 47.
[31] *Sermones anonymi, sermon V,7,* CCMed. XXX, 268.
[32] Maître Mauritius, *Sermo V, 3,* CCMed. XXX, 224s.
[33] Id., *Sermo I, 3,* CCMed. XXX, 203.
[34] J. Huby précise les origines de ce texte dans un article intitulé «Une exégèse faussement attribuée à saint Cyprien», *Bib* 14 (1933), 96.
[35] Arnaud de Bonneval, *Liber de cardinalibus operibus Christi,* PL 189,1644 et 1647.
[36] Hermann de Runa, *Sermones festivales, sermon XCII,* CCMed. LXIV, 427.

et huit dans celui d'Isaïe. Pour comprendre l'importance de Sg 16,20 dans sa doctrine eucharistique, il suffit de remarquer que ses trois commentaires au récit de l'Institution de l'Eucharistie dans les Evangiles mentionnent tous Sg 16,20s:

> *Sur Matthieu:* «*Ce grain est très noble et c'est une nourriture très commune pour les hommes, car elle convient aux malades et aux bien-portants... Le fait qu'elle soit commune est signalé par Sg 16: 'servant la volonté de chacun, elle se changeait en ce qu'il voulait'... ainsi dans le sacrement n'importe quel morceau provenant d'une division a le Christ entièrement, lui qui restaure tout: ... 'Tu leur as envoyé du ciel, sans travail, un pain préparé qui a en lui tout délice et toute suavité de goût'*»[37].
>
> *Sur Marc:* «*'Il prit le pain'... Ceci (le blé) signifie parfaitement la nourriture du sacrement car il nourrit parfaitement et il s'attache fortement aux membres et il est le plus doux des grains. Sg 16,21: 'Ta substance...'*»[38].
>
> *Sur Luc:* «*'Faites ceci en mémoire de moi'. Nous ne pouvons rien faire de plus doux. Qu'y a-t-il en effet de plus doux que ce en quoi Dieu nous a montré toute sa douceur? Sg 16,20 et 21: 'Tu leur as envoyé du ciel...'*»[39].

L'Évangile de Jean ne contenant pas de récit de l'Institution, c'est à propos du miracle de Cana qu'Albert cite Sg 16,21, suivant, pour une fois, la ligne d'interprétation christologique:

> «*Il a condescendu cependant à la honte humaine et il s'est fait serviteur des réjouissances. Sg 16,21: ...*»[40].

Le traité *sur l'Eucharistie* et celui sur *les Sacrements* donnent eux aussi sa place à Sg 16,20 qui y est cité plusieurs fois[41]. Dans le *traité sur l'Eucharistie*, Albert suggère une extension de l'interprétation eucharistique à tout Sg 16,20-29, puisqu'il cite Sg 16,20-21, Sg 16,26 et qu'il fait une allusion — peut-être involontaire — à Sg 16,28:

---

[37] *In Evang. Matthei, XXVI, 26* in *Sancti Alberti Magni Operum Omnium* (Aschendorff 1987), ed. Monasterium Westfalorum, tome 21,2 p. 614.

[38] L'édition précédente n'étant pas achevée, la traduction des passages suivants est faite sur la base du texte de l'édition *Beati Alberti Magni Opera Omnia*, Paris (1890-1898), (éd. A. Borgnet) *In Evang. Marci, XIV, 22*.

[39] *In Evang. Lucae, XXII, 19*.

[40] *In Evang. Joannis, II, 7*.

[41] *De Sacramentis, Tract. De Eucharistia (V), 9*: «*Item Sacramentum Eucharistiae sicut quodlibet aliud unius gratiae est effectivum sed 'manna habebat omnem saporem' ut dicit Philosophus in libro Sapientiae, ergo non habuit similitudinem*».

> *«Voici pourquoi on l'appelle Eucharistie, c'est parce que dans la douceur de Dieu rien d'autre n'est préparé que la bonne grâce (cf. 16,28). Dans sa douceur, Dieu pense à nous avec douceur... A cause de cela, lorsqu'on parle de la manne dans le livre de la Sagesse 16,20 et que l'on admire dans quelle douceur du cœur le sacrement d'une telle grâce a été préparé, on en ajoute la cause en disant: Ta substance montrait ta douceur... (16,21)»* [42].*

> *«Par cette nourriture se fait la restauration des biens perdus en substance spirituelle, et les forces reviennent et l'homme retourne à l'état et la vigueur convenables. Sg 16,26: 'car ce ne sont pas les produits de la terre...'»* [43].*

Datés de la même époque, Les *Sermons sur l'Eucharistie*, attribués autrefois à Albert le Grand, présentent le prodige des goûts comme la préfiguration de l'un des *effets* de l'Eucharistie [44].

b) *Bonaventure*

Une cinquantaine de citations ou d'allusions à Sg 16,20ss émaillent l'œuvre de Bonaventure [45]. Sg 16,20, à lui seul, revient une bonne trentaine de fois, dont dix-huit dans les sermons. La grande majorité de ces passages se réfère à l'Eucharistie, quelques-uns à l'Incarnation [46]. En outre, un *Commentaire sur Sagesse* est attribué à Bonaventure. Cette attribution est discutée [47], mais le texte, contemporain de Bonaventure, témoigne de l'interprétation de Sg dans son entourage et permet de comprendre les raisons de son insistance. Il présente, en fait, une synthèse de l'enseignement de Bonaventure sur la manne:

> *«Mystiquement, c'est le Christ sous le Sacrement de l'autel que la manne signifiait convenablement: premièrement, parce qu'elle est le pain des anges, c'est à dire des prêtres... Deuxièmement, parce qu'elle*

---

[42] *De Eucharistia, dist. I, 2, 5.*

[43] *De Eucharistia, dist. III, tract. I, 4.3.*

[44] Cf. p. 194.

[45] Cf. l'*Index locorum S. Scripturae* de l'*Opera Omnia* de Bonaventure (ed. D. Fleming) (Quaracchi 1893) vol. X, 214.

[46] Par exemple dans les *Sermons sur la Nativité et la Circoncision*, vol. IX, 90 et 136.

[47] Cf. D. V. Monti, «A Reconsideration of the Authorship of the Commentary of the Book of Wisdom attributed to St Bonaventure», *ArFrancHist* 79 (1986), 359-391. Cet auteur propose en conclusion: *«One could easily imagine that a commentary on Wisdom produced by a Dominican or Franciscan author at Paris in the period 1240-1253 was later reworked by either John (of Warzy) or William (of Alton), taking over the little exposition of Jerome's prologue in the process. Actually this hypothesis still would leave open the possibility that the original commentary could have been composed by the young Bonaventure in his years as a Biblical bachelor, subsequently being revised by John or William. But this would be only conjecture»* (p. 391).

*est préparée de façon céleste, c'est-à-dire qu'il est fait par la vertu cé-
leste. Troisièmement parce que ceux qui en mangeaient recevaient à la
mesure de leur désir... Quatrièmement parce qu'avec la manne une rosée de grâce descendait et voilà pourquoi ce pain est appelé Eucharistie. Eucharistie doit être interprété 'bonne grâce'. Cinquièmement, car,
de même que la manne apparaissait semblable à une graine de coriandre, ainsi le Christ est-il reçu sous une forme blanche... Sixièmement,
car on la ramassait pendant six jours... ainsi le Christ est reçu présen-
tement sous la forme sacramentelle, mais dans le sabbat futur... il sera
vu face à face... Septièmement parce qu'ils ont été nourris jusqu'à l'entrée de la Terre Promise...»*[48].

Sur les sept points mentionnés, les trois premiers sont pris exclusivement en Sg 16,20ss et le quatrième est suggéré par Sg 16,28 (il est
dommage que Bonaventure ou son contemporain inconnu, comme beaucoup d'écrivains latins, n'ait pas considéré le texte grec (εὐχαριστία)!).
Avec de telles précisions concernant l'interprétation eucharistique de la
manne en Sg 16,20ss au milieu du XIIIᵉ siècle à Paris, on comprend aisé-
ment que Bonaventure l'emploie systématiquement dès qu'il parle de
l'Eucharistie.

c) *Thomas d'Aquin*

Thomas cite moins souvent Sg 16,20s que Bonaventure ou Albert le
Grand[49], mais il le fait toujours de façon très spécifique, en parlant du
Saint Sacrement, ou plus précisément de la «res» du Sacrement, sa réalité
même, la grâce agissant en lui.

Le Commentaire des Sentences et la Somme Théologique

Entre le *Commentaire des Sentences* et la *Somme Théologique*, une
sensible évolution peut être notée: la typologie de la manne est exposée de
façon plus précise dans le deuxième écrit, la pensée de Thomas semble
s'être affinée. Dans le *Commentaire*, Thomas distingue les trois grands
types vétérotestamentaires de l'Eucharistie: *l'oblation de Melchisédech*,
qui est *seulement signe de ce qui est seulement sacrement* (les espèces du
pain et du vin), *l'agneau pascal, signe de ce qui est la 'res' et le sacrement*

---

[48] *Expositio in Librum Sapientiae*, vol. IV, 116.
[49] On trouve une citation de Sg 16,15 en *2 Paral. 6ss*, une de Sg 16,16 dans la *Summa
contra Gentiles 1, Q. 92*, une de Sg 16,20 dans le *Commentaire au livre IV des Sentences de
Pierre Lombard, Dist. 8, Q. 1, 2.4* et dans la *Somme Théologique IIIa, Q. 73,6*; Sg 16,24
dans le même ouvrage, *IIIa, Q. 20,1.* et Sg 16,29 toujours dans la *Somme Théologique,
IIa-IIae Q. 107,4 et Q. 112,5.*

(le Christ en sa Passion), *la manne, pour ce qui est de la 'res' seule, c'est--à-dire la grâce*[50]. En ce qui concerne la manne, Thomas demande:

> «*La manne avait en elle toute suavité de goût, comme le dit Sg 16,20. Mais ce sacrement n'a pas en lui toute saveur spirituelle, car s'il avait un tel effet, tous les autres sacrements seraient superflus. Donc la manne n'est pas une figure de ce sacrement?*»[51].

Et il répond:

> «*ce sacrement a toute suavité, parce qu'il contient la source de toute grâce, même si son utilisation n'est pas ordonnée à tous les effets de la grâce sacramentelle. Et encore, quant à son effet, il a tout effet de suavité en restaurant, car seul ce sacrement agit de façon à restaurer*»[52].

Dans la *Somme Théologique*, Thomas précise sa distinction des figures de l'Ancien Testament: ce n'est plus seulement l'agneau pascal, mais ce sont tous les sacrifices, en particulier les sacrifices d'expiation, qui constituent un signe de la 'res' et du sacrement. L'agneau pascal, lui, étant considéré comme la plus parfaite préfiguration de l'Eucharistie, synthétise toutes les autres figures. En raison du prodige des goûts, la manne est, pour sa part, définie comme signe de la «*res tantum, scilicet effectus*» du sacrement de l'Eucharistie:

> «*En ce qui concerne le sacrement, ... quant à l'effet, sa principale figure fut la manne qui, dit la Sagesse, 'avait en elle la douceur de tous les goûts', de même que la grâce de ce sacrement restaure l'âme selon tous ses besoins*»[53].

d) *Le Traîté sur le Saint Sacrement*

Attribué parfois à Thomas d'Aquin, parfois à Albert le Grand, ce traité fait partie des œuvres apocryphes du Docteur Commun[54]. Qu'il soit de lui ou non, il remonte vraisemblablement au XIIIe siècle et peut donc être considéré comme un témoin de la scolastique contemporaine de Tho-

---

[50] *Super librum IV sententiarum*, dist. VIII, Quaest. 1 art. II, n. 53: «*Quantum autem ad id quod est res tantum, scilicet gratiam, fuit signum manna quae reficiebat, omnem saporem suavitatis habens*».

[51] *Ibid.*, n. 40,4.

[52] *Ibid.*, n. 57-58.

[53] *Summa Théologica* IIIa, Quaest. 73,6.

[54] P. MANDONNET, *Des écrits authentiques de S. Thomas d'Aquin* (Fribourg 1910), 155, n. 132.

mas. Cet écrit mentionne à trois reprises Sg 16,20ss[55]. Le texte est utilisé comme preuve scripturaire de certains dons et effets reçus dans l'Eucharistie: elle est une préparation à jouir de tous les délices et à recevoir l'accomplissement de tous les désirs. La manne a le goût du miel; en faisant goûter à l'homme la douceur de Dieu, l'Eucharistie augmente en lui les biens spirituels. Moins systématique et moins précis que les écrits de Thomas, le *Traité* témoigne d'une décadence théologique, l'Écriture n'étant plus vue dans sa globalité, mais comme une succession d'arguments. La théologie n'est plus alors pénétration de l'Écriture, mais utilisation du texte sacré au service d'une doctrine. L'équilibre subtil rejoint par les grands scolastiques est rompu.

4. *Sg 16,20 et la liturgie romaine*

a) *Hors de l'Office du Saint Sacrement*

Il n'est pas possible d'envisager une lecture complète de tous les sacramentaires existants, mais en parcourant les plus connus, force est de constater que Sg 16,20 n'est guère utilisé dans la liturgie jusqu'à la création de l'Office du Saint Sacrement.

Dans la liturgie romaine de Pie V, ce texte n'est cité que comme verset de communion du treizième dimanche après la Pentecôte. Cette mention est cependant très importante, car elle remonte au moins à l'époque de Grégoire le Grand et sa position dans l'antiphonaire est savamment choisie puisque, au cœur d'un cycle de cinq semaines, elle vient après deux versets de Mt 6 et Pr 3 et introduit Jn 6,52 et 56[56]:

> «*Panem de cœlo dedisti nobis, Domine, habentem omne delectamentum et omnem saporem suavitatis*»[57].

Un manuscrit du XIVe siècle, repris dans le Bénédictionnaire de Durand de Mende rapporte aussi une *bénédiction du Corps du Christ* en usage en France, dont l'origine est incertaine et qui n'appartient pas à la liturgie romaine. Elle pourrait être contemporaine, voire même antérieure, à l'institution de la fête du Saint Sacrement:

---

[55] On trouve cet écrit dans les *Opuscules de Saint Thomas d'Aquin*, trad. M. Védrine, M. Bandel et M. Fournet (Paris 1858), tome 5 et 6. Les citations et allusions sont dans le tome 5, 460 et 491, tome 6, 40, 50, 64.

[56] A. Chavasse, «Les plus anciens types du lectionnaire et de l'antiphonaire romains de la messe», *RBen* 62 (1952), 3-94.

[57] Cette antienne est reprise dans la liturgie post-conciliaire pour le dix-huitième dimanche du temps ordinaire. Elle est remarquée par Rupert de Deutz, *De divinis officiis*, XII, 13, CCMed. VII, 406: «*Et quia corpus Christi, quod sumimus, illa specialiter curat vulnera, bene et illud de libro Sapientiae canimus in communione: panem de caelo dedisti nobis, Domine*».

«*Omnipotens Deus vos benedicat, qui vobis devotis amicis et Filium suum* panem angelorum praestat. *Amen.*

Quique populo Israelitico praestitit panem habentem omne delectamentum et omnem saporem suavitatis, *sentire vos faciat* suae dulcedinis *multiplicitatem. Amen.*

Detque vobis, sic in praesenti gustare caelestia, quae feliciter pertingere mereamini ad aeterna. Amen. Quod ipse praestare dignetur» [58].

b) *La solemnité du Corpus Domini*

C'est au XIIIe siècle que la fête du Très Saint Sacrement a été étendue à l'Église universelle. Née à Liège, sous l'impulsion de Julienne du Mont Cornillon, elle était célébrée dans ce diocèse depuis 1246. Après sa célébration par le Cardinal Hughes de Saint-Cher, en 1251, la fête fut autorisée dans toute la région dépendant de lui. En 1264, Urbain IV l'étendait à l'Église universelle par la bulle *Transiturus*. La mort d'Urbain IV, quelques mois après la promulgation de la bulle, en limita l'application. En 1314 Clément V publia de nouveau la bulle de son prédécesseur et cette fête fut alors réellement célébrée dans toute l'Église Catholique Latine.

La polémique sur l'origine de l'actuel office du Saint Sacrement et sur son attribution à Thomas d'Aquin est loin d'être close [59]. Divers offices ont précédé celui qui est entré en vigueur dans l'Église universelle. Il y eut sans doute un premier office Liégeois, rédigé par Jean du Mont-Cornillon, des offices cisterciens et une première ébauche de l'office romain avant celui attribué au Docteur Angélique. Le travail de Thomas d'Aquin, utilise vraisemblablement ces documents antérieurs. Peut-être même que, malgré les dires de Tolomeo di Lucca, Thomas d'Aquin s'est contenté de retoucher ou de donner son avis sur un texte précédent.

Toujours est-il que cet office date du XIIIe siècle, qu'il est rapidement devenu très populaire et que la place accordée à Sg 16,20 a fixé de

---

[58] *Benedictio 1715*, CCMed. CLXIIA, 703-704. Le v. 16,26 est cité dans diverses préfaces: «*Ut non in solo pane vivamus, sed in omni verbo tuo vitalem habeamus alimoniam*». Préfaces 577, 883, 962bis, 1095 du *Corpus prefationum*, CCL CLXI à CLXIc. Dans le *Sacramentaire d'Angoulême*, n. 311, CCL CLIX, 42.

[59] Parmi les nombreux livres et articles consacrés à la question, G. MORIN, «L'office cistercien pour la Fête-Dieu comparé avec celui de St Thomas d'Aquin, *RBen* 27 (1910), 236-246. C. LAMBOT, «L'office de la Fête-Dieu, aperçus nouveaux sur les origines», *RBen* 54 (1942), 61-123; id. avec I. FRANSEN, *L'office de la Fête-Dieu primitive. Textes et mélodies retrouvés* (Maredsous 1946); id. «L'ufficio del SS.mo Sacramento», *Eucaristia* (éd. A. Piolanti) (Rome-Paris-Tournai-New York 1957), 827-835 et une série de cinq articles sur l'*Histoire de la liturgie*, mémorial C. Lambot, *RBen* 81 (1969), 215-270; F. CALLAEY, «Origine e sviluppo della Festa del Corpus Domini», *Eucaristia*, 907-933; L. M. J. DELAISSE, «A la recherche des origines de l'office du Corpus Christi dans les manuscrits liturgiques», *Scriptorium* 4 (1950), 220-239.

façon définitive l'interprétation eucharistique du passage, d'autant que, par la suite, le verset, extrait de l'office, a été chanté par des millions de fidèles à tous les «Saluts du Saint Sacrement».

Dans les offices primitifs déjà, le verset 16,20 avait été incorporé. C. Lambot et I. Fransen ont tenté de recomposer l'office de Jean du Mont-Cornillon[60]. Il ne ferait que de lointaines allusions à Sg 16,20:

«*Celui qui autrefois cachait son action sous la manne, nous est apparu dans la grâce*».

«*Pain vivant, Jésus-Christ, qui êtes descendu du ciel, qui nous donnez la substance de l'éternelle vie... qui associez l'homme aux anges, donnez-vous en nourriture à nos âmes pour les rassasier éternellement*»[61].

L'office cistercien, fut sans doute l'une des sources de l'office romain; il met Sg 16,20-21 dans un répons qui n'a pas été reçu dans l'office romain:

«***R***) *Angelicum esca nutris populum tuum, Domine, panem de caelo dans nobis omne delectamentum in se habentem: * Substantiam et dulcedinem quam habes in filios ostendendo.*

*V) Domine qui das vitam mundo, semper da nobis panem verum. * Substantiam*»[62].

Mais c'est surtout la place donnée finalement à Sg 16,20 dans l'office romain qui est révélatrice de l'importance de ce texte dans la théologie de l'Eucharistie. Cette place est sensiblement la même que celle qui lui était accordée dans l'office romain provisoire[63].

Le verset est cité intégralement au terme du *Pange lingua*, juste avant l'antienne du Magnificat, tant pour les premières que pour les secondes vêpres de l'office. Ainsi sert-il d'introduction et de conclusion à la fête, puisque l'antienne du Magnificat des premières vêpres est celle qui donne généralement le «ton» d'une festivité et que celle des deuxièmes vêpres en offre la conclusion. Associer ce jour-là Sg 16,20 au Magnificat est particulièrement judicieux, puisque le cantique de la Vierge se réfère au mystère de l'Incarnation et que les deux interprétations de Sg 16,20, eucharistique et christologique, ont dominé la tradition patristique. En outre le verset s'adapte particulièrement bien au contenu du Magnificat qui exprime

---

[60] C. LAMBOT – I. FRANSEN: *L'office de la Fête-Dieu primitive*, cf. note précédente.

[61] *Ibid.*, 51 *(Leçon 4)* et 63 *(répons final du nocturne III)*.

[62] G. MORIN, *L'office cistercien pour la Fête Dieu*, 239, cf. note 59.

[63] C. LAMBOT, *«Aperçus nouveaux»*, 97ss, cf. note 59, reporte deux témoins de cet office, le manuscrit *lat 755* de la BN de Paris et *l'office du bréviaire de Strahov*, ce dernier fait même de Sg 16,20-21 l'antienne du Magnificat.

la joie et l'action de grâces de Marie devant les *merveilles* de Dieu, l'accomplissement *de la promesse faite à nos Pères*; il rappelle l'*amour* de Dieu, qui se manifeste de façon différente envers les *humbles* et les *superbes*, les *pauvres* et les *riches*: toutes les thématiques contenues dans Sg 16,20-21 sont développées dans ce cantique et l'on comprend qu'un office primitif contenu dans le *Bréviaire de Strahov* ne se soit pas contenté de Sg 16,20, mais ait aussi ajouté le v. 21 comme antienne du Magnificat. Car réellement lors de la Visitation «*Tu montrais la substance et la douceur que tu as pour tes enfants*»[64].

Il est souvent question de la manne tout au long de l'office. D'autres citations ou allusions à Sg 16,20 sont même faites à différents moments de la journée. Dans l'hymne des matines on chante le célèbre: «*Panis angelicus fit panis hominum, dat panis cælicus figuris terminum*». Le verset du premier nocturne et l'antienne de Tierce reprennent le Ps 78,24s, très proche de Sg 16,20: «*Panem cæli dedit eis. Panem angelorum manducavit*». La première antienne des laudes utilise Sg 16,20: «*Angelorum esca nutrivisti populum tuum et panem de cælo praestitisti eis*».

Avec le développement du culte du Saint Sacrement, saluts, adorations, processions se multipliant, le *Pange lingua* ou *Tantum ergo* a acquis une grande importance dans la prière des fidèles, et on a gardé l'habitude de chanter le verset au terme de l'hymne. Voilà pourquoi Sg 16,20 est si connu dans le peuple chrétien, sans que la plupart des croyants sachent d'où est tiré le verset ni à quel événement il se réfère. Si le prodige des goûts n'intéresse plus tellement les théologiens actuels lorsqu'ils parlent de l'Eucharistie, c'est peut-être parce que le sens typique et spirituel de l'Écriture n'est plus de mode. Sg 16,20ss a cependant donné à la théologie la plus belle image de la grâce agissant dans le sacrement. En la fixant dans la liturgie, l'Église a fait sien le sens typique du passage. L'Écriture révèle ainsi que son véritable Auteur est vivant et qu'il ne cesse d'assister son Église, selon les paroles de 2 P 1,19-21:

«*Ainsi avons-nous plus ferme la parole prophétique, à laquelle vous faites bien de prendre garde, comme à une lampe qui brille en un lieu obscur, jusqu'à ce que le jour vienne à poindre et que l'Étoile du matin se lève dans vos cœurs (cf. Sg 16,28).*

Avant tout, sachez-le: aucune prophétie de l'Écriture ne relève de l'interprétation privée; car ce n'est pas d'une volonté d'homme qu'est jamais parvenue une prophétie, mais c'est poussés par l'Esprit Saint que les hommes ont parlé de la part de Dieu».

---

[64] *Ibid.*, 119.

CONCLUSION

Le livre de la Sagesse n'est pas seulement l'œuvre spontanée d'un auteur de génie. L'étude de la structure de Sg 16,15–17,1 et des principaux thèmes abordés dans ce texte montre qu'il est le fruit d'une élaboration méticuleuse. Au service du Message communiqué à travers l'histoire d'Israël, Sg opère une synthèse de la tradition reçue, ouverte au dialogue avec le monde contemporain et orientée vers l'avenir.

Le Pseudo-Salomon veut répondre à l'attente des lecteurs, juifs ou non, qui cherchent une voie de sagesse. Dans la dernière partie du livre, il fait de la relecture du passé un tremplin pour vivre le présent et se préparer au futur. Il se place devant Dieu, au-delà du flux et du reflux des événements, et c'est Lui qu'il cherche à travers Ses actions pour répondre aux questions que devrait se poser tout homme, indépendamment des frontières illusoires du temps et de l'espace. Éclairé par l'Esprit, il contemple Celui qui est *le même hier, aujourd'hui et pour les siècles*. Ceci est particulièrement manifeste dans la relecture du prodige de la manne.

1. *Une synthèse de l'attente universelle*

L'étude de la relation entre Sg 16,15–17,1a et les témoins des traditions a montré comment Sg synthétise et purifie les données dont elle hérite pour les orienter vers une perception plus spirituelle du don de la nourriture divine.

Sur aucun grand thème Sg n'est en défaut par rapport aux traditions ambiantes, que ce soit l'héritage biblique, le judaïsme alexandrin ou le judaïsme rabbinique des premiers siècles.

En première lecture, la manne est une nourriture vitale pour l'homme, mais elle n'est pas présentée sous ce seul aspect, pour lequel les cailles auraient suffi. Selon Sg, Dieu comble l'homme au-delà de la faim physique, et la manne prévient son moindre désir à tous les niveaux de l'être. En cela elle est à la fois signe de la justice de Dieu et de sa douceur envers ses enfants. Par elle, le juste goûte immédiatement quelque chose de la réalité divine, sa «*douceur*», mais cette perception est fonction du niveau d'être de celui qui la reçoit. Elle dépend de la capacité du «*consommateur*», dont la liberté inviolable s'exprime dans le désir fondamental[1]; telle est la justice de l'amour.

---

[1] Cf. Augustin: *Homélie sur le Ps 37*, CCL 38, pp. 391-392.

Placée au-dessus des forces du cosmos, au sommet de la création, la manne est médiatrice entre Dieu et l'homme: obéissant à l'un et s'adaptant à l'autre, elle offre un signe de l'unicité divine infiniment variée parce qu'infiniment adaptée. Elle établit un pont entre le ciel et la terre, le spirituel et le matériel, devenant support de communication entre Dieu et l'homme dans le cosmos. Au niveau le plus subtil du monde créé, elle offre une possibilité de rencontre avec Dieu.

Le don de la manne dévoile aussi un chemin de connaissance de Dieu. Tout ce qui advient à la manne est support de compréhension. Les paroles et les commandements de Dieu ne constituent pas le sommet de sa révélation: Dieu veut conduire à la Parole même. Reçue dans la foi, celle-ci est l'unique nourriture de l'âme, la source de l'être. La manne en est un symbole actif.

La manne est encore une école de prière. Celle-ci jaillit du désir vrai, pur, qui se fait décision, volonté et quête de Dieu. Pour que ce désir aboutisse à la rencontre de Dieu, la prière doit s'épanouir en *action de grâces* confiante et permanente, parfaite disposition pour recevoir les dons de Dieu. C'est cette «*eucharistie*» qui ouvre l'homme à une rencontre intime avec son Créateur, dans le cœur à cœur de l'adoration.

Mais, si elle donne la connaissance vraie et conduit à la rencontre de Dieu, la manne peut être un chemin d'éternité, une nourriture capable de *conserver dans l'être* les justes qui la reçoivent avec foi et dans l'*action de grâces*.

Ces significations profondes du don de la manne ont été perçues avec acuité par l'auteur de Sg. Ce sont sans doute les religions ambiantes et leurs questions qui l'ont poussé a approfondir sa propre tradition et le sens de la révélation historique de Dieu. Il a pu ainsi y lire ce que personne, même Philon, n'a su y percevoir, mais que tous les hommes attendaient. Cadeau divin et chemin vers Dieu, le prodige de la manne, relu par Sg, devient une préfiguration de la Voie vers la Vérité et la Vie[2].

En fait, depuis la plus haute antiquité, depuis la préhistoire et, semble-t-il, aussi loin que puisse remonter la mémoire de l'humanité, une tradition concernant la nourriture céleste est véhiculée. La manducation rituelle et le mythe d'un aliment reçu des dieux tiennent une place impor-

---

[2] Cf. le jugement de H. U. von Balthasar, *La Gloire et la Croix* (Paris 1974), vol. III, 312: «*(L'existence avec Dieu) est caractérisée par la 'conversion' vers le 'signe de salut' qu'était le serpent d'airain (16,6-7), par l'usage de la 'nourriture des anges', la manne, dont le goût s'adapte au désir de chacun (16,20-21), par la marche à la lumière de la Loi (18,3-4) et de la Parole toute-puissante (18,15), et même par la vie issue de la Parole (16,26). Ainsi l'auteur parvient à unir la largeur philosophique universelle de la 'religion' avec le caractère décisif du 'Ou bien... ou bien» de l'alternative eschatologique de la Bible. Si son image dualiste du jugement et son matériel de représentations restent aussi vétérotestamentaires que ceux de Ben Sira, pourtant, par-dessus tout cela, il crée une synthèse formelle, à laquelle la Nouvelle Alliance donnera son contenu*».

tante dans la plupart des religions[3]. La signification profonde de cette
nourriture est différente selon les cas: pour certains, elle est un symbole
utilisé dans des rites, pour d'autres une réalité mythique, pour d'autres
encore elle a une vertu agissante. Chez les Grecs, elle prend la forme du
nectar ou de l'ambroisie[4]. En entrant dans la tradition biblique par le
don de la manne, cette tradition antique a été reçue dans le patrimoine de
l'Écriture Sainte. Mais elle risquait d'y être enfermée, soit comme le souvenir d'un événement anecdotique, si le récit épique était seul considéré,
soit comme un texte inspiré dont la «lettre» aurait masqué l'Esprit, à la
fois Acteur et Auteur. Dans un cas comme dans l'autre, la signification
spirituelle de l'événement eût été perdue, comme ce peut être le cas pour
tout acte divin, même celui de l'Incarnation ou de la Mort et Résurrection du Christ, lorsque la réalité historique ou le texte qui en témoigne ne
sont plus perçus dans leur dimension méta-historique. Ils sont cependant
des points de contact entre l'éternel et le temporel, brèches ouvertes entre
le ciel et la terre. Cette tentation réductrice est un refus, conscient ou non,
de la transcendance. L'auteur de Sg, en contact avec d'autres traditions, a
voulu dégager de cette ambiguïté la manifestation divine. Il a présenté le
don de la manne pour ce qu'il est: une actualisation (on pourrait presque
dire une *pré-incarnation*) de la figure véhiculée par les traditions, une per-
manence de la mémoire originelle et une annonce de la réalité offerte dans
le Christ.

L'intention universelle de Sg transparaît à travers le support que
constitue le récit de la pluie de manne advenue plus de mille ans auparavant. L'événement devient un paradigme: Israël et l'Égypte disparaissent,
ils ne sont plus que les types des *«impies qui refusaient de te reconnaître»*
ou des *«justes»*, *«tes enfants»*, *«ton peuple»*. Le combat cosmique au sein
duquel ils sont plongés et dont, sans le savoir, ils sont l'enjeu manifeste
l'*Ouvrier* divin, l'Auteur de la *création*, et la nourriture merveilleuse révèle
«sa libéralité toute-nourricière», comme les serpents avaient révélé que
Dieu est *«le Sauveur de tous»* et que sa *«parole guérit tout»*. L'enseignement transmis par la manne a une portée universelle, lui aussi. La vraie
source de vie et l'attitude fondamentale d'action de grâces ou d'ingratitude devant le Créateur sont indiqués à «l'homme». «*L'homme*», dans la dimension universelle du terme, a besoin d'être nourri par Dieu pour vivre

---

[3] En ce qui concerne le caractère universel de l'importance des nourritures, et parti-
culièrement du pain, dans les religions anciennes, cf. M. ÉLIADE: *Patterns in Comparative
Religion* (New York 1958), ch. 8-9. J. E. LATHAM: art. «Bread» et «Food», *The Encyclopedia
of Religion* (éd. M. Éliade) (New York 1987). H. E. JACOB, *Six Thousand Years of Bread, its
Holy and Unholy History* (New York 1944). Et pour le rapport avec l'Égypte, W. DARBY, P.
GHALIOUNGUI, L. GRIVETTI: *Food: The Gift of Osiris* (Londres 1977).

[4] A. B. COOK, *Zeus, a Study in Ancient Religion*, vol. III, Londres (1940) offre un chapitre intéressant sur ce sujet: *A Rain of Food*, 390ss.

(v. 26), car «*l'homme*» peut s'opposer à Dieu en semant la mort, mais ne saurait redonner la vie (v. 14). Une question de vie ou de mort pour l'humanité est posée ici. En fait, encadrée par deux péricopes à portée universelle (10,1-14 et 19,18-22), la *synkrisis* de Sg est une vaste présentation de toute la vie humaine, à travers les événements de l'Exode.

L'auteur de Sg ne s'adresse donc pas seulement à des Juifs pieux, mais à tout homme en quête d'absolu et de vie. Il répond à ceux qui recherchent cet absolu dans les cultes mystériques, non pour les rejeter, mais pour leur montrer que leurs rites sont dépassés par les dons réels du Dieu unique. Il n'a pas seulement synthétisé toutes les traditions concernant la manne, il a mis en évidence que ce patrimoine répondait à l'espérance des peuples et qu'il était inutile de chercher ailleurs le chemin de la Vie.

2. *La compréhension spirituelle de l'histoire*

Ce qui permet à Sg de synthétiser l'attente universelle d'une nourriture d'immortalité, c'est sa compréhension spirituelle de l'Histoire Sainte.

Le Pseudo-Salomon n'entend pas narrer des événements, il veut les comprendre. Au terme de sa prière du chapitre 9 pour demander la Sagesse, il obtient de pouvoir lire l'action de Dieu dans l'histoire du monde. C'est donc cela, la Sagesse! Les dernières lignes de la prière introduisent la partie historique du livre et l'auteur donne sa clef de lecture de l'histoire du salut:

> « ... *nous avons peine à conjecturer ce qui est sur la terre,*
> *et ce qui est entre nos mains, nous ne le trouvons qu'avec effort,*
> *mais ce qui est dans les cieux, qui l'a découvert?*
> *et ta volonté, qui peut la connaître,*
> *si toi-même n'as donné la Sagesse*
> *et envoyé d'en haut ton Esprit Saint?*
>
> *C'est de cette façon*
> *qu'*ont été *rendus droits les sentiers de ceux qui sont sur la terre,*
> *et que les hommes ont été* instruits *de ce qui te plaît*
> *et que, par ta Sagesse, ils ont été* sauvés.
>
> *C'est elle qui...* » (ici commence la relecture de l'histoire)
>
> *(Sg 9,16–10,1)*

La conclusion de la première antithèse confirme ce principe de lecture: «*Ils reconnurent le Seigneur, ... ils l'admirèrent au terme des événements*» (11,14), car le but des merveilles accomplies par Dieu n'est autre que sa reconnaissance par les Égyptiens comme par les Israélites:

> «*Ils virent clair, et celui que jadis ils refusaient de connaître, ils le reconnurent pour vrai Dieu*» (12,27).

*«Peu à peu tu reprends ceux qui tombent, tu les avertis, leur rap-
pelant en quoi ils pèchent, pour que, débarrassés du mal, ils croient en
toi, Seigneur»* (12,2).

La lecture spirituelle de l'histoire d'Israël est l'âme du texte sur la
manne et les verbes de connaissance s'y succèdent. Aucun *«geste»* de Dieu
n'est fortuit. Lorsque Dieu agit, sa Sagesse se révèle et elle nous révèle à
nous-mêmes. Ses actes doivent être perçus comme une manifestation de
ce qu'Il est. Partant de ce principe, Sg peut apporter une réponse aux
hommes qui *«ont sur le Seigneur de droites pensées et le cherchent en simplicité de cœur»*, une réponse basée sur la manifestation du Dieu unique
*«qui se laisse trouver par ceux qui ne le tentent pas et se révèle à ceux qui ne
lui refusent pas leur foi»* (Sg 1,1-2).

Ce sont *«les pensées tortueuses qui éloignent de Dieu»* (Sg 1,3); le refus de connaissance, l'ignorance volontaire amènent le châtiment divin
(16,16) et même cela doit être compris (16,18). La manne, elle, est un support de connaissance immédiate de Dieu (16,21); par elle, Dieu montre où
l'homme trouve la Vie (16,26) et comment il peut l'obtenir par le culte qui
lui est agréable (16,28).

Sg n'essaie pas d'interpréter allégoriquement le miracle de la manne,
elle regarde les faits pour comprendre le message qu'ils véhiculent. Son
interprétation n'est donc pas extérieure, régie par des a priori, mais exégétique, en ce sens qu'elle manifeste un enseignement inhérent à l'événement
contemplé. Elle rend à l'Histoire Sainte sa dimension symbolique; celle-ci,
en effet a pour partenaires Dieu et l'homme, et chaque facette de l'action
divine en ce monde peut devenir pour l'homme une ouverture sur le monde divin[5].

3. *La réponse apportée par le Christ*

Sg synthétise l'attente universelle d'une nourriture qui procurerait
une participation à la vie divine. Elle présente un pain assimilable, utile à
la vie quotidienne, sommet de la Création, mystérieusement caché et
pourtant accessible. Cet aliment offre à l'âme affamée de Dieu un chemin
de connaissance et de rencontre de la Divinité dans la prière. Il procure la
vie éternelle, au-delà de la mort inéluctable, une mort qui réveille sans
cesse en l'homme le désir de l'Éternel.

---

[5] Cette vision de l'histoire est merveilleusement perçue par Origène: *«Il ne faut pas
s'imaginer que les événements historiques sont des figures d'événements historiques et les
choses corporelles figures de choses corporelles, mais les réalités corporelles sont figures des
réalités spirituelles et les réalités historiques des réalités intelligibles».* Origène, *Sur la
Pâque*, Traité inédit publié d'après un papyrus de Toura par O. Guéraud et P. Nautin,
Beauchesne, coll. «Christianisme antique», 2 (Paris 1979), 108.

En Jn 6, le Christ se présente lui-même comme «*le pain qui vient du ciel, le véritable*» (v. 32), «*qui donne la vie au monde*» (v. 33), «*le pain de vie*» (v. 35) «*qui donne la vie éternelle*» (v. 40) et qui apaise toute faim (v. 35).

Au-delà de sa présence historique, le Christ perpétue cette offrande de lui-même par sa chair donnée dans l'Eucharistie: «*le pain que je donnerai, c'est ma chair pour la vie du monde*» (v. 51). «*Tel est le pain descendu du ciel, il n'est pas comme celui que vos Pères ont mangé et ils sont morts. Celui qui consomme ce pain-là vivra à jamais*» (v. 58).

Le Christ se présente à la fois comme le pain et comme celui qui donne le pain, parce qu'il s'offre lui-même. Ainsi les deux lignes d'interprétation du prodige de la manne, annonce de l'Incarnation et type de l'Eucharistie, ne s'excluent-elles jamais l'une l'autre. La lecture opérée par Sg constitue une marche indispensable pour passer des récits de l'Exode et des Nombres au *Discours du pain de vie*. Comment pourrait-on comprendre la question des Juifs: «*Quel signe fais-tu, toi, pour que nous voyions et que nous croyions... nos pères ont mangé la manne, au désert, comme dit l'Écriture: il leur a donné un pain venu du ciel*» (v. 31) et la réponse du Christ: «*Moi, je suis le pain vivant descendu du ciel*» (v. 51), si l'on n'admet, sous-jacente chez les Juifs, l'attente pour aujourd'hui de ce que signifie la manne offerte jadis dans le désert? La question des Juifs vient en réplique à un reproche du Christ: «*Vous me cherchez non parce que vous avez vu des signes (εἴδετε σημεῖα), mais parce que vous avez été rassasiés*» (v. 26). Alors que les contemporains de Jésus ne savent pas *voir les signes*, Sg, elle, a tenté de le faire. En Sg 10,6, «*signe*» désigne en effet toutes les merveilles divines de la synkrisis:

«*Elle (la Sagesse) entra dans l'âme d'un serviteur du Seigneur et elle tint tête à des rois redoutables par des* signes (σημείοις) *et des prodiges*».

En outre selon Sg 8,8, la Sagesse est la seule à «*connaître à l'avance les* signes *et les prodiges* (σημεῖα... προγινώσκει)». Tout Sg 16,15–17,1a est une exhortation à voir en profondeur les signes envoyés par Dieu: «*Pour qu'en regardant ils sachent* (βλέποντες εἰδῶσιν)» (16,18). Comme Jésus, l'auteur de Sg invite sans cesse à comprendre et apprendre le sens spirituel du don de la manne (16,22.26.28).

Lorsque le signe de la manne est «vu», il suscite une attente plus forte encore; ce que dit Sg de la manne est merveilleux, mais comment l'actualiser aujourd'hui? La réponse du Christ par l'Incarnation et son prolongement eucharistique sont l'accomplissement parfait et toujours actuel de Sg 16.

Les récits de l'institution de l'Eucharistie semblent répondre à Sg 16,15–17,1a en reprenant le terme qui constitue la clef de voûte de tout le texte: «*Il faut devancer le soleil pour l'eucharistie*» (16,28), suprême enseignement que Sg tire du prodige de la manne. Sg réalise ce qu'elle déclare, puisqu'elle devance le Jour du Christ en prophétisant le don de l'Eucharistie véritable que Jésus réalisera. Et Jésus, de son côté, accomplit Sg lorsqu'il «*prend le pain*», «*rend grâces*» et «*donne le pain*», selon les termes communs aux divers récits de l'Institution. Il continue à l'accomplir en chaque «*Eucharistie*».

Dans le récit des tentations, Jésus reprend à son compte les paroles du Deutéronome dont Sg 16 s'inspire: *L'homme ne vit pas seulement de pain, mais de toute parole sortie de la bouche de Dieu.* Pourtant, dans le Pater, Jésus nous apprend à demander chaque jour le «Pain *épiousios*». Ce pain préparé par Dieu pour ses fils, il nous invite à le recevoir chaque jour, comme la manne. La nourriture invoquée n'est donc pas seulement matérielle, c'est avant tout son Corps livré, Verbe de Dieu offert aux croyants *pour la vie du monde.* Par le Christ et dans l'Eucharistie se réactualise sans cesse le don du pain céleste. Le *signe* d'autrefois, «*vu*» en profondeur par Sg, est désormais accompli: le *jour* annoncé en Sg 16,28 est arrivé depuis qu'avec l'Incarnation «*la plénitude du temps est venue*» (Gal 4,4) et que l'*Aujourd'hui* éternel se renouvelle *chaque jour* (He 3,13).

Le Christ est l'unique réponse à l'attente universelle du pain céleste, manifestation de la douceur divine et nourriture ambrosiaque. Il est impossible de savoir si Jésus et son entourage connaissaient Sg 16, mais il est certain que l'Eucharistie n'a été donnée qu'au terme d'une longue préparation dans l'histoire d'Israël et qu'au temps de Jésus la Manne véritable est attendue. Comment comprendre sans cela le don de la nourriture divine à des gens qui ne l'attendraient ni ne la désireraient? En donnant l'Eucharistie, Jésus a répondu à une attente dont Sg est le dernier témoin parmi les textes inspirés. En recevant l'Eucharistie et le Pater, apôtres et disciples devaient connaître, d'une certaine façon, la tradition de la manne comme nourriture ambrosiaque. Peut-être même à travers Sg, pourquoi l'exclure? Si l'on regarde aujourd'hui la Révélation avec une foi réelle en l'action de l'Esprit, Sg 16 constitue un maillon indispensable à la compréhension du mystère eucharistique. Elle permet de concilier le *Discours du pain de vie* et l'absence de l'Institution eucharistique en Jn avec les récits de la Cène chez les synoptiques. Sg leur donne une base commune car le *Pain préparé venu du ciel* (= Sg 16,20) de Jn 6 et l'*Eucharistie* (16,28) sont une seule et même réalité: la Manne véritable attendue par Israël, *Substance qui révèle la douceur (de Dieu) envers (ses) enfants* (16,21). Avec Sg en arrière-fond, Jn 6 et la Cène deviennent un accomplissement de la Révélation, un aboutissement acceptable pour l'esprit humain et conforme à la logique de l'Incarnation, selon laquelle tout est annoncé, préparé par l'Esprit dans l'Histoire Sainte... pour être finalement infiniment dépassé par le Christ.

4. *Les conséquences théologiques*

Sg 16 a été très peu utilisé dans la théologie eucharistique, particuliè-rement en Occident. Les quelques allusions glânées dans la littérature chrétienne jusqu'à l'introduction de Sg 16,20 dans la liturgie de la fête du Saint-Sacrement ne rendent pas justice à la richesse contenue dans l'ensemble du texte. Une recherche similaire dans les ouvrages postérieurs ne fait que confirmer cet état de choses.

En fait, ce qui est dit de la manne en Sg est la synthèse de ce que l'homme attendait avant l'Eucharistie et l'annonce de ce que Dieu allait donner, car l'attente de l'homme et l'annonce prophétique de l'Esprit s'unissent dans le jeu de l'Inspiration. Chacun des thèmes abordés par Sg trouve donc son plein accomplissement dans l'Eucharistie, et, réciproquement, ils nous indiquent les richesses du sacrement.

L'Eucharistie est une *nourriture réelle*, préparée par Dieu, assimilable par l'homme et *destinée à rassasier tout en lui*. Dieu la donne comme un père nourrit ses enfants et elle comble à tous les niveaux, car *elle s'adapte au désir profond et réel* de chacun, mais elle ne peut manifester la douceur de Dieu qu'en réponse à la capacité de celui qui la reçoit. Or la capacité, c'est la qualité du désir[6]. L'Eucharistie n'est donc pas magique, elle respecte la liberté humaine manifestée dans le désir fondamental.

Placée au sommet de la création[7], *elle est un axe de communication du divin vers l'humain*, une sorte d'incarnation renouvelée sans cesse dans un élément supérieur à toute la création et cependant accessible à l'homme: l'humanité du Christ, sa chair et son sang. Elle établit un pont du ciel vers la terre par une substance venant de Dieu. Le miracle de la trans-

---

[6] Dans son commentaire sur Sg, Maître ECKHART émet une affirmation qui revêt une importance considérable si l'on considère la manne comme un type de l'Eucharistie: «*Ce qui tombe de l'un, car il est multiple, et du simple, parce qu'il est immense (magnum), tombe du bien qui se transforme avec l'un et n'est déjà plus divin, car Dieu est un: c'est ce qui est donc dit ici: 'Il se changeait en ce que chacun voulait'*» dans *Le commentaire du livre de la Sagesse*, éd. G. Thery, avec commentaires, dans *Archives d'Histoire Doctrinale et Littéraire du Moyen-Age*, III (1928), 321-443 et IV (1930), 233-394 (Citation extraite de IV, 358).

Thérèse d'Avila, qui cite souvent Sg 16,15–17,1a, note encore: «*Le Père éternel nous a donné ce pain sacré; et c'est pour toujours, je le répète, qu'il nous a donné cet aliment de la Sainte Humanité, qui est la vraie manne pour nous et que nous pouvons trouver comme nous voulons; s'il n'y a pas de faute de notre part, nous ne mourrons pas de faim; notre âme puisera dans le très saint Sacrement tous les goûts et toutes les consolations qu'elle pourra souhaiter*» (*Chemin de la Perfection*, 21,675) et dans *Pensées sur l'amour de Dieu*: «*De combien de manières pouvons-nous considérer notre Dieu! Combien de sortes de nourriture ne trouvons-nous pas en Lui! C'est une manne qui a tous les goûts que nous voulons*». Textes rassemblés et présentés par E. RENAULT, *Le désert et la manne* (Paris 1979).

[7] Les miracles eucharistiques qui se sont multipliés à travers les siècles présentent de nombreux exemples de la maîtrise des Saintes Espèces sur les éléments feu et eau. Cf. J. LADAME et R. DUVIN, *Prodiges eucharistiques*, Paris (1981), 74-77 et 103-127.

substantiation permet à l'homme de goûter la divinité du Fils par son humanité, sous les espèces du pain et du vin.

L'Eucharistie est inséparable de la Parole de Dieu, la structure de chaque messe le rappelle, et c'est par la Parole que s'opère le sacrement. A la fois réalité, *«substance»* de Dieu et symbole à élucider, elle est sacrement, c'est-à-dire accès direct à une réalité indicible par le moyen d'un symbole qui la manifeste et la donne. Le Sacrement est la forme suprême de connaissance qui révèle par participation directe en même temps que par analogie. L'objet de cette connaissance, pour l'Eucharistie, n'est autre que Dieu lui-même, dans sa douceur et dans sa justice qui ne sauraient être dissociées. L'Eucharistie est Parole, au sens fort du terme; *elle est Verbe de Dieu*, manifestation de l'unique Parole qu'est le Fils.

L'Eucharistie est encore le sommet de toute prière; elle exige un désir vrai qui se purifie pour devenir volonté droite, décision fondamentale et cri d'imploration chargé de foi. Dans l'Espérance, ce cri jaillit en action de grâces, attitude fondamentale qui ouvre le cœur de l'homme à recevoir les dons de Dieu. Si l'homme remercie son Donateur avant même que le don soit manifesté, il s'aperçoit l'avoir déjà reçu! La prévenance divine rencontre la gratitude confiante de l'homme. L'action de grâces, réalisée par l'Eucharistie est un assaut de confiance et d'offrande réciproque où l'homme devient *«une éternelle offrande à la louange de la gloire»* de Celui qui le *«nourrit du Corps et du Sang»* de son Fils, selon les paroles mêmes de la liturgie (canon III de la Messe de Paul VI). Tel est le chemin de prière présenté par Sg et réalisé dans chaque célébration eucharistique.

Enfin *l'Eucharistie est «médecine d'immortalité»*, viatique qui ouvre les portes de la vie éternelle. Elle est annoncée en Sg comme la *nourriture ambrosiaque* d'un Dieu qui *guérit, sauve* et *préserve* par sa Parole. En étroite union avec cette préfiguration du Pain de Vie, Chair du Christ donnée *pour la vie du monde*, la résurrection de la chair se profile en Sg 19,21.

Sg ne pouvait révéler comment Dieu réaliserait cette merveille, mais elle en annonçait tous les effets. En exprimant l'attente universelle, elle percevait ce que Dieu, dans le dessein immuable de son plan de salut, avait préfiguré dans le don de la manne et elle relisait avec acuité l'histoire d'Israël en prophète annonciateur de l'avenir. Elle préparait une clef de lecture pour l'insondable mystère eucharistique. La liturgie chrétienne a placé Sg 16,20 à sa juste place: au cœur des vêpres de l'office du Saint-Sacrement. N'appartient-il pas aujourd'hui aux théologiens qui se penchent sur le Grand Sacrement d'utiliser cette clef offerte par l'Esprit dans la Parole, clef trop longtemps demeurée enfouie sous la gangue de traductions inexactes et de suspicions désormais rejetées? Même la dimension sacrificielle de l'Eucharistie peut être entrevue dans ce texte, subtilement esquissée en Sg 16,22[8]; mais de façon plus explicite d'autres aspects essentiels du sacrement, trop souvent négligés, y sont mis en lumière: sa nécessité vitale, son adaptation au désir fondamental de l'homme, sa dimension cosmique, la voie de connaissance et de prière qu'il constitue et le don de la vie éternelle dont il rend participant. Illuminant le *Pater*, le *Discours du Pain de vie* et les récits de *l'Institution*, ce texte permet de ne pas limiter la préfiguration de l'Eucharistie aux seuls sacrifices et au repas pascal des juifs, mais de placer l'attente d'Israël dans le cadre de la grande attente universelle. Israël en demeure un témoin privilégié, puisque Dieu donne dans son histoire une figure et un gage de ce qu'il réalise pour tous les hommes par le Verbe incarné.

Sg 16,15–17,1a offre ainsi un magnifique exemple de la purification et de la synthèse d'une faim suscitée en l'homme par l'Esprit depuis les origines. Confirmée par les merveilles de Dieu dans l'histoire de son peuple, progressivement manifestée et cristallisée dans l'Ecriture Sainte par le même Esprit, au seuil de l'accomplissement total dans le Christ, cette faim a été comblée, au-delà de toute espérance, grâce au mystère pascal du Verbe Incarné que chaque Eucharistie réactualise jusqu'à la fin des temps.

---

[8] Des préfigurations possibles de la Passion peuvent être trouvées en Sg 16,5-14 où le *«signe de salut»* contre la morsure mortelle des serpents n'est autre que le *«serpent élevé»* sur un bâton, image choisie par le Christ pour annoncer sa propre mort glorieuse en Jn 3,13-17. L'insistance de Sg 16,5-14 sur la vie et la mort et surtout le rapprochement entre les vv. 13-14 et la Résurrection du Christ sont pour le moins étonnants: *«c'est toi, Seigneur, qui as pouvoir sur la vie et sur la mort, qui fais descendre aux portes de l'Hadès et en fais remonter. L'homme, lui, dans sa méchanceté, peut bien tuer, il ne ramène pas le souffle une fois parti...»*.

Si l'on continue la lecture du texte, il y a plus à découvrir: l'aspect sacrificiel de l'Eucharistie, qui comporte la Passion et la Résurrection, peut s'entrevoir en Sg 16,22: ὑπέμεινε πῦρ (Passion) καὶ οὐκ ἐτήκετο (Résurrection).

En effet, ὑπομένειν est rapporté à la Passion du Christ en He 12, 2-3; 2 Th 3,5 parle de la ὑπομονὴ τοῦ Χριστοῦ et en Ap 3,10, le Christ dit: τὸν λόγον τῆς ὑπομονῆς μου; la *BJ* traduit: *«ma consigne de constance»*, mais la suite du verset montre que la *constance* en question est la capacité d'endurer l'épreuve au nom du Christ.

Pour ce qui est du symbolisme du «pain eucharistique» cuit au feu de la Passion, il est évoqué en Jn 21,9 et les Pères y ont fait d'innombrables allusions. En outre, le rapport entre πῦρ et la souffrance des justes est fréquent dans l'Écriture, explicitement utilisé en Si 2,5 et implicitement en Pr 17,3 et Sg 3, 5-6; il est aussi affirmé en 1P 1, 6-7; d'autre part, 1 P 4, 12-13 met en relation l'*incendie* (πύρωσιν) qui éprouve les Chrétiens avec les *souffrances du Christ* (παθήματα τοῦ Χριστοῦ).

Quant au rapport entre οὐκ ἐτήκετο et la Résurrection du Christ, il est facile à établir, car τήκομαι s'emploie pour la putréfaction des cadavres (Sophocle, *Antigone* 906. Cf. BAILLY) et est parallèle à φθείρομαι, utilisé en Sg 16,27: τὸ γὰρ ὑπὸ πυρὸς μὴ φθειρόμενον, or, au sein d'un tissu d'expressions employées par Sg 16, c'est un mot de la même famille qu'Ac 2,27-31 met en rapport avec la Passion du Christ lorsque Pierre cite Ps 16 (15), 10: *«Ma chair elle-même reposera dans l'*espérance *et tu n'abandonneras pas mon âme à l'Hadès et tu ne laisseras pas ton saint voir la corruption»* (οὐδὲ ... διαφθοράν) *(traduction BJ)*.

Tout ce qui a été dit précédemment sur la manne et l'immortalité (chap. VII, 4) prend une dimension nouvelle dans cet aspect sacrificiel de *«l'aliment ambrosiaque, semblable à de la glace et si facile à fondre»* (Sg 19,21). Sg 16,15–17,1a se révèle une mine inépuisable pour la compréhension du mystère eucharistique!

BIBLIOGRAPHIE

Une bibliographie complète sur Sg a été publiée en 1982 par M. GILBERT, *Le Livre de la Sagesse ou la Sagesse de Salomon*, I (Paris 1983) 11-48. Les multiples éditions, traductions et commentaires de Sg consultés lors de la rédaction de cet ouvrage ne sont donc pas tous reportés ici.

Les citations de textes du judaïsme ancien sont réalisées à partir d'éditions signalées dans les notes. Pour les autres citations d'auteurs anciens, les collections usuelles sont utilisées, c'est-à-dire principalement:

Septuaginta:

RAHLFS A., *Septuaginta*. Id est Vetus Testamentum Graece iuxta LXX interpretes, II (Stuttgart 1935).

ZIEGLER J., *Sapientia Salomonis* (Septuaginta. Vetus Testamentum Graecum XII, 1) (Göttingen 1962).

Les œuvres de Philon d'Alexandrie publiées sous le patronage de l'université de Lyon (éd. R. ARNALDEZ, J. POUILLOUX, C. MONDÉSERT) (Paris 1961-1984), 35 vol. Les abréviations sont celles utilisées dans cette collection de référence.

PG, PL, PO, GCS, CSEL, CSCO, SC.
Collection des Universités de France publiée par l'ASSOCIATION GUILLAUME BUDÉ.
C.C. series Latina, C.C. continuatio Mediaevalis.

Les ouvrages cités ici sont exclusivement ceux qui ont été signalés dans les notes ou présentent un réel intérêt pour le thème traité.

ALTANER B., *Précis de patrologie* (Paris-Tournai 1961).

ARNALDEZ R., «Philon d'Alexandrie ou Philon le Juif», *Dictionnaire de la Bible. Supplément* VII (1965), §IV-IX, 1305-1348.

BARTINA GASSIOT S., «La esperanza en el libro de la Sabiduria», *La esperanza en la Biblia, XXX Semana Biblica Española* (Madrid 1972), 35-47.

BARUCQ A. – F. DAUMAS, *Hymnes et prières dans l'Egypte ancienne* (Paris 1980).

BEAUCHAMP P., *De libro Sapientiae Salomonis*, P.I.B. pro manuscripto (Rome 1963).

———, «La cosmologie religieuse de Philon et la lecture de l'Exode par le livre de la Sagesse: le thème de la manne», *Philon d'Alexandrie. Colloques Nationaux du Centre National de la Recherche Scientifique* (Paris 1967), 207-219.

———, «Le salut corporel des justes et la conclusion du livre de la Sagesse», *Bib* 45 (1964), 491-526.

————, *Psaumes jour et nuit* (Paris 1969).

BIZZETI P., *Il Libro della Sapienza* (Brescia 1984).

BOCK J. P., *Le pain quotidien du Pater* (Paris 1912).

BONAVENTURE (?), *Commentarius in librum Sapientiae. Opera omnia*, VI (Quaracchi 1893), 105-233 (vers 1270).

BORGEN P., *Bread from Heaven* (Leiden 1965).

BOUYER L., *Mysterion. Du mystère à la mystique* (Paris 1986).

BRAUN F. M., *Jean le Théologien* (Paris 1964).

BRÉHIER E., *Les idées philosophiques et religieuses de Philon d'Alexandrie* (Paris 1908).

BROWN R. E., *The Gospel according to John* I (AB 29) (New-York 1966).

BUIS P., *Le Deutéronome* (Paris 1969).

BURCHARD C. – PHILONENKO M., «Joseph et Aseneth, questions actuelles», *Littérature juive entre Tenach et Mischna* (Leyde 1974), 77-100.

BURKERT W., *Antichi culti misterici* (Rome-Bari 1989).

CALLAEY F., «Origine e sviluppo della Festa del Corpus Domini», *Eucharistia*, 907-933.

CALMET A., *Commentaire intégral sur le livre de la Sagesse. Commentaire intégral à tous les livres de l'Ancien et du Nouveau Testament*, IX (Paris 1713).

CARMIGNAC J., *Recherches sur le Notre Père* (Paris 1969).

CAZELLES H., *Deutéronome, Bible de Jérusalem* (Paris 1950).

CERFAUX L., «Influence des mystères sur le judaïsme alexandrin avant Philon», *Le Muséon* 37 (1924), 29-88.

CHAVASSE A., «Les plus anciens types du lectionnaire et de l'antiphonaire romains de la messe», *RBen 62* (1952), 3-94.

CHESTER A., *Divine Revelation and Divine Titles in the Pentateuchal Targumim* (Tübingen 1986).

CLARK D. K., «Signs in Wisdom and John», *CBQ* 45 (1983), 201-209.

CLARKE E. G., *The Wisdom of Solomon* (Cambridge 1973).

CLIFFORD R. J., «Style and Purpose of Psalm 105», *Bib* 60 (1970), 420-427.

COLLINS J. J., «Cosmos and Salvation: jewish wisdom and apocalyptic in the hellenistic age». *History of Religions*, 17 (1977-78), 121-142.

COOK A. B., *Zeus, a Study in Ancient Religion*, III (Cambridge 1940).

COPPENS J., «Les traditions relatives à la manne dans Ex 16», *Estudios Ecclesiásticos 34* (1960), 473-489.

CORNELIUS A LAPIDE, *Commentarii in librum Sapientiae* (Rome 1638), rééd. in *Commentaria in Scripturam Sacram* VII, ed. A. CRAMPON (Paris 1960).

CORNELY R., *Commentarius in librum Sapientiae, Opus postumum* (ed. F. ZORELL, *Cursus in Scripturae Sacrae II, 18*) (Paris 1910).

CRAMPON A., *La Sainte Bible* (Paris 1923).

CRAWLEY A. E., «Eating the God» in *Encyclopaedia of Religion and Ethics* (éd. J. HASTING) (Edinburgh 1912ss).

CUMONT F., *Les religions orientales dans le paganisme romain* (Paris 1929).

————, *Afterlife in Roman Paganism* (New-York 1922).

————, «Lucrèce et le symbolisme pythagoricien des enfers», *Rev. de Phil.* 44 (1920), 229-240.

DANIÉLOU J., *Philon d'Alexandrie* (Paris 1958).

————, *Bible et Liturgie* (Paris 1951).

Darby W. – Ghalioungui P. – Grivetti L., *Food, the gift of Osiris* (Londres 1977).

Deane W.J., *Σοφία Σαλομῶνος, the Book of Wisdom, the Greek Text, the Latin Vulgate and the Authorised English Version with an Introduction, Critical Apparatus and Commentary* (Oxford 1881), 29.

De Bruyne D., «Etude sur le texte latin de la Sagesse», *RBen* 41 (1929), 101-133.

de Fraine J., «Oraison dominicale», in *Dictionnaire de la Bible. Supplément 6* (1960), 788-800.

Delaisse L. M.J., «A la recherche des origines de l'Office du Corpus Christi dans les manuscrits liturgiques», *Scriptorium 4* (1950), 220-239.

Delatte A., *Le cycéon, breuvage rituel des mystères d'Eleusis* (Paris 1955).

de Lubac H., *Histoire et Esprit, L'intelligence de l'Ecriture d'après Origène* (Paris 1950).

Denis A. M., *Introduction aux Pseudépigraphes grecs de l'Ancien Testament* (Leiden 1970).

Denys le Chartreux, *Ennaratio in librum Sapientiae. Opera omnia VII* (Montreuil-sur-Mer 1898), 453-562 (vers 1460).

de Vaux R., *La Bible de Jérusalem*. Introductions et notes (Paris 1973).

—————, *Les institutions de l'Ancien Testament*, II (Paris 1960).

Devresse R., *Les anciens commentateurs grecs de l'Octateuque et des Rois (Fragment tirés des chaînes)* (Cité du Vatican 1959).

Dhorme E., *La Bible de la Pléiade II* (Paris 1959).

Di Lella A., «Conservative and Progressive Theology», *CBQ* 28 (1966), 139-154.

Dubarle A. M., *Les Sages d'Israël* (Paris 1946).

Duesberg H. – Fransen I., *Les scribes inspirés* (Tournai 1966).

Dunand F., *Le culte d'Isis dans le bassin oriental de la Méditerranée* I-III (Leiden 1973).

Eckhart (Maître), *Le commentaire sur le livre de la Sagesse* (éd. G. Thery), *Archives d'Histoire Doctrinale et littéraire du Moyen Age*, III (1928), 321-443.

Éliade M., *Histoire des croyances et des idées religieuses*, vol. II (Paris 1978).

—————, *Patterns in Comparative Religion* (New-York 1958).

Epstein I., *The Babylonian Talmud* (Londres 1952).

Erman A., *La religion des Egyptiens* (Paris 1928).

Estradé M. M. – Diaz R. M., *Savesia* (Montserrat 1982).

Fensham F. C., «Neh. 9 and Pss 105, 106, 135 and 136», *JNWSemL* 9 (1981), 35-51.

Festugière A. J., *La Révélation d'Hermès Trismégiste* (4 vol.), (Paris 1944-1954).

—————, *L'idéal religieux des grecs et l'Evangile* (Paris 1981).

Feuillet A., «Thèmes bibliques majeurs dans le discours du Pain de vie», *NRT* 70 (1960), 803-822, 918-939, 1040-1062.

—————, «*Prologue*», *Dictionnaire de la Bible. Supplément 8*, 623-688.

—————, *Le Christ, Sagesse de Dieu* (Paris 1966).

Fichtner J., *Weisheit Salomos* (Handbuch zum Alten Testament) (Tübingen 1938).

—————, «Die Stellung der Sapientia Salomonis in der Literatur und Geistesgeschichte ihrer Zeit», *ZNW* 36 (1937), 113-132.

FOCKE F., *Die Entstehung der Weisheit Salomons. Ein Beitrag zur Geschichte des jüdischen Hellenismus* (FRLANT, n.s. C) (Göttingen 1913).

FOERSTER W., Ἐπιούσιος, in *Theologisches Wörterbuch zum Neuen Testament* (éd. G. KITTEL), II, 587-595.

FOUCARD P., *Les mystères d'Éleusis* (Paris 1914).

GANGEMI A., «La manna nascosta e il nome nuovo», *RivB* 25 (1977), 337-356.

GARCIA-LOPEZ F., «Yahvé, fuente ultima de vida. Analysis de Dt 8» *Bib* 62 (1981), 21-54.

GILBERT M., *La critique des dieux dans le livre de la Sagesse (Sg 13-15)* (Rome 1973).

———, «L'éloge de la Sagesse», *RTL* 13 (1974), 328-348.

———, *La philanthropie de Dieu. Exégèse de Sg 11,15–12,27* (notes de cours) (Rome 1976).

———, «La connaissance de Dieu selon le livre de la Sagesse», *La notion biblique de Dieu, le Dieu de la Bible et le Dieu des philosophes* (éd. J. COPPENS) (Leuven-Gembloux 1976), 191-210.

———, «La conjecture μετριοτητι en Sg 12,22a», *Bib* 57 (1976), 550-553.

———, «La place de la Loi dans la prière de Néhémie 9», *De la Torah au Messie. Etudes d'exégèse et d'herméneutique offertes à M. Cazelles* (éd. M. CARREZ) (Paris 1981), 307-316.

———, «Les raisons de la modération divine (Sg 11,21–12,2)», *Mélanges bibliques et orientaux et l'honneur de H. Cazelles*, AOAT 212 (1981), 149-162.

———, «Il cosmo secondo il libro della Sapienza», *Il cosmo nella Bibbia* (éd. G. DE GENNARO) (Naples 1982), 189-199.

———, «L'adresse à Dieu dans l'anamnèse hymnique de l'Exode», *El Misterio de la Palabra*, Homenaje al prof. L. Alonso Schökel (Valencia-Madrid 1983), 207-225.

———, «Sagesse de Salomon», in *Dictionnaire de la Bible. Supplément* (Paris 1985), 58-119.

———, «On est puni par où l'on pèche» (Sg 11,16), Fs Delcor, AOAT 215 (1985).

———, «Jérôme et l'œuvre de Ben Sira», *Le Muséon 100* (1987), 109-120.

GINZBERG L., *The Legends of the Jews* (Philadelphia 1909-1938).

GOODENOUGH E. R., *By Light, Light. The Mystic Gospel of Hellenistic Judaism* (Londres 1935).

GOULVEN-MADEC J., *La patrie et la voie (Le Christ dans la vie et la pensée de Saint Augustin)* (Paris 1989).

GRELOT P., «L'eschatologie de la Sagesse et les Apocalypses juives», *A la rencontre de Dieu*, Mémorial Albert Gelin (Le Puy 1961), 165-178.

GRIMM G. L. W., *Das Buch der Weisheit* (Kurzgefasstes exegetisches Handbuch zu den Apocryphen des A.T., VI) (Leipzig 1860).

GROSSFELD B., *The Targum Onkelos to Numbers and to Exodus, The Aramaïc Bible 7 et 8* (éd. M. MC NAMARA) (Wilmington 1988).

GUNN D., «Narrative Pattern and Oral Tradition in Judges and Samuel», *VT* 24 (1974), 286-317.

HADOT J., «Joseph et Aseneth», *La Bible. Intertestament* (éd. A. DUPONT-SOMMER; M. PHILONENKO) (Paris 1987).

HEINISCH P., *Das Buch der Weisheit* (Exegetisches Handbuch zum Alten Testament, XXIV) (Münster 1912).

HENNIG J., «The Book of Wisdom in the Liturgy», *CBQ* 14 (1952), 233-236.

HOLKOT R., *In librum Sapientiae praelectiones CCXXIII* (Venise 1509).

———, *Super libros Sapientiae* (Hagenau 1494) (rééd. Francfort 1969, 1974²).

HOLM-NIELSEN S., «The Exodus Traditions in Ps 105», *ASTI* 11 (1978), 22-30.

HORNUNG E., *Der Eine und die Vielen. Ägyptische Gottesvorstellungen* (Darmstadt 1973).

HUBY J., «Une exégèse faussement attribuée à saint Cyprien», *Bib* 14 (1933), 96.

HUGHES DE SAINT-CHER, *Postilla super librum Sapientiae. Opera omnia in universum Vetus et Novum Testamentum*, III (Venise 1754), 139-171 (vers 1240).

JACOB H. E., *Six thousand Years of Bread, its Holy and Unholy History* (New-York 1944).

JACQUET L., *Les Psaumes et le cœur de l'homme* (3 vol.) (Gembloux 1977-79).

KASHER A., *The Jews in Hellenistic and Roman Egypt* (Tübingen 1985).

KLOPPENBORG J. S., «Isis and Sophia in the Book of Wisdom», *HTR* 75 (1982), 57-84.

KRAUS J., *Psalmen* (Neukirchen 1961).

KUHN G., «The Lord's Supper and the Communal Meal at Qumran», *The Scrolls and the New Testament* (éd. K. STENDHAL) (New York 1957), 65-93.

LA BONNARDIÈRE A. M., *Biblia Augustiniana, A. T. Le livre de la Sagesse* (Paris 1970).

LADAME J. – DUVIN R., *Prodiges eucharistiques* (Paris 1981).

LAGRANGE M. J., «Le livre de la Sagesse, sa doctrine des fins dernières» *RB*, n.s. IV (1907), 85-104.

———, Critique de «Le mystère païen et le mystère chrétien» (Loisy), *RB* 29 (1920), 420-446.

———, «La régénération et la filiation divine dans les mystères d'Eleusis» (Mélanges), *RB* 38 (1929), 63-81 et 201-214.

———, *Le Judaïsme avant Jésus-Christ* (Paris 1931).

LAMBOT C., «L'office de la Fête-Dieu, aperçus nouveaux sur les origines» *RBen* 54 (1942), 61-123.

——— et FRANSEN I., *L'office de la Fête-Dieu primitive. Textes et mélodies retrouvés* (Maredsous 1946).

———, «L'ufficio del SS.mo Sacramento», *Eucharistia* (éd. A. PIOLANTI) (Rome-Paris-Tournai-New York 1957), 827-835.

———, «Histoire de la liturgie», Mémorial C. Lambot. *RBen* 81 (1969), 215-270.

LAPORTE J., *La doctrine eucharistique chez Philon d'Alexandrie* (Paris 1972).

———, «Philo in the Tradition of Biblical Wisdom Litterature», *Aspects of Wisdom in Judaïsm and Early Christianity* (Londres 1975), 103-141.

LARCHER C., *Etudes sur le Livre de la Sagesse* (Paris 1969).

———, *Le Livre de la Sagesse ou la Sagesse de Salomon*, 3v. (Paris 1983-1985).

LATHAM J. E., «Bread» et «Food» in *The Encyclopedia of Religion* (éd. M. ÉLIADE) (New-York 1987).

LAUTERBACH J. Z., *Mekhilta de Rabbi Yshmael, English Translation, Introduction and Notes* (Philadelphia 1935).

LECLANT J., «Aegyptiaca et milieux isiaques; recherches sur la diffusion du matériel et des idées égyptiennes», *ANRW* II, 17 (3), 1692-1709.

────── et CLERC G., *Inventaire bibliographique des isiaca* (IBIS) I-III (EPRO 18),
(Leiden 1972, 74, 85).

LE CORSU F., *Isis, mythes et mystères* (Paris 1977).

LE DÉAUT R., *La nuit pascale* (Rome 1963).

──────, «Une aggadah targumique et les "murmures" de Jean 6», *Bib 51* (1970),
550-553.

──────, «La Septante, un targum?», *Etudes sur le judaïsme hellénistique* (Paris
1984), 147-195.

──────, *Introduction à la littérature targumique, première partie* (2ᵉ éd.) (Rome
1988).

──────, *Le Targum du Pentateuque (vol. I à V)*, (Paris 1978-1981).

LEDOGAR R. J., *Acknowledgment. Praise-verbs in the Early Greek Anaphora* (Rome 1968).

LEFÈVRE A. – DELCOR M., «Les livres deutérocanoniques» in *Introduction à l'Ancien Testament* (éd. H. CAZELLES) (Paris 1973), 680-739.

LÉON-DUFOUR X., «Le mystère du Pain de Vie (Jean VI)», *RSR* 46 (1958), 481-
523.

LOISY A., *Les mystères païens et le mystère chrétien* (Paris 1914).

LORIN J., *Commentarius in Sapientiam* (Lyon 1607). = *In librum Sapientiae Commentarius* (Lyon 1619).

LUSTIGER J. M., *La Messe* (Paris 1988).

MACK B. L., *Logos und Sophia* (Göttingen 1973).

MAIBERGER P., *Das Manna; eine literarische, etymologische und naturkundliche
Untersuchung* (Wiesbaden 1983).

MALINA B. J., *The Palestinian Manna Tradition* (Leiden 1968).

MANDONNET P., *Des écrits authentiques de S. Thomas d'Aquin* (Fribourg 1910).

MANESCHG H., *Die Erzählung von der ehernen Schlange (Num 21,4-9) in der Auslegung der frühen jüdischen Literatur.* Eine traditionsgeschichtliche Studie, Europäische Hochschulschriften, XXII, 157 (Francfort-Berne 1981), 101-191.

──────, «Gott, Erzieher, Retter und Heiland seines Volkes. Zur Reinterpretation von Num 21,4-9 in Weish 16,5-14», *BZ* 28 (1984), 214-229.

MARIÈS L., «Rythmes quantitatifs dans le livre de la Sagesse», *CRAI* (1935),
104-117.

MARTELET G., «Sacrements, figures et exhortations en 1 Co X, 1-11» *RSR* 44
(1956), 323-359 et 515-559.

MOLLAT D., *Etudes johanniques* (Paris 1979).

MONTI D. V., «A Reconsideration of the Authorship of the Commentary of the
Book of Wisdom attributed to St Bonaventure», *ArFrancHist* 79 (1986),
359-391.

MORGENSTERN J., «The Chanukkah Festival and the Calendar of Ancient Israël»,
HUCA 20 (1947).

MORIN G., «L'office cistercien pour la Fête-Dieu comparé avec celui de s. Thomas d'Aquin», *RBen* 27 (1910), 236-246.

MOULTON W. F., *The Literary Study of the Bible* (Londres 1896), 9.

MYERS J. M., *Nehemia* (AB 14) (New-York 1965).

MYLONAS G. E., *Eleusis and the Eleusinian mysteries* (Princeton 1961).

NEUSNER J., *Sifre Numbers, an American Translation and Explanation* (Atlanta 1986).

NOCK A. D., «The Question of Jewish Mysteries», *Gnomon* 13 (1937), 156-175.

NOTH M., «Num 21 als Glied der 'Hexateuch'-Erzählung», *ZAW* 58 (1940-1941).

OFFERHAUS V., *Komposition und Intention der Sapientia Salomonis* (Bonn 1981).

OSTY E., *Bible de Jérusalem, Sagesse* (Paris 1973).

——, *Bible Osty* (Paris 1973).

PAUTREL R., «Ben Sira et le stoïcisme», *RSR* 51 (1963), 535-537.

PÉPIN J., «Remarques sur la théorie de l'exégèse allégorique chez Philon», *Colloques Nationaux du C. N. R. S.* (Paris 1967), 131-167.

PFEIFFER R. H., *History of the New Testament Times* (Londres 1949).

PHILONENKO M., *La Bible, écrits intertestamentaires* (Introduction générale) (Paris 1987).

——, «Initiation et mystère dans Joseph et Aseneth», *Initiation, contributions* (Leyde 1965), 147-153.

PIE Y NINOT S., *La Palabra de Dios* (Barcelona 1972).

PLUTARQUE, *Œuvres morales, Isis et Osiris*. T. V. 2, Texte établi et traduit par C. FROIDEFOND (Paris 1988).

PRAT F., «Logos», *Dictionnaire de la Bible IV* (1908), 325-328.

PRATO G. L., *Il problema della teodicea in Ben Sira* (Rome 1975).

PRÜMM K., «Mystères», *Dictionnaire de la Bible. Supplément* VI (1960), 6-225.

QUASTEN J., *Initiation aux Pères de l'Eglise* (Paris 1963).

RABAN MAUR, *Commentariorum in librum Sapientiae libri tres, PL* CIX, 671-762 (vers 840).

RAHNER H., *Mythes grecs et mystère chrétien* (Paris 1954).

RAVASI G. F., *Il libro dei Salmi* (3 vol.) (Bologne 1983-84).

REESE J. M., «Plan and Structure in the Book of Wisdom», *CBQ* 27 (1965), 391-399.

——, *Hellenistic Influence on the Book of Wisdom and its Consequences* (Rome 1970).

ROUSSEL M. P., «L'initiation préalable et le symbole éleusinien», *BCH* 54 (1930), 51-74.

REINACH T., *Œuvres complètes de Flavius Josèphe* (Paris 1900).

RIEDWIEG C., *Mysterienterminologie bei Platon und Klemens von Alexandrien*, Untersuchungen zur antiken Literatur und Geschichte, 26 (Berlin – New-York 1987).

RINGGREN H., *Word and Wisdom* (Lund 1947).

RODIER G., *Etude de la philosophie grecque* (Paris 1926).

ROUSSEL M. P., «L'initiation préalable et le symbole éleusinien», *BCH* 54 (1930), 51-74.

SAHLIN H., *Zur Typologie des Johannesevangeliums* (Uppsala 1950).

SAIZ J. R. B., «La intención del midras del libro de la Sabiduría sobre el Exodo», *Salvación en la Palabra*. En memoria del profesor A. Diez-Macho (Madrid 1988), 63-78.

SANDERS J. T., *Ben Sira and Demotic Wisdom* (Chico California 1983).

SAN MARCO (DA) A., *La Sacra Bibbia* (Turin 1961).

SCARPAT G., «Ancora sull'autore del libro della Sapienza», *RivB* 15 (1967), 171-189.

——, «Una speranza piena di immortalità (Sap 3,4)», *RivB* 36 (1988), 487-494.

——, *Libro della Sapienza* (Brescia 1989), I.

SCHMITT A., «Struktur, Herkunft und Bedeutung der Beispielreihe in Weish 10», *BZ* 21 (1977), 1-22.

SCHUBART M., *Amtliche Berichte aus den Kön. Kunstsammlungen* 38 (1916-1917), 189-197.

SCHULTZ R., *Les idées eschatologiques du livre de la Sagesse* (Paris 1935).

SCHULZ S., *Komposition und Herkunft der johanneischen Reden* (Stuttgart 1960).

SFAMENI-GASPARRO G., *Le religioni orientali nel mondo ellenistico-romano, Storia delle religioni* III (éd. G. CASTELLANI) (Turin 1971).

SIMON M., «Conceptions et symboles sotériologiques chez les Juifs de la Diaspora», *La soteriologia dei culti orientali nell'Impero Romano. Atti del colloquio internazionale* (éd. U. BIANCHI – M.J. VERMASEREN), EPRO 92 (Leiden 1982), 781-800.

SKEHAN P. W., «The Text and Structure of the Book of Wisdom», *Traditio III* (1945), 1-12.

——, «Borrowing from the Psalms in the Book of Wisdom», *CBQ* 10 (1948), 384-397.

——, «Notes on the Latin Text of the Book of Wisdom», *CBQ 4* (1942), 230-244.

SOGGIN J. A., *Introduzione all'Antico Testamento* (Brescia 1979).

SOLIGNAC A., *Pater Noster* in *Dictionnaire de Spiritualité* 12 (1984), 388-413.

STARCKY J., *Logos, Dictionnaire de la Bible. Supplément* V (1957), 473-475.

THIELE W., *Sapientia Salomonis (Vetus Latina. Die Reste der altlateinischen Bibel nach Petrus Sabatier neu gesammelt und herausgegeben von der Erzabtei Beuron)* (Fribourg-en-Bri. 1977ss).

TRAN TAM TINH V., «Etat des études iconographiques relatives à Isis, Serapis et Sunnaoi Theoi», *ANRW* II, 17 (3), 1710-1738.

TURCAN R., *Les cultes orientaux dans le monde romain* (Paris 1989).

VANHOYE A., *La structure littéraire de l'épître aux Hébreux* (Paris 1975).

——, «Mesure ou démesure en Sg 12,22?», *RSR* 50 (1962), 530-537.

VAN ROODEN P. T., «Die antike Elementarlehre und der Aufbau von Sapientia Salomonis 11-19», *Tradition and Reinterpretation in Jewish and Early Christian Literature. Essays in honour of Jürgen C. H. Lebram* (Leiden 1986), 81-96.

VON BALTHASAR H. U., *Parole et mystère chez Origène* (Paris 1957).

——, *La Gloire et la Croix*, III (Paris 1974).

VON RAD G., *Théologie de l'Ancien Testament* (Genève 1962).

WEBER J., *La Sainte Bible Pirot-Clamer* VI (Paris 1943).

WEST M. L., *The Orphic Poems* (Oxford 1983).

WESTERMAN C., *The Praise of God in the Psalms* (Richmond 1965).

WILD R. A., *Water in the Cultic Worship of Isis and Serapis* (EPRO 87) (Leiden 1981).

WINSTON D., *The Wisdom of Solomon. A New Translation with Introduction and Commentary* (A. B. 43; New-York 1979).

——, «The Book of Wisdom's Theory of Cosmogony», *History of Religion* XI (1971s), 185-202.

WOLFSON H. A., *Philo* (Cambridge, Mass. 1948).

WRIGHT A. G., «The Structure of Wisdom 11-19», *CBQ* 27 (1965), 28-34.

————, «The Structure of the Book of Wisdom», *Bib* 48 (1967), 165-184.

————, «Numerical Patterns in the Book of Wisdom», *CBQ* 29 (1967), 165-184.

ZANNINI QUIRINI B., «L'al-di-là nelle religioni del mondo classico», *Archeologia dell'inferno* (éd. P. XELLA) (Vérone 1987), 263-307.

ZIEGLER J., «Dulcedo Dei. Ein Beitrag sur Theologie der griechischen und lateinischen Bibel», ATA 13,2 (Münster 1937).

————, «Zur griechischen Vorlage der Vetus Latina in der Sapientia Salomonis», *Lex tua Veritas*, Festschrift f. H. Junker (Trier 1961), 275-291.

ZIENER G., *Die Theologische Begriffssprache im Buche der Weisheit* (Bonn 1956).

————, «Weisheitsbuch und Johannesevangelium», *Bib* 38 (1957), 396-418 et *Bib* 39 (1958), 37-60.

DICTIONNAIRES

BAILLY M. A., *Dictionnaire Grec-Français* (Paris 1951).

BOISACQ E., *Dictionnaire Etymologique de la langue grecque* (Paris 1923).

BROWN F. – DRIVER S. R. – BRIGGS C. A., *A Hebrew and English Lexicon of the Old Testament* (Oxford 1907, n. éd. 1977).

CHANTRAINE P., *Dictionnaire Etymologique de la Langue Grecque* (Paris 1968-1980).

DAREMBERG C. – SAGLIO E., *Dictionnaire des Antiquités Grecques et Romaines*, 5 tomes (Paris 1875ss).

DES PLACES E., *Lexique de la langue philosophique et religieuse de Platon*, I-II (Paris 1964).

LAMPE G. W., *A Patristic Greek Lexicon* (Oxford 1961).

LIDDELL H. G. – SCOTT R., *A Greek-English Lexicon*. A new edition revised and augmented throughout by H. St. Jones with the assistence of R. McKenzie (Oxford 1925-1940).

MOULTON J. H., *A Grammar of the New Testament Greek* I (Edinburgh 1906). II, J. H. MOULTON – W. F. HOWARD (1919-1929). III-IV, N. TURNER 1963-1976).

SANDER N. P. – TRENEL I., *Dictionnaire Hébreu-Français* (Genève 1859, n. éd. 1982).

ZERWICK M., *Graecitas Biblica Novi Testamenti* exemplis illustratur (Rome 1966).

ZORELL F., *Lexicon Graecum Novi Testamenti* (Paris 1931).

Biblia Patristica, vol. 1 à 4 (Paris 1975-1987).

Theologisches Handwörterbuch zum Alten Testament (E. JENNI – C. WESTERMANN), I-II (München 1971-1976).

Theologisches Wörterbuch zum Alten Testament (éd. G. J. BOTTERWECK und H. RINGGREN), I-IV (Stuttgart 1970).

Theologisches Wörterbuch zum Neuen Testament (éd. G. KITTEL et G. FRIEDRICH), I-X (Stuttgart 1933-1979).

INDEX DES CITATIONS

1. Livres bibliques

Pour la première partie de l'ouvrage (pp. 1-40), concernant l'étude de la structure de Sg 16,1-17,1a et ses liens avec le reste de Sg, la table donne seulement les principales citations.

6,18   133
9,4   127, 164n
10,1   177
11   5n
11,1   73n
12,2-3   208n

1 Pierre

1,6-7   208n
4,12-13   208n

2 Pierre

1,19-21   198

Apocalypse

2,17   164n
3,10   208
4,7-11   135
8,7   88
9,1-12   17n

2. Littérature du Judaïsme

**a) Pseudépigraphes
   ou écrits intertestamentaires**

Antiquités Bibliques
19,5   129
19,10   129
20,8   78, 116n

Baruch II
19,8   129

Baruch III
6,10-12   129

Joseph et Aseneth
8,5   129
8,11   130
15,4   130
16,3   81
16,4   130
16,8   130

Lettre d'Aristée
41   137n

3 Maccabées
7,16   122n
2,27   137n

Oracles Sybillins
3,46-49   129

b) Flavius Josèphe

Antiquités Judaïques
III, I (= 1-38) 51, 59, 60
III,11   58

III,25   116n
III,26   116n
III,28   74n
III,31   116n
XIII,62   XVIn

Guerres des Juifs
II,128   122n
VII,420   XVIn

Contra Apionem
II,190   137n

c) Littérature rabbinique

1. Mishnah, Talmud et Tosephta

Abot
5   51n

'Arakin
15a   51n

Berakot
9b   122n
27a   51n
39ab   51n
48   51n, 116
57b   51n

Mishna Ber.
4,1   116n
6,1   116n

Tosephta Ber.
4,8   116n

3. Philon d'Alexandrie

4. Patristique

5. Auteurs médiévaux

INDEX DES NOMS D'AUTEURS

Les auteurs sont généralement cités en note, la lettre t signale les rares noms mentionnés dans le texte.

TABLE DES MATIÈRES

PREMIÈRE PARTIE
Texte et contexte de Sg 16,15–17,1a

DEUXIÈME PARTIE
Les traditions sur la manne et la manne en Sg 16,15–17,1a

DÉPLIANT: Texte grec et traduction structurée.

Finito di stampare il 6 maggio 1994
Tipografia Poliglotta della Pontificia Università Gregoriana
Piazza della Pilotta, 4 – 00187 Roma

De la même maison d'édition

BARDINET, Thierry: Dents et mâchoires dans les représentations religieuse et la pratique médicale de l'Égypte ancienne. (*Studia Pohl, Series Maior, 15*).
1990. pp. XXII-282.   ISBN 88-7653-591-8.   Lit. 31.500

DI VITO, Robert A.: Studies in Third Millennium Sumerian and Akkadian Personal Names. The Designation and Conception of the Personal God. (*Studia Pohl, Series Maior, 16*).
1993. XII-186 p.   ISBN 88-7653-601-9.   Lit. 25.000

DOBBS-ALLSOPP, F. W.: Weep, O Daughter of Zion: A Study of the City-Lament Genre in the Hebrew Bible. (*Biblica et Orientalia, 44*).
1993. XIV-230 p.   ISBN 88-7653-346-X.   Lit. 30.000

GIANTO, Augustinus: Word Order Variation in the Akkadian of Byblos. (*Studia Pohl, 15*).
1990. X-190 p.   ISBN 88-7653-576-4.   Lit. 20.000

HILL, Charles Robert: Breaking the Bread of the Word: Principles of Teaching Scripture. (*Subsidia Biblica, 15*).
1991. XII-186 p.   ISBN 88-7653-596-9.   Lit. 22.500

JOÜON, Paul - MURAOKA, T.: A Grammar of Biblical Hebrew. Vol. I, Part One: Orthografy and Phonetics. Part Two: Morphology. XLVI-352 p. Vol. II, Part Three: Syntax, Paradigms and Indices. 428 p. Reprint of First Edition, with Corrections. (*Subsidia Biblica, 14*).
1993. XLVI-780 p.   ISBN 88-7653-595-0.   Lit. 69.000

JOÜON, Paul: Ruth. Commentaire philologique et éxegétique. 2me édition corrigée. (*Subsidia Biblica, 9*).
1993. VIII-100 p.   ISBN 88-7653-586-1.   Lit. 13.000

MERK, Agostino: Novum Testamentum graece et latine. Apparatu critico instructum. XI editio.
1992. pp. 48* + 1.732.   ISBN 88-7653-597-7.   Lit. 50.000

NORTH, Robert (editor): Elenchus of Biblica. Vol. 6/1990.
1993. 1.172 p.   ISBN 88-7653-599-3.   Lit. 170.000

SWETNAM, James: An Introduction to the Study of New Testament Greek
(Part One: Morphology). Vol. I: Lessons. XXXIV-454 p. Vol. II: Key,
Lists, Paradigms, Indices. XX-308 p. (*Subsidia Biblica, 16*).
1992. LIV-762 p. (2 vol.).   ISBN 88-7653-600-0.   Lit. 52.000

VOGT, Ernst: Lexicon linguae aramaicae Veteris Testamenti documentis
antiquis illustratum. Altera editio.
1994. pp. 13,192.   ISBN 88-7653-548-9.   Lit. 38.000

ZERWICK, Max - GROSVENOR, Mary: A Grammatical Analysis of the
Greek New Testament. 4th revised and corrected edition.
1993. XXXVIII-778-16* p.   ISBN 88-7653-588-8.   Lit. 35.000

ZERWICK, Max - SMITH, Joseph: Biblical Greek. Illustrated by examples.
6th Reprint.
1994. XVI-186 p.   ISBN 88-7653-554-3   Lit. 21.000

Pour commandes et paiements s'adresser à:

AMMINISTRAZIONE PUBBLICAZIONI PIB/PUG
Piazza della Pilotta, 35 – 00187 Roma – Italia
Tel. 06/678.15.67 – Telefax 06/678.05.88

Conto Corrente Postale n. 34903005 – Compte Postal n. 34903005
Monte dei Paschi di Siena – Sede in Roma – c/c n. 54795.37

STROPHE INTRODUCTRICE A

1. *Voici pourquoi* ils ont été châtiés justement par des êtres semblables
   et torturés par une multitude de bestioles,
   2. tandis que, au lieu de ce châtiment, accordant en bienfait à ton peuple,
   en réponse au désir de l'appétit, un aliment au goût exotique,
   comme nourriture, tu as préparé des cailles.

3. C'était pour que *ceux-là*, qui désiraient une nourriture,
   à cause de l'aspect repoussant de ce qui leur était envoyé,
   se détournent même de l'appétit naturel,
   3d. tandis que *ceux-ci*, après avoir un peu connu la disette,
   reçoivent même en partage un aliment au goût exotique.

4. Il fallait, en effet, que sur *ceux-là*, les oppresseurs, s'abattît une
   irrémédiable disette
   et qu'à *ceux-ci* soit seulement montré comment leurs ennemis
   étaient torturés.

STROPHE I a

5. En effet, lorsque s'abattit sur eux la fureur terrible des bêtes
   et qu'ils périssaient sous les morsures de tortueux serpents,
   ta colère ne dura pas jusqu'au bout.
6. C'est par avertissement qu'ils furent inquiétés durant peu de temps,
   ayant un signe de salut pour le rappel du commandement de ta Loi.

   7. En effet, celui qui se retournait était sauvé, non par ce qu'il regardait,
   mais par Toi, le Sauveur de tous.

   8. Et en cela tu prouvais à nos ennemis
   que toi, tu es le libérateur de tout mal.
   9. Eux, des morsures de sauterelles et de mouches les tuèrent
   et on ne trouva pas de remède pour leur âme,
   car ils étaient dignes d'être châtiés par elles.

STROPHE II a

10. *Par contre*, tes fils, même les dents des serpents venimeux ne purent les vaincre,
    car ta miséricorde s'y opposa et les guérit.

11. C'est pour le rappel de tes paroles qu'ils étaient aiguillonnés
    et aussitôt sauvés, afin que, sans tomber dans un profond oubli,
    ils deviennent attentifs sans relâche à la bienfaisance.

    12. Et en effet, ce n'est ni de l'herbe ni une pommade qui les soigna,
    mais ta parole, Seigneur, qui guérit tout.

    13. Car Toi, tu as pouvoir sur la vie et sur la mort
    et tu fais descendre aux portes de l'Hadès et tu fais remonter.

    14. L'homme, par sa malice, tue;
    il ne fait pas revenir l'esprit qui est sorti
    et ne libère pas l'âme qui a été prise.

Coupure centrale: 15. Il est impossible d'échapper à ta main.

STROPHE INTRODUCTRICE A

1. Διὰ τοῦτο δι' ὁμοίων ἐκολάσθησαν ἀξίως
   καὶ διὰ πλήθους κνωδάλων ἐβασανίσθησαν.
   2. ἀνθ' ἧς κολάσεως εὐεργετήσας τὸν λαόν σου
   εἰς ἐπιθυμίαν ὀρέξεως ξένην γεῦσιν
   τροφὴν ἡτοίμασας ὀρτυγομήτραν,

3. ἵνα ἐκεῖνοι μὲν ἐπιθυμοῦντες τροφὴν
   διὰ τὴν εἰδέχθειαν τῶν ἐπαπεσταλμένων
   καὶ τὴν ἀναγκαίαν ὄρεξιν ἀποστρέφωνται,
   3d. αὐτοὶ δὲ ἐπ' ὀλίγον ἐνδεεῖς γενόμενοι
   καὶ ξένης μετάσχωσι γεύσεως.

4. ἔδει γὰρ ἐκείνοις μὲν ἀπαραίτητον ἔνδειαν ἐπελθεῖν τυραννοῦσιν,
   τούτοις δὲ μόνον δειχθῆναι πῶς οἱ ἐχθροὶ αὐτῶν ἐβασανίζοντο.

STROPHE I a

5. Καὶ γὰρ ὅτε αὐτοῖς δεινὸς ἐπῆλθεν θηρίων θυμὸς
   δήγμασίν τε σκολιῶν διεφθείροντο ὄφεων,
   οὐ μέχρι τέλους ἔμεινεν ἡ ὀργή σου·
6. εἰς νουθεσίαν δὲ πρὸς ὀλίγον ἐταράχθησαν
   σύμβολον ἔχοντες σωτηρίας εἰς ἀνάμνησιν ἐντολῆς νόμου σου·

   7. ὁ γὰρ ἐπιστραφεὶς οὐ διὰ τὸ θεωρούμενον ἐσῴζετο,
   ἀλλὰ διὰ σὲ τὸν πάντων σωτῆρα.

   8. καὶ ἐν τούτῳ δὲ ἔπεισας τοὺς ἐχθροὺς ἡμῶν
   ὅτι σὺ εἶ ὁ ῥυόμενος ἐκ παντὸς κακοῦ·
   9. οὓς μὲν γὰρ ἀκρίδων καὶ μυιῶν ἀπέκτεινεν δήγματα,
   καὶ οὐχ εὑρέθη ἴαμα τῇ ψυχῇ αὐτῶν,
   ὅτι ἄξιοι ἦσαν ὑπὸ τοιούτων κολασθῆναι·

STROPHE II a

10. τοὺς δὲ υἱούς σου οὐδὲ ἰοβόλων δρακόντων ἐνίκησαν ὀδόντες,
    τὸ ἔλεος γάρ σου ἀντιπαρῆλθεν καὶ ἰάσατο αὐτούς.

11. εἰς γὰρ ὑπόμνησιν τῶν λογίων σου ἐνεκεντρίζοντο
    καὶ ὀξέως διεσῴζοντο, ἵνα μὴ εἰς βαθεῖαν ἐμπεσόντες λήθην
    ἀπερίσπαστοι γένωνται τῆς σῆς εὐεργεσίας.

    12. καὶ γὰρ οὔτε βοτάνη οὔτε μάλαγμα ἐθεράπευσεν αὐτούς,
    ἀλλὰ ὁ σός, κύριε, λόγος ὁ πάντας ἰώμενος.

    13. σὺ γὰρ ζωῆς καὶ θανάτου ἐξουσίαν ἔχεις
    καὶ κατάγεις εἰς πύλας ᾅδου καὶ ἀνάγεις·

    14. ἄνθρωπος δὲ ἀποκτέννει μὲν τῇ κακίᾳ αὐτοῦ,
    ἐξελθὸν δὲ πνεῦμα οὐκ ἀναστρέφει
    οὐδὲ ἀναλύει ψυχὴν παραλημφθεῖσαν.

Coupure centrale: 15. Τὴν δὲ σὴν χεῖρα φυγεῖν ἀδύνατόν ἐστιν·

STROPHE I b

16. ἀρνούμενοι γάρ σε εἰδέναι ἀσεβεῖς
ἐν ἰσχύι βραχίονός σου ἐμαστιγώθησαν
ξένοις ὑετοῖς καὶ χαλάζαις καὶ ὄμβροις διωκόμενοι ἀπαραιτήτοις
καὶ πυρὶ καταναλισκόμενοι.
17. τὸ γὰρ παραδοξότατον, ἐν τῷ πάντα σβεννύντι ὕδατι
πλεῖον ἐνήργει τὸ πῦρ,

ὑπέρμαχος γὰρ ὁ κόσμος ἐστὶν δικαίων·

18. ποτὲ μὲν γὰρ ἡμεροῦτο φλόξ,
ἵνα μὴ καταφλέξῃ τὰ ἐπ᾽ ἀσεβεῖς ἀπεσταλμένα ζῷα,
ἀλλ᾽ αὐτοὶ βλέποντες εἰδῶσιν ὅτι θεοῦ κρίσει ἐλαύνονται·
19. ποτὲ δὲ καὶ μεταξὺ ὕδατος ὑπὲρ τὴν πυρὸς δύναμιν φλέγει,
ἵνα ἀδίκου γῆς γενήματα διαφθείρῃ.

STROPHE II b

20. ἀνθ᾽ ὧν ἀγγέλων τροφὴν ἐψώμισας τὸν λαόν σου
καὶ ἕτοιμον ἄρτον ἀπ᾽ οὐρανοῦ παρέσχες αὐτοῖς ἀκοπιάτως
πᾶσαν ἡδονὴν ἰσχύοντα καὶ πρὸς πᾶσαν ἁρμόνιον γεῦσιν·
21. ἡ μὲν γὰρ ὑπόστασίς σου τὴν σὴν πρὸς τέκνα ἐνεφάνιζεν γλυκύτητα,
τῇ δὲ τοῦ προσφερομένου ἐπιθυμίᾳ ὑπηρετῶν
πρὸς ὅ τις ἐβούλετο μετεκιρνᾶτο.

22. χιὼν δὲ καὶ κρύσταλλος ὑπέμεινε πῦρ καὶ οὐκ ἐτήκετο,

ἵνα γνῶσιν ὅτι τοὺς τῶν ἐχθρῶν καρποὺς
κατέφθειρε πῦρ φλεγόμενον ἐν τῇ χαλάζῃ
καὶ ἐν τοῖς ὑετοῖς διαστράπτον·
23. τοῦτο πάλιν δ᾽, ἵνα τραφῶσιν δίκαιοι,
καὶ τῆς ἰδίας ἐπιλέλησται δυνάμεως.

Coupure secondaire
24.   Ἡ γὰρ κτίσις σοὶ τῷ ποιήσαντι ὑπηρετοῦσα
ἐπιτείνεται εἰς κόλασιν κατὰ τῶν ἀδίκων
καὶ ἀνίεται εἰς εὐεργεσίαν ὑπὲρ τῶν ἐπὶ σοὶ πεποιθότων.

STROPHE CONCLUSIVE B

25. διὰ τοῦτο καὶ τότε εἰς πάντα μεταλλευομένη
τῇ παντοτρόφῳ σου δωρεᾷ ὑπηρέτει
πρὸς τὴν τῶν δεομένων θέλησιν.
26. ἵνα μάθωσιν οἱ υἱοί σου, οὓς ἠγάπησας, κύριε,
ὅτι οὐχ αἱ γενέσεις τῶν καρπῶν τρέφουσιν ἄνθρωπον,
ἀλλὰ τὸ ῥῆμά σου τοὺς σοὶ πιστεύοντας διατηρεῖ.
27. τὸ γὰρ ὑπὸ πυρὸς μὴ φθειρόμενον
ἁπλῶς ὑπὸ βραχείας ἀκτῖνος ἡλίου θερμαινόμενον ἐτήκετο.
28. ὅπως γνωστὸν ᾖ ὅτι δεῖ φθάνειν τὸν ἥλιον ἐπ᾽ εὐχαριστίαν σου
καὶ πρὸς ἀνατολὴν φωτὸς ἐντυγχάνειν σοι·
29. ἀχαρίστου γὰρ ἐλπὶς ὡς χειμέριος πάχνη τακήσεται
καὶ ῥυήσεται ὡς ὕδωρ ἄχρηστον.

Coupure finale: 17,1. Μεγάλαι γάρ σου αἱ κρίσεις καὶ δυσδιήγητοι.

STROPHE I b

16. Les impies qui refusaient de te connaître,
dans la force de ton bras, furent fustigés,
par des pluies insolites, grêle, averses inexorables, poursuivis
et, par le feu, consumés.
17. Voici, en effet, le paradoxe: dans l'eau qui éteint tout,
le feu gagnait en énergie.

L'univers, en effet, est le champion des justes.

18. Tantôt, en effet, la flamme s'apaisait,
pour ne pas consumer les animaux envoyés contre les impies,
mais pour qu'eux, à cette vue, reconnaissent qu'ils étaient
poursuivis par le jugement de Dieu.
19. Tantôt, même au milieu de l'eau, elle brûle avec plus de force que le feu,
afin de détruire les récoltes d'une terre injuste.

STROPHE II b

20. *Au contraire*, c'est une nourriture d'anges que tu as donnée à ton peuple
et un pain préparé que, du ciel, tu leur as fourni sans travail,
ayant la capacité de toute saveur et adapté à tous les goûts.
21. Oui, ta substance manifestait ta douceur envers (tes) enfants
et, s'accommodant (aussi) au goût de celui qui le prenait,
il (*le pain*) se changeait en ce que chacun décidait.

22. Neige et glace supportaient le feu et ne fondaient pas.

Afin qu'on sache que ce sont les récoltes des ennemis
que détruisait un feu brûlant dans la grêle
et dans la pluie flamboyant.
23. Celui-ci, par contre, afin que les justes mangent,
délaissait même sa propre force.

Coupure secondaire:
24. Car la création obéissant à Toi, Celui qui a fait (*l'Œuvrier*),
se tend pour le châtiment contre les injustes
et se détend pour le bienfait envers ceux qui se confient en Toi.

STROPHE CONCLUSIVE B

25. Voilà aussi pourquoi alors, en se changeant en tout,
elle servait ton don nourricier universel,
selon ce que désiraient ceux qui demandaient.
26. Afin qu'apprennent tes fils que tu as aimés, Seigneur,
que ce ne sont pas les productions de fruits qui nourrissent l'homme,
mais que ta Parole fait subsister ceux qui croient en Toi.
27. En effet, ce qui n'était pas détruit par le feu,
simplement réchauffé par un bref rayon de soleil, fondait.
28. Afin qu'il soit su qu'il faut devancer le soleil pour ton action de grâces
et au lever de la lumière, te rencontrer.
29. Car l'espoir de l'ingrat, comme le givre hivernal, fondra
et il s'écoulera comme une eau inutile.

Coupure finale: 17,1. Oui, tes jugements sont grands et difficiles à décrire!